가 장 · 쉬 운 · 독 학
이세돌
바둑
초보 탈출 전략

초판 인쇄 | 2026년 3월 4일
초판 발행 | 2026년 3월 10일

지은이 | 이세돌
발행인 | 김태웅
기획 | 김귀찬
편집 | 유난영
표지 디자인 | 김지혜
표지 일러스트 | 김동호
본문 디자인 | 이해선
마케팅 총괄 | 김철영
제작 | 현대순

발행처 | (주)동양북스
등록 | 제 2014-000055호
주소 | 서울시 마포구 동교로22길 14 (04030)
구입 문의 | 전화 (02)337-1737 팩스 (02)334-6624
내용 문의 | 전화 (02)337-1763 이메일 dymg98@naver.com

ISBN 979-11-7210-187-9 (13690)

가 장 ・ 쉬 운 ・ 독 학
이세돌
바둑
초보 탈출 전략
동양북스

AI 시대,
왜 바둑을 배워야 할까?

제가 알파고와 공식 대국을 벌인 때가 2016년 3월이었습니다. 당시 많은 사람들이 컴퓨터의 능력이 아무리 뛰어나더라도 바둑만큼은 인간을 이길 수 없을 것이라 믿으며 저의 승리를 예상했습니다. 하지만 결과는 1승 4패로 저의 패배, 인공지능의 승리로 끝났습니다. 그로부터 10년이 지난 지금, 인공지능이 인간에게 수를 제시하는 시대가 되었습니다. 인간만이 지닌 직관과 추론 능력을 기계가 뛰어넘지 못할 것이라는 기존의 관념이 완전히 깨져 버린 것입니다.

이처럼 불변의 진리라고 여겨지던 사실과 상식은 과학 기술의 발전과 함께 무너지곤 합니다. 특히 인공지능의 등장은 기계의 한계가 어디까지인지 예측을 불가능하게 만들었습니다. 그래서인지 기계에 인간이 종속되는 우울한 미래를 걱정하는 목소리도 있지만, 이것은 지나친 걱정일 수 있습니다. 인류는 언제나 절망적인 상황 속에서도 새로운 돌파구를 찾아 결국 극복해 왔기 때문입니다.

돌이켜보면 과학 기술이 발전할수록 인간의 두뇌는 '무엇을 스스로 기억할지, 무엇을 기계에 맡길지'를 선택해 왔습니다. 빠른 연산은 계산기에, 길 찾기는 내비게이션에 맡기는 것처럼 말입니다. 이런 기술의 발달은 우리에게 편리함을 주는 동시에, 암산과 공간 지각을 스스로 훈련할 기회를 줄였습니다. 스마트폰과 검색 엔진의 보급 역시 굳이 기억하지 않아도 언제든 필요한 정보를 찾아볼 수 있게 해주었지만, 그만큼 우리가 '기억'이라는 기능을 깊게 사용하는 경험을 방해하기도 합니다. 생활은 편해졌지만, 쉴 새 없이 쏟아지는 알림과 정보 속에서 우리의 주의는 쉽게 흩뜨려지곤 합니다.

바둑을 배워야 하는 이유가 바로 여기에 있습니다. 바둑은 단순히 수를 많이 외운다고 이길 수 있는 게임이 아닙니다. 창의적 사고와 전략적 사고, 공간 추론, 복합적인 의사 결정 능력이 동시에 요구됩니다. 이것이 바둑이 지구상에서 가장 완성도 높은 추상 전략게임으로 평가받는 이유입니다. 바둑 한 판을 즐기는 동안 우리는 자연스럽게 두뇌의 종합 훈련을 하게 됩니다. 꾸준히 바둑을 두는 것만으로도 기억력, 주의집중, 패턴 인식, 문제 해결력 등 다양한 인지 기능이 향상된다는 연구가 이를 뒷받침합니다.

이 책은 『이세돌 바둑 첫걸음』을 잇는 두 번째 책입니다. 이전의 책이 바둑 입문자들에게 바둑의 기초 원리와 규칙을 소개하는 데 초점을 맞추었다면, 이번 책은 바둑을 두기 시작한

입문자가 바둑과 한 걸음 더 가까워지고, 바둑의 규칙을 보다
명확하게 이해할 수 있도록 구성했습니다. 이번 책에서는 저
의 실제 경험을 바탕으로, 초급자 단계에서 특히 헷갈리기 쉬
운 규칙과 수읽기, 실전에 자주 등장하는 장면을 골라 설명했
습니다. 각 장마다 복습 문제와 실전 예제를 함께 실어 두었
으니, 단순히 읽고 넘기기보다는 직접 돌을 놓아 보며 '생각
하는 연습'을 해 보시기 바랍니다. 한 번에 완벽하게 이해하
려 하기보다, 여러 날에 나누어 반복해서 읽고 풀어 보는 것
만으로도 여러분의 바둑은 분명히 한 단계 성장해 있을 것입
니다.

이제 저 이세돌과 함께 두 번째 바둑 여행을 떠나 보겠습니다.

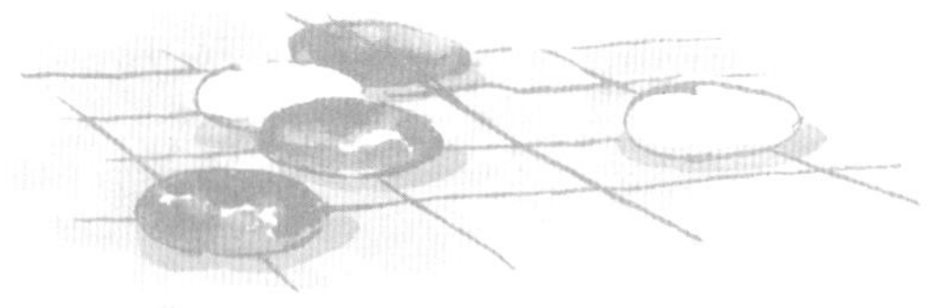

※추상 전략게임이란 주사위나 카드처럼 운에 크게 좌우되는 요소나 숨겨진 정보가 거의 없
는 보드게임을 말합니다. 플레이어의 선택과 수읽기만으로 승부가 갈리며, 바둑은 그 대표적
인 예로 꼽힙니다.

차례

| 제5강 | 돌의 삶과 죽음

| 제6강 | 끝내기

| 제8강 | 나의 기풍 찾기

| 제9강 | 복기

PART 1

초급 탈출,
핵심 기술 업그레이드

돌의 연결과 끊음

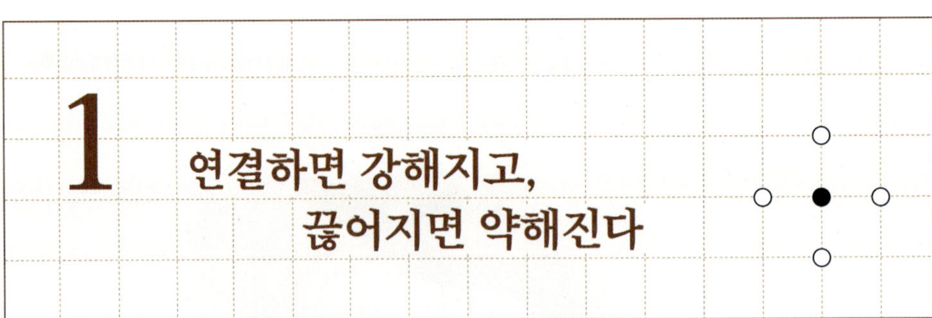

바둑에서 가장 중요한 개념을 꼽으라면 많은 바둑기사들은 '돌의 연결과 끊음'을 이야기합니다. 프로 선수들의 실전에서도 **연결과 끊음은 바둑의 기본이자 승부를 가르는 핵심 요소**로 작용하기 때문입니다.

『이세돌의 바둑 첫걸음』에서 이미 배웠듯이, 내 돌은 단단히 연결하고 상대의 돌은 효율적으로 끊어 가는 것이 싸움의 출발점입니다. 대체로 연결된 돌은 힘이 강하고 끊긴 돌들은 힘이 약하기 때문입니다. 이 강에서는 '연결'과 '끊음'이 얼마나 중요한지, 그리고 어떤 상황에서 연결하고 어디에서 끊어야 하는지 구체적인 예를 통해 함께 살펴보겠습니다.

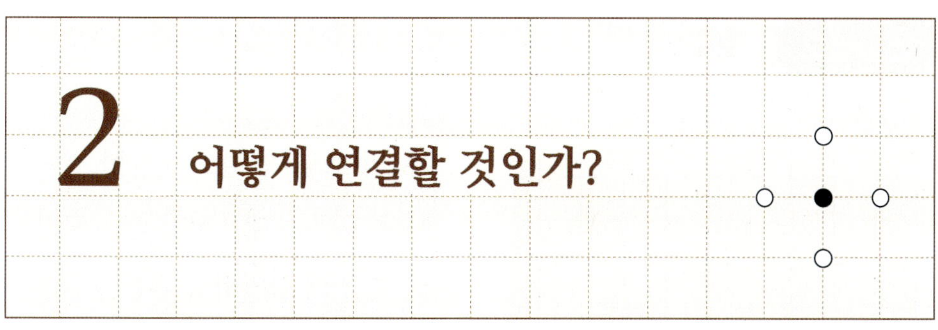

2. 어떻게 연결할 것인가?

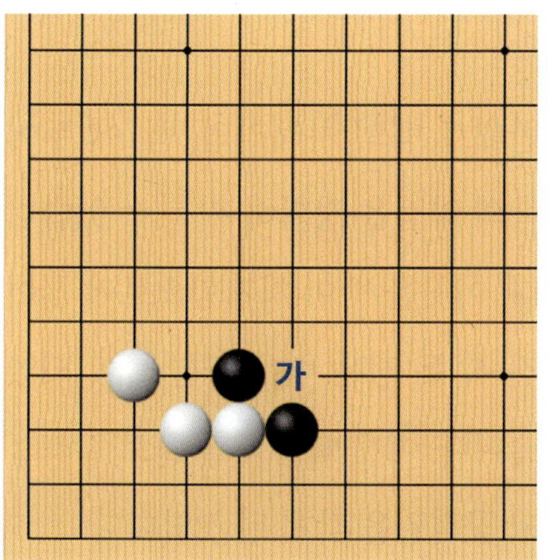

익숙한 그림인가요? 바둑 첫걸음에서 공부했던 바로 그 형태입니다. 흑이 '가'의 끊어지는 약점을 지키려면 어디에 둬야 할까요?

잠시 멈추고, 스스로 생각해 보세요.

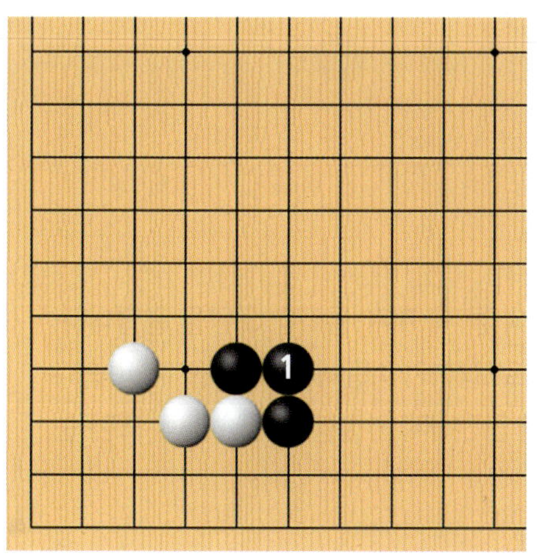

가장 기본적인 해법은 흑1처럼 **꽉잇기**를 하는 것입니다. 꽉잇기는 끊길 걱정 없이 그 자체로 연결된 것이기에 안정감을 최우선으로 할 때 선택할 수 있는 좋은 연결 방법입니다.

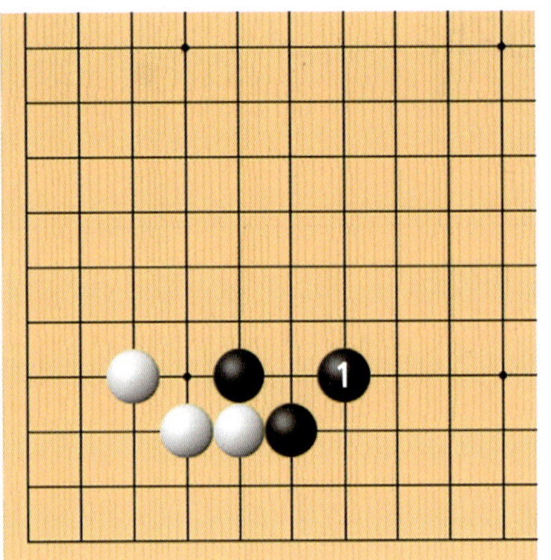

흑1의 **호구**[*] 연결도 훌륭한 선택입니다. 호구는 대표적인 좋은 모양으로, 조금 더 활발하고 유연한 연결을 원할 때 유용합니다.

상황에 따라 더 안전한 꽉잇기를 고를지, 공간을 넓게 쓰는 호구를 고를지 비교해 보는 연습을 해 보세요.

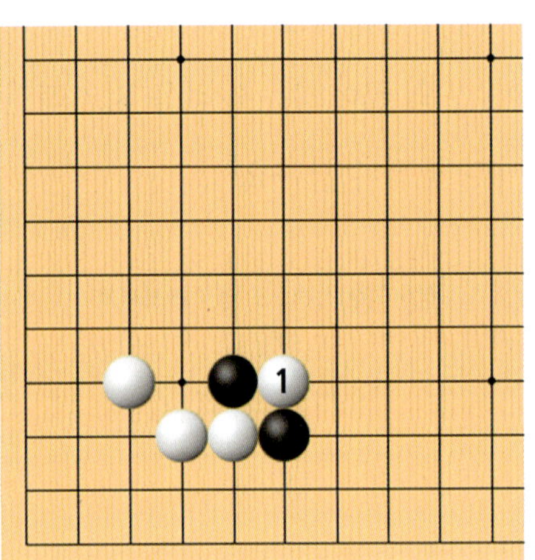

반대로 백의 차례라면, 백1에 두어 흑의 약점을 정확히 찌를 수 있습니다. 이곳을 백이 차지함으로써 끊어진 흑 두 점은 매우 약한 돌이 되었습니다. 이제 백은 흑을 둘로 갈라놓고 공격권을 갖게 된 것입니다.

＊ 승부사의 용어 풀이 　　**호구(虎口)**

호랑이의 입이라는 뜻으로, 빈 점 하나를 같은 색 돌 세 개가 둘러싼 모양을 말합니다. 만약 상대가 그 빈 점에 둔다면 다음 한 수로 바로 잡히기 때문에 그곳에 둘 수 없습니다. 결국 호구 모양일 경우 끊김을 방지하여 돌을 안전하게 연결할 수 있습니다. 또한 눈 모양(집)을 만드는 데 유용하기도 합니다.

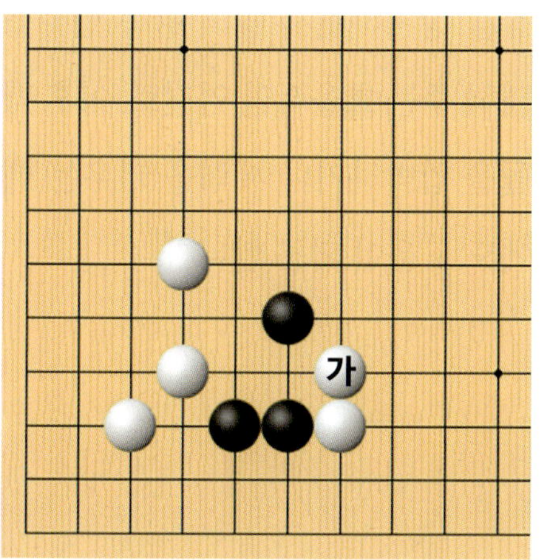

백 '가'로 두어온 장면입니다. 백은 흑이 끊어지는 약점을 노리고 있습니다. 흑은 어떤 행마를 선택하는 것이 좋을까요?

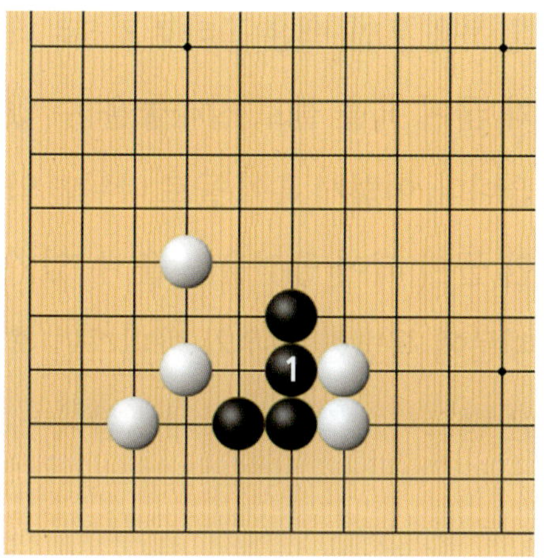

흑1로 꽉 잇는 수가 먼저 떠오를 수 있습니다. 하지만 꽉 잇기를 선택하면 흑돌 세 점이 **빈삼각**[*]이 되어 모양이 둔해지고, 백에게도 거의 영향을 주지 못하는 비효율적인 형태가 됩니다.

조금 더 효율적인 행마를 찾아볼까요?

---

* 승부사의 용어 풀이　　**빈삼각(빈三角)**

같은 색깔의 돌 세 개가 직각 모양으로 붙어 있는 모양을 뜻하며, 한 칸의 공배가 비어 있는 삼각형이라고 해서 빈삼각이라고 합니다. 돌이 똘똘 뭉쳐 있어 활동성이 떨어지고, 돌 세 개로 만드는 다른 배치보다 효율성이 떨어져 대표적인 우형(나쁜 모양)으로 분류됩니다.

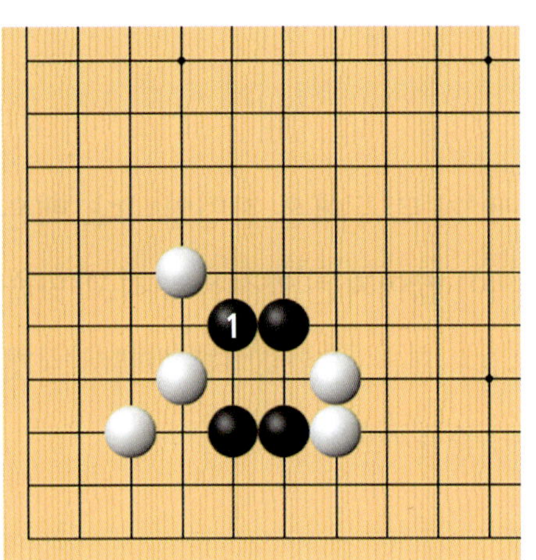

이 장면에서는 흑1의 **쌍립***으로 연결하는 것이 좋습니다. 쌍립은 끊어짐을 방지하면서 돌의 활동 범위를 넓혀 주는 효율적인 연결로, 이후 백 돌을 압박하거나 세력을 키우는 데에도 도움이 되곤 합니다.

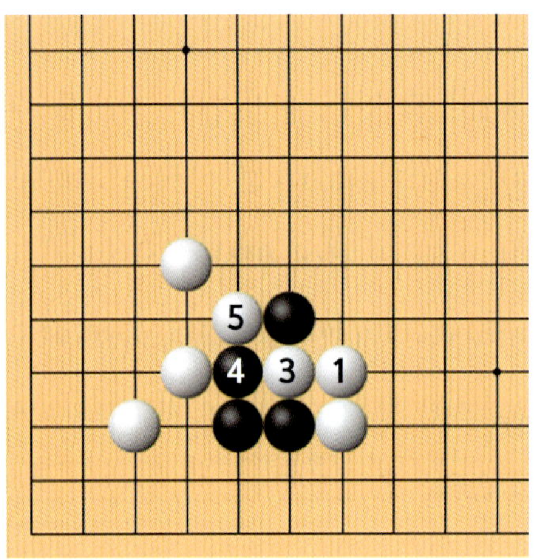

손뺌

백1에 대해 흑이 응대하지 않고 다른 곳을 두면, 백은 곧바로 3, 5로 나와 끊어 흑을 둘로 갈라놓을 수 있습니다. 이렇게 흑이 둘로 나뉘면 약한 돌이 되어 공격을 받을 수 있기 때문에 특별한 경우가 아니라면 흑은 반드시 약점을 보강해야 합니다.

*** 승부사의 용어 풀이**　　**쌍립(雙立)**

같은 색 돌 두 개씩 위, 아래 쌍으로 있는 형태를 말합니다. 돌이 끊어지지 않게 연결하면서 활동 범위도 넓혀 주는 매우 효율적인 행마입니다.

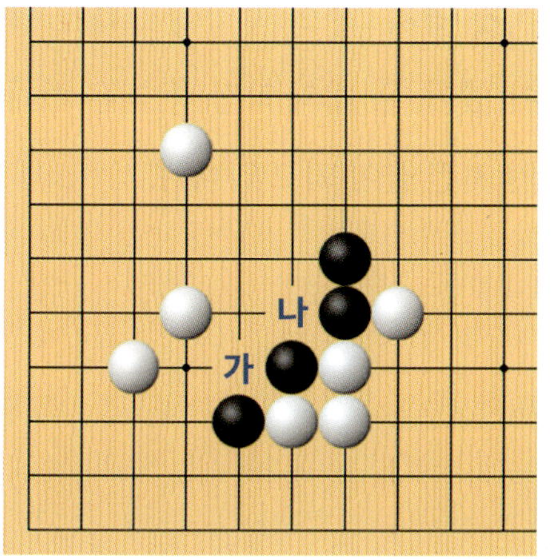

흑에게 '가'와 '나' 두 곳의 약점이 동시에 노출되어 있는 장면입니다. 두 곳의 약점을 한 수로 지킬 수 있는 곳을 찾는 것이 이번 문제의 핵심입니다.

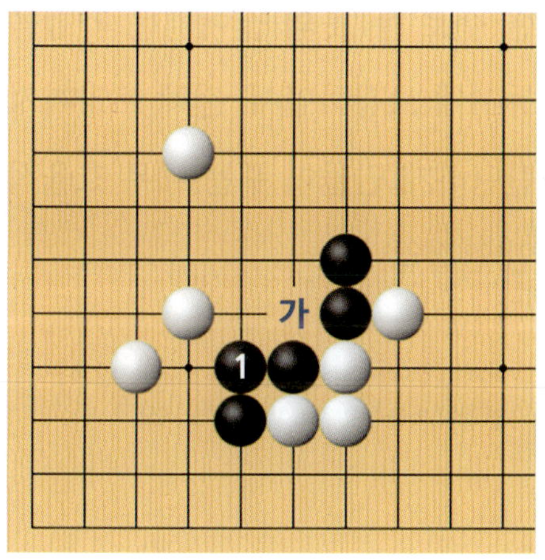

먼저, 많은 사람이 떠올릴 수 있는 수가 흑1로 곧바로 연결하는 수입니다. 하지만 이곳의 연결은 여전히 가의 약점이 남아 있어 신경이 쓰입니다.

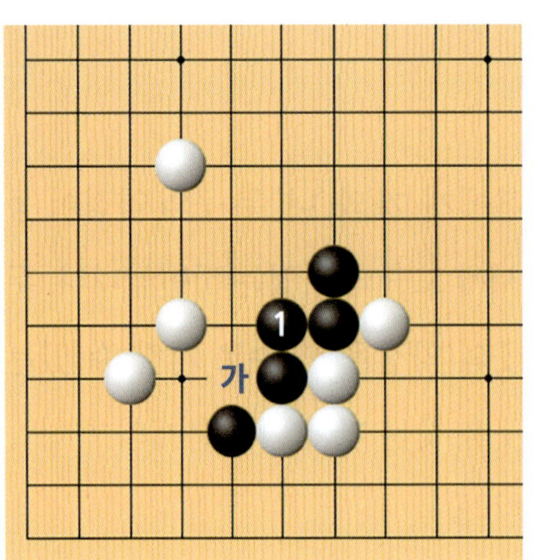

그럼 방향을 달리해 흑1로 다른 쪽을 연결해 보면 어떨까요? 그러나 이것 역시 '가'의 약점이 그대로 남아 있어, 두 개의 약점 중 겨우 하나만 지킨 꼴이 되고 맙니다.

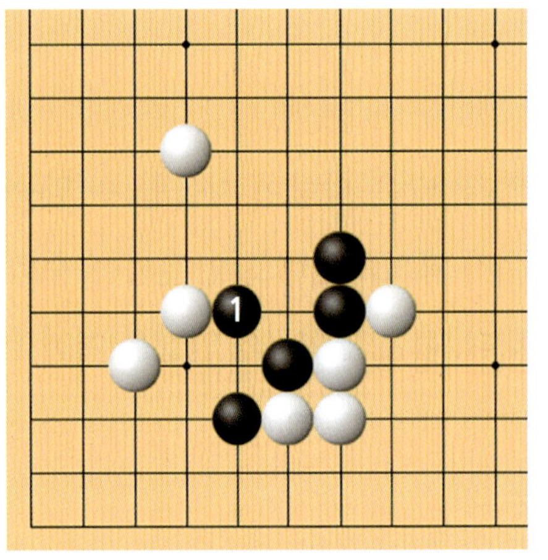

이때 가장 좋은 해법은 흑1의 **양호구**[*]로 연결하는 수입니다. 양호구는 한 수로 두 곳의 끊어지는 약점을 동시에 보강하면서, 전체 모양까지 탄탄하게 만들어 주는 매우 효율적인 연결입니다.

> 이제 실전에서 약점이 두 군데 보이면 "양호구 연결이 가능할까?"를 떠올려 보세요.

* 승부사의 용어 풀이	양호구(兩虎口)
한 수로써 두 개의 호구 형태를 만듦. 또는 그렇게 이루어진 두 개의 호구.	

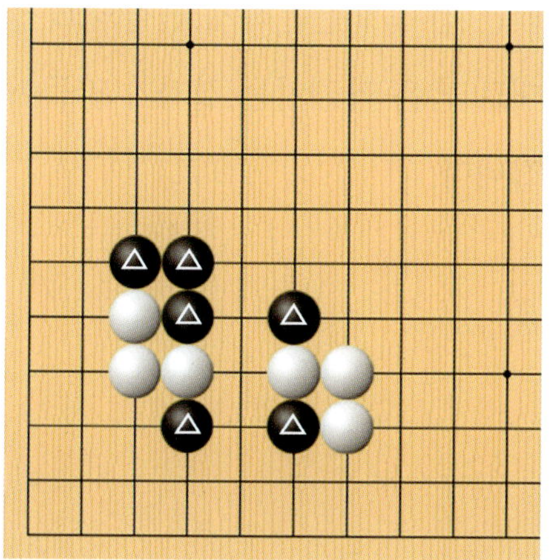

△가 양쪽으로 갈라질 위기에 처했습니다. 위쪽과 아래쪽 흑돌을 한 수로 연결할 수 있을까요?

앞에서 배운 연결 수법들을 떠올려, 어떤 수가 좋을지 생각해 보세요.

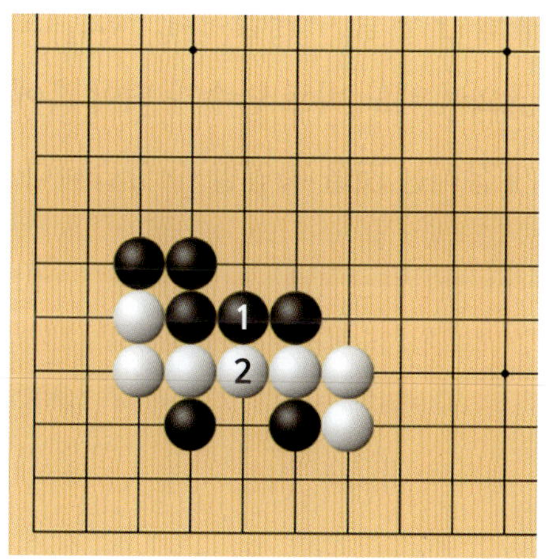

먼저 흑1은 어떨까요? 이 수는 백2를 허용하게 되어, 위아래 흑돌을 연결할 수 없습니다. 오히려 백돌 전체가 튼튼하게 연결된 모양이 됩니다.

흑1의 선택도 사정은 다르지 않습니다. 백2의 자리를 빼앗기는 순간, 백은 전체가 튼튼하게 연결되고 반대로 흑은 약해지는 결과가 만들어집니다.

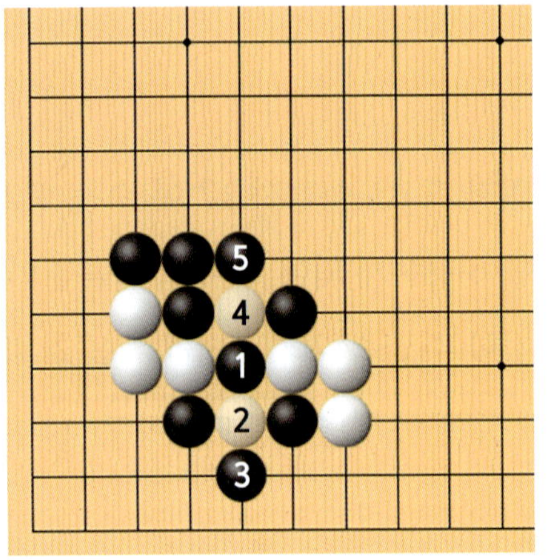

정답은 흑1의 양호구입니다. 이 한 수가 양쪽 흑돌을 하나로 이어 주는 유일한 연결 수단입니다. 백2, 4로 끊으려 해도 바로 단수가 되어 흑에게 잡히는 것을 확인할 수 있습니다.

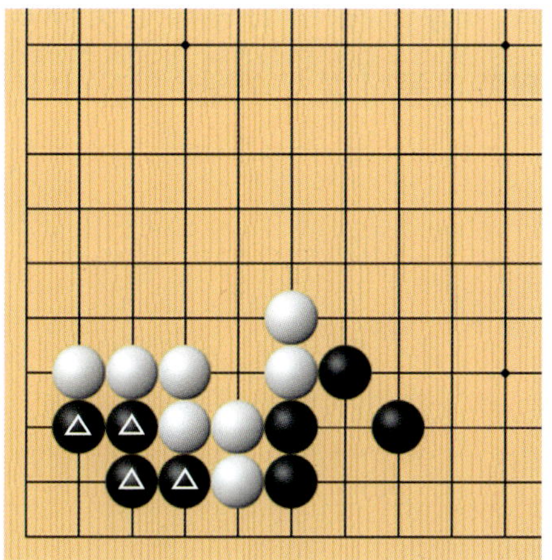

●가 끊어질 위기에 놓인 장면입니다. 오른쪽 흑돌과 연결할 수 있는 방법이 있을까요? 겉으로는 매우 위험해 보이지만, 좋은 수를 찾으면 연결이 가능합니다.

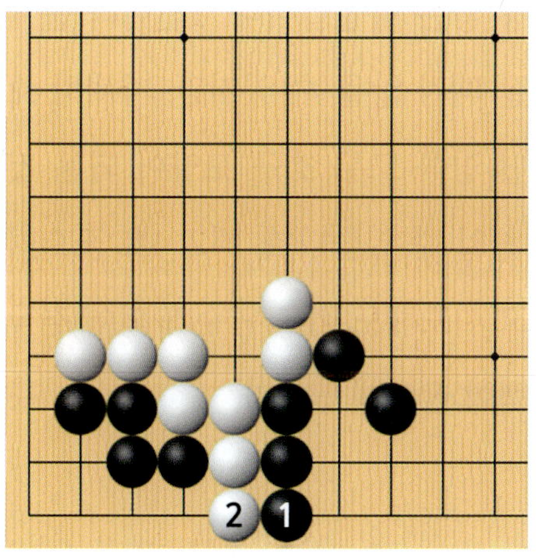

먼저 흑1부터 생각해 보겠습니다. 연결을 시도한 수이지만, 백2로 막히면 흑은 연결이 불가능하고 왼쪽 흑돌이 모두 잡히고 맙니다.

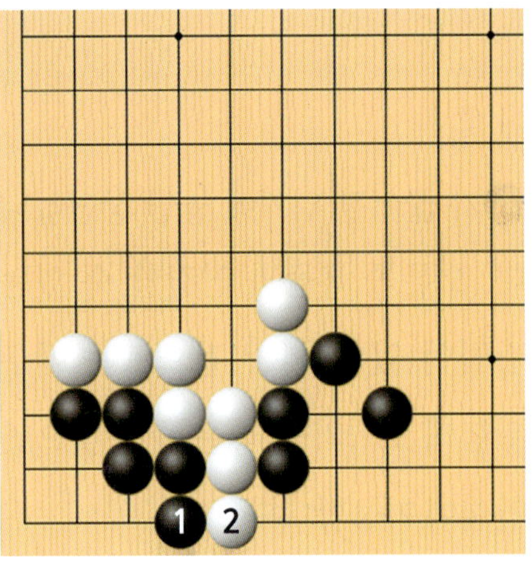

반대쪽의 흑1도 결과는 비슷합니다. 백2의 자리를 빼앗기는 순간 양쪽 흑돌은 결국 연결되지 못하고, 왼쪽 흑돌이 다시 위태로워집니다.

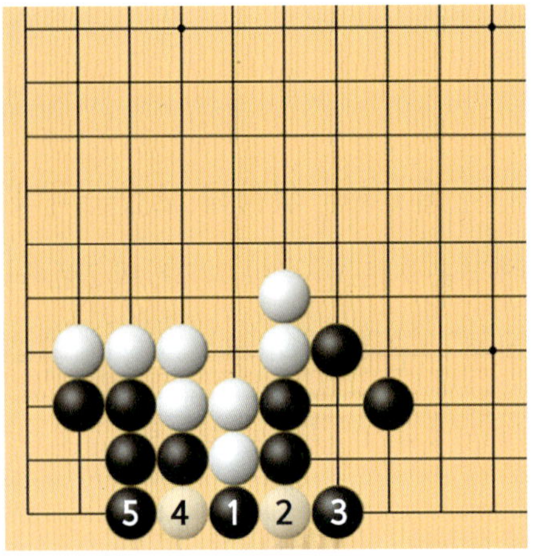

지금은 흑1로 1선으로 넘어가는 수가 양쪽 흑돌을 하나로 연결하는 가장 좋은 방법입니다. 1선이라 눈에 잘 띄지 않을 수 있지만, 자세히 보면 양쪽 모두 호구 모양이 되는 것을 알 수 있습니다. 백2, 4로 끊으려고 시도해도 바로 단수가 되어 결국 백이 잡히게 됩니다.

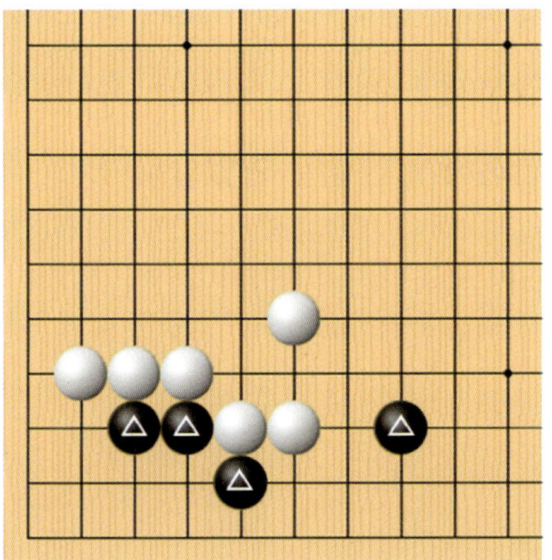

△를 연결하는 방법을 찾아보세요. 멀리 떨어져 있는 것처럼 보이지만, 흑돌을 하나로 연결할 수 있는 좋은 방법이 있습니다.

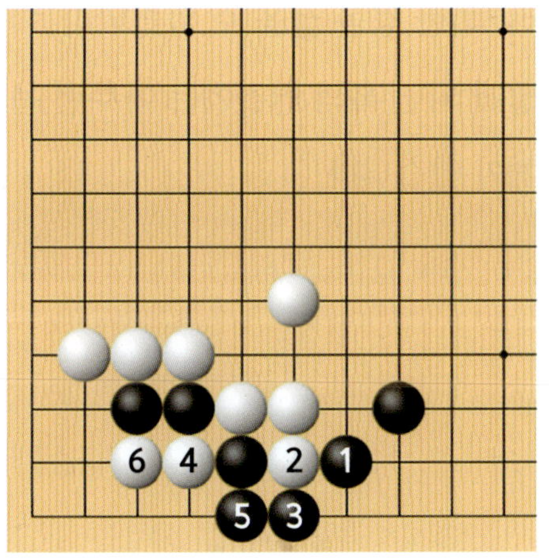

안전하고 단단한 행마를 찾는다면 먼저 흑1의 입구자를 떠올릴 수 있습니다. 하지만 이 수는 백2로 흑의 약점을 추궁당했을 때, 결국 백6으로 흑 두 점이 잡히고 맙니다.

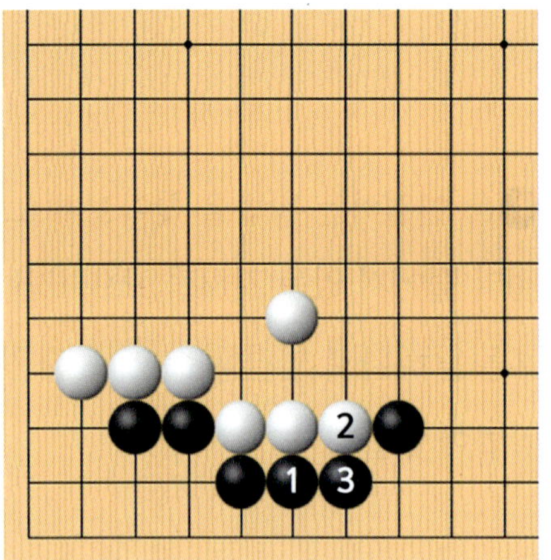

이 장면에서는 흑1로 넘어가는 수가 양쪽 흑돌을 연결하는 좋은 방법입니다. 간격이 멀어 보여 다소 불안하게 느껴질 수 있지만, 흑3까지 안전하게 연결할 수 있습니다.

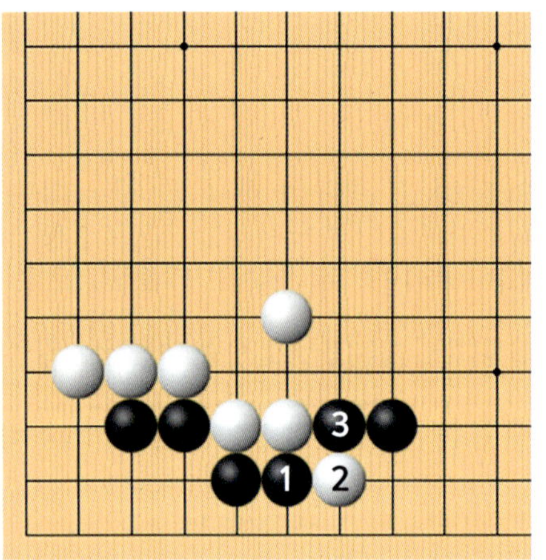

만약 흑1에 대해 백2로 연결을 방해하려 한다면, 흑3으로 두어 오히려 백 한 점을 끊을 수 있습니다. 이렇게 되면 흑의 연결에는 아무런 문제가 없습니다.

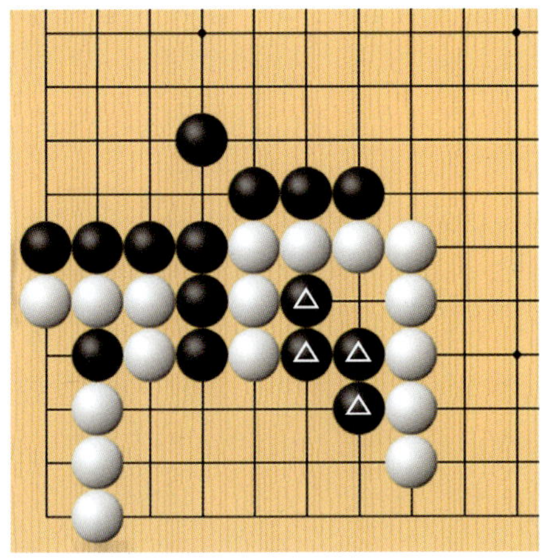

단순한 방법으로는 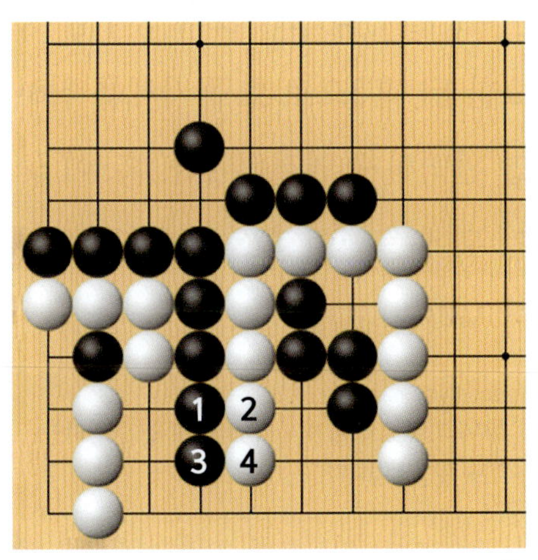를 연결하기 어려워 보입니다. 주변 상황을 잘 살펴보고 활용해야만 흑을 하나로 연결할 수 있습니다.

끊어지는 것이 두려워 흑1을 떠올릴 수도 있습니다. 그러나 백2로 흑의 연결을 방해하면, 흑은 끝내 연결할 수 없습니다.

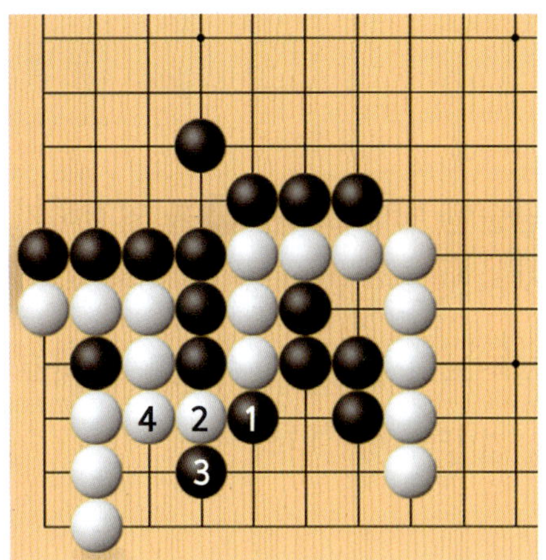

단순하게 흑1로 바로 연결을 시도할 수도 있습니다. 하지만 이 수는 백2로 끊겨 흑돌 전체가 잡히게 됩니다.

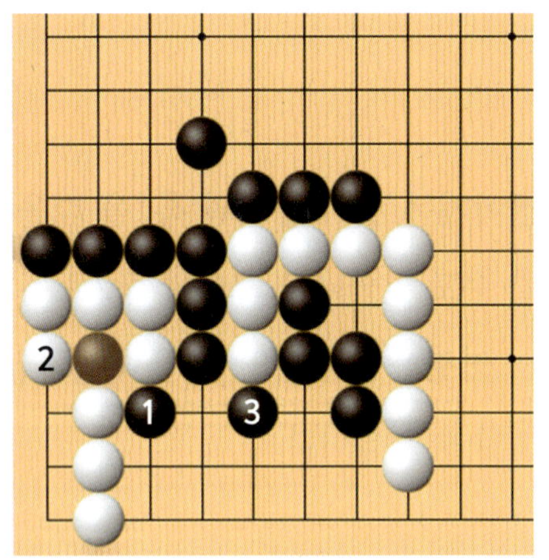

주변 모양까지 함께 살펴보았다면, 흑1의 단수를 발견할 수 있을 것입니다. 먼저 흑1로 백2의 응수를 강요한 뒤, 흑3으로 호구 자세를 취하면 완벽하게 연결됩니다. 흑3이 놓인 뒤에는 백이 흑을 끊어 갈 방법이 사라집니다.

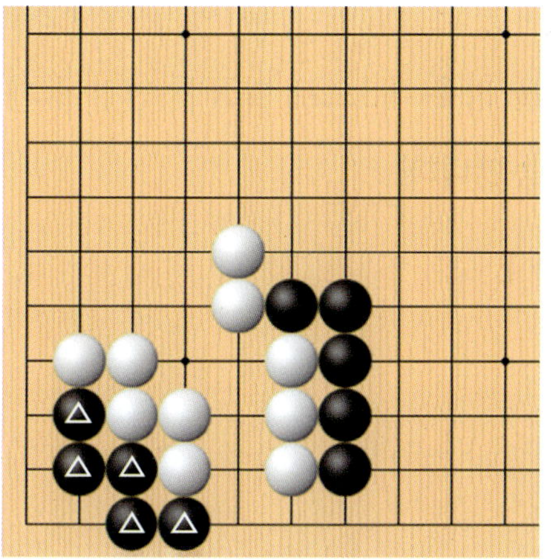

●가 오른쪽 흑 다섯 점과 끊어지면 죽을 위기에 놓인 장면입니다. 흑이 어느 곳에 두어야 오른쪽 흑돌과 연결이 가능할지 방법을 찾아보세요.

얼핏 끊긴 듯 보여도 첫 수를 잘 찾으면 하나로 연결이 가능합니다.

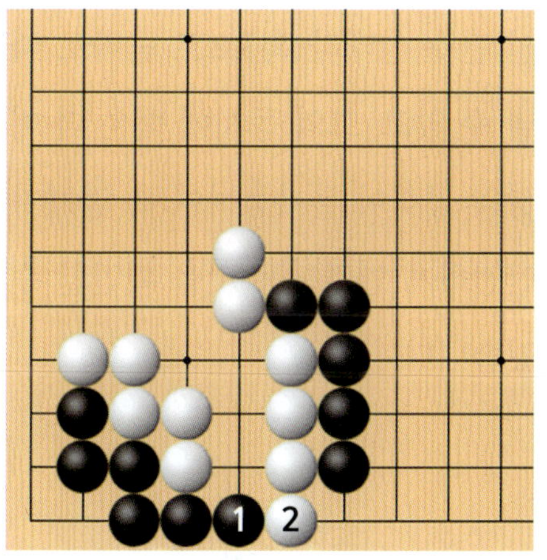

단순하게 흑1로 다가가는 수부터 생각해 보겠습니다. 좋은 시도처럼 보이지만 백2로 막히면 길이 완전히 차단되어, 흑은 연결이 불가능해집니다.

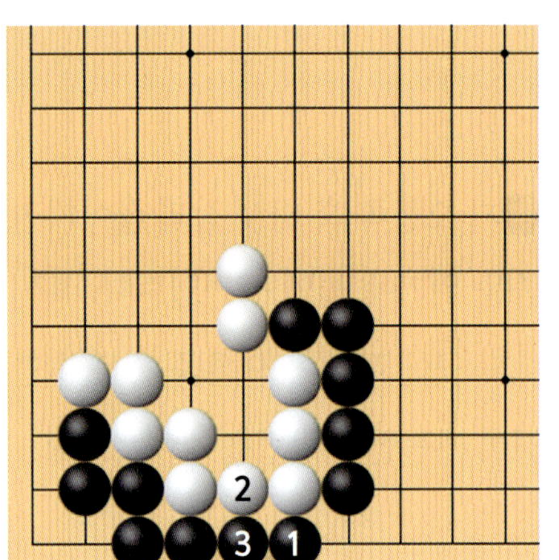

여기에서 낯설 수 있지만 꼭 익혀 두어야 할 방법이 바로 1선*에서 젖히는 연결입니다. 흑1에 맞서 백2를 둘 경우 흑3으로 깔끔한 연결이 가능합니다.

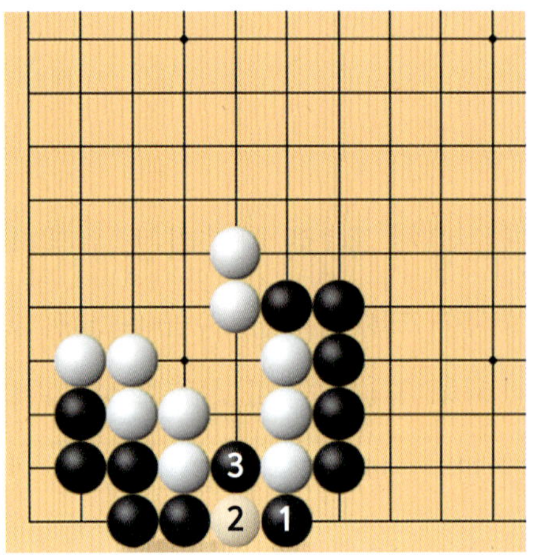

혹시 흑1로 젖힐 때 백2로 끊어 올까 봐 걱정인가요? 하지만 다시 살펴보면, 백2는 이미 활로가 하나뿐인 단수 상태라 흑3으로 곧바로 따낼 수 있고, 그와 동시에 백은 더 이상의 공격이 불가능하여 흑 전체가 안전하게 연결되는 것을 확인할 수 있습니다.

* 승부사의 용어 풀이   1선

바둑판의 가장 끝에 위치한 첫 번째 선입니다. 사망선으로도 불립니다.

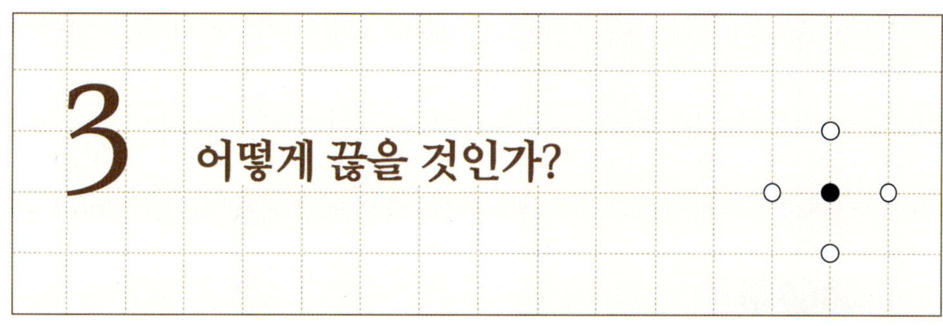

3 어떻게 끊을 것인가?

이번에는 나의 약점만 지키는 것이 아니라, 상대의 약점을 찾아 돌을 끊는 연습을
해 보겠습니다.

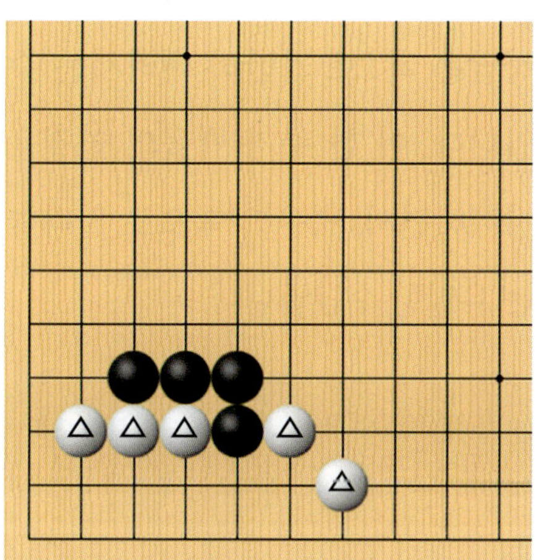

흑이 △의 연결을 방해하려면 어떤
자리에 두어야 할까요?

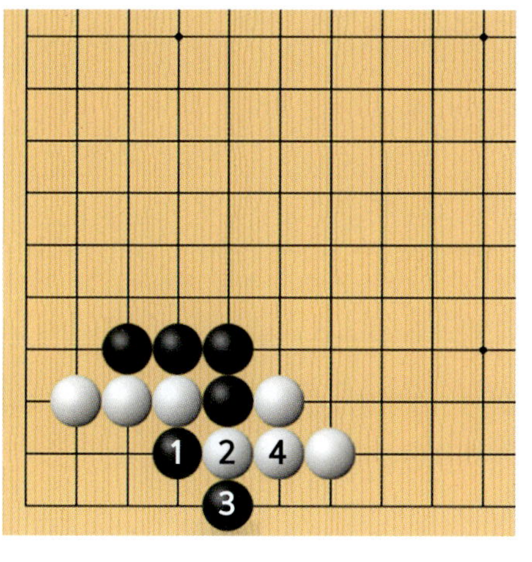

먼저 왼쪽의 백 세 점쪽으로 조금
더 다가가는 흑1을 떠올릴 수 있습
니다. 하지만 이 수는 백2로 끊는 것
이 가능해 오히려 흑돌이 잡히고,
백은 모두 연결되어 실패입니다.

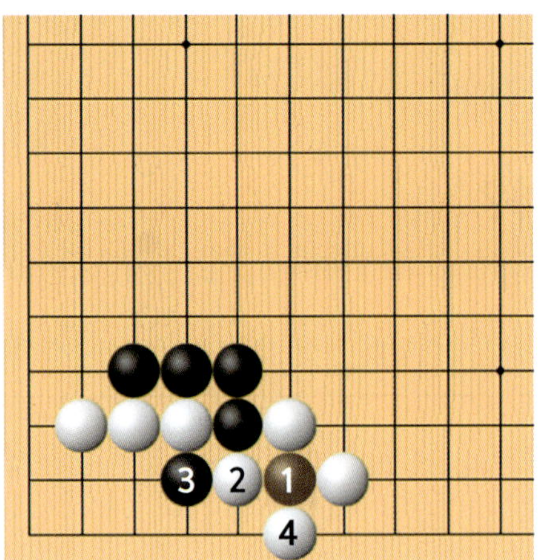

반대 방향의 흑1 역시 좋은 선택이 아닙니다. 이쪽으로 두면 백2로 끊기는 순간 흑 한 점을 살릴 수 없고, 이어진 수순에서 흑3의 돌까지 자동으로 잡히게 됩니다.

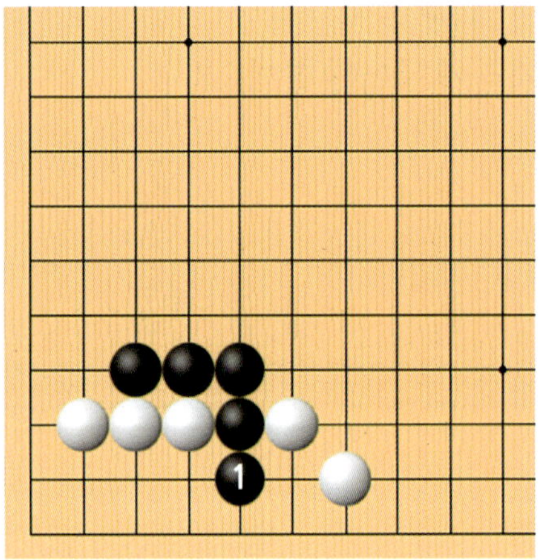

정답은 흑1로 가만히 내려서는 수입니다. 이 한 수가 백돌의 연결을 방해하면서, 백을 양쪽으로 갈라놓는 유일한 수단입니다.

상대의 돌을 끊으려 할 때에는, 그 과정에서 내 돌이 되레 끊기지 않는지도 함께 살펴봐야 합니다.

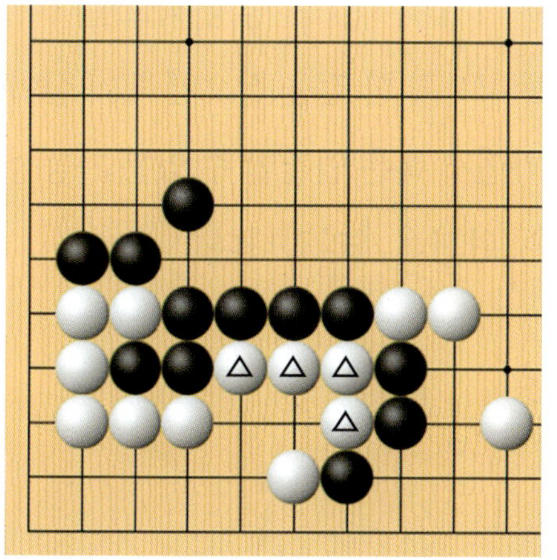

아래쪽 흑 세 점이 위기에 처한 상황입니다. 위쪽 흑돌과 연결하려면 △ 를 잡아야 하는데, 과연 가능할까요?

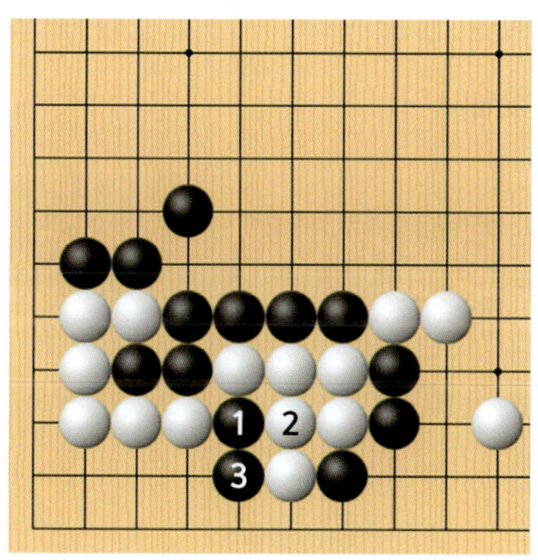

흑1로 끊는 것이 좋은 출발입니다. 이때 백은 단수가 되기 때문에 백2로 연결할 수밖에 없고, 흑3이면 백돌을 잡으면서 위쪽 흑돌과의 연결까지 한 번에 이루어집니다.

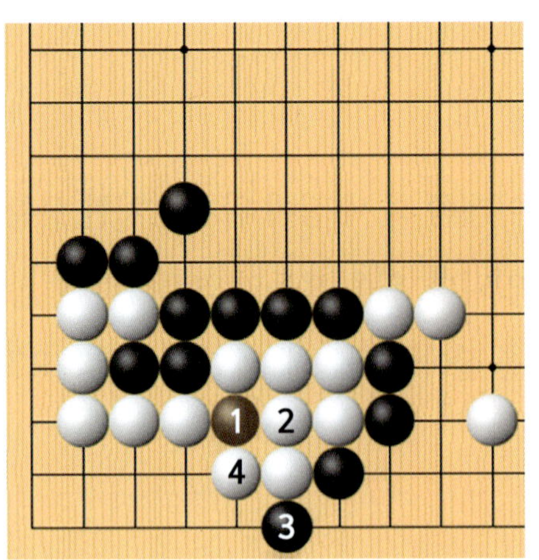

흑1을 찾아냈다고 방심해서는 안
됩니다. 단수치는 방향이 중요한데,
여기서 흑3은 큰 방향 착오입니다.
백4로 흑 한 점을 잡으면 백이 살아
가면서 흑은 연결할 수 있는 가능성
이 완전히 사라집니다.

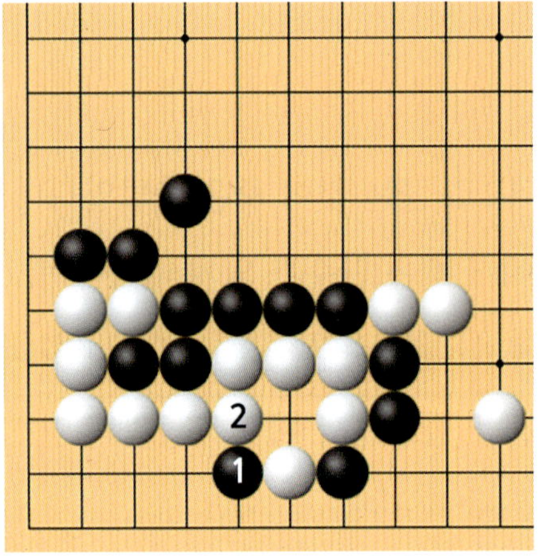

이 장면에서는 흑1로 어떤 선택을
하더라도, 백2의 자리를 내어주면
백을 잡을 수도 흑을 연결할 수도
없습니다.

상대의 돌을 끊는 첫 수뿐 아니라, 이후의 진행까
지 함께 떠올려 보는 습관을 가지면 실력 향상
에 큰 도움이 될 겁니다.

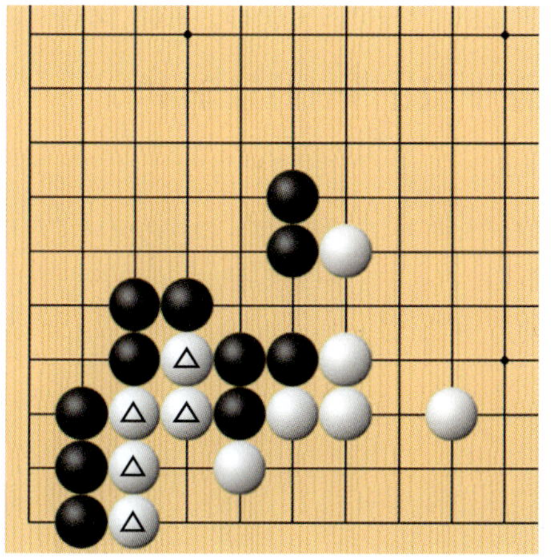

완벽해 보이는 백의 형태에도 아직 약점이 남아 있습니다. ◮를 잡는 방법을 찾아보세요.

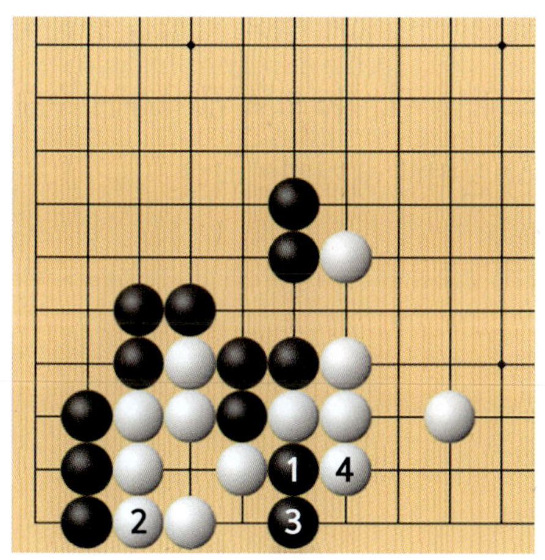

약점을 노리려면 일단 끊어야 한다는 생각에서 출발한다면, 흑1을 떠올릴 수 있습니다. 그러나 이 수는 백2가 정확한 응수가 되어, 백4까지 오히려 흑이 잡히는 결과가 됩니다.

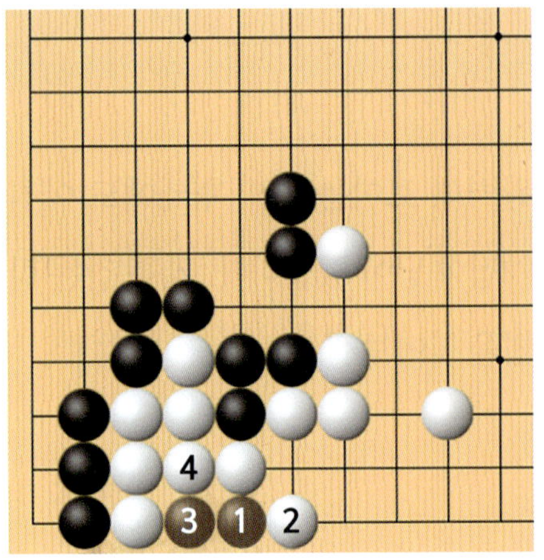

그렇다면 흑1로 붙여 환격을 노려 보는 것은 어떨까요? 이 경우에도 백2로 단수치는 순간, 흑은 백을 잡을 수 있는 수단이 없습니다.

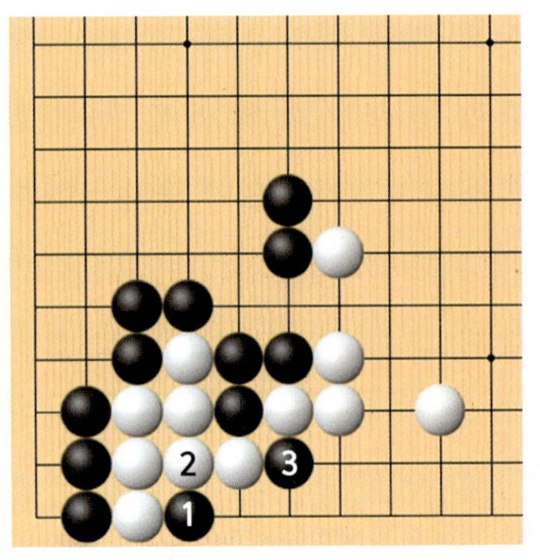

이 장면에서는 먼저 흑1로 단수쳐서 백2의 응수를 강요하는 것이 좋습니다. 이렇게 백의 약점을 충분히 드러낸 뒤, 흑3으로 끊어가는 수순이 완벽한 해결책입니다.

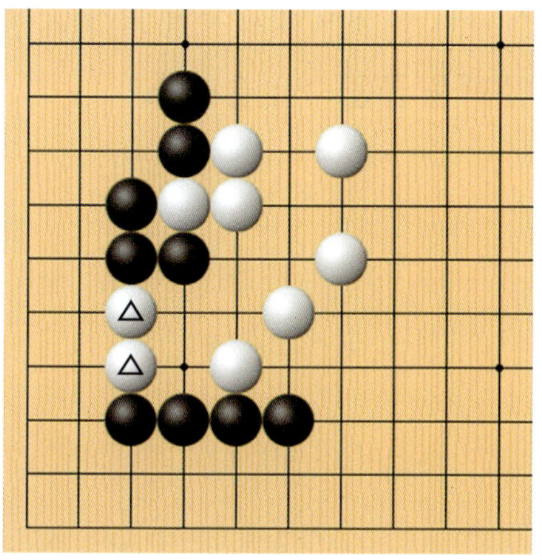

백이 모두 연결된 것처럼 보이지만, 아직 숨은 약점이 남아 있는 장면입니다. △를 끊을 수 있는 급소를 찾는 것이 이 문제의 핵심입니다.

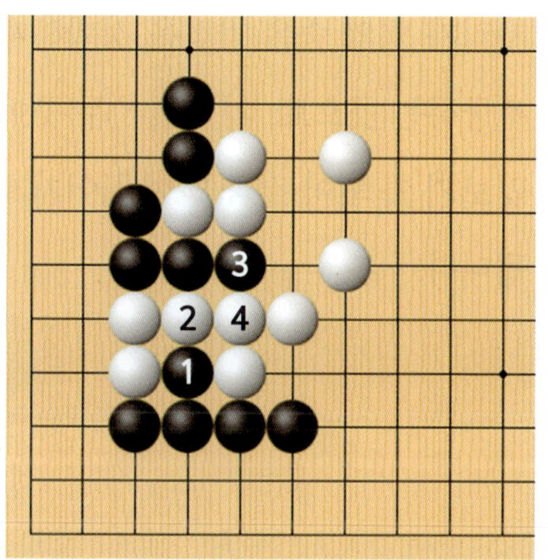

먼저 흑1로 곧장 찌르는 수를 떠올릴 수 있습니다. 하지만 이 진행은 백2, 4로 자연스럽게 연결되어, 더는 백을 끊을 수 있는 수단이 남지 않습니다.

---

* 승부사의 용어 풀이 　 **찝다**

인접해 있는 상대방 돌의 맥점에 두어 결함을 집어 드러내는 일. 일상적으로 쓰이는 '집다'의 센말로, 집게발로 물건을 꼭 끼듯 돌 모양의 결함을 집어내는 행마 동작을 가리킵니다.

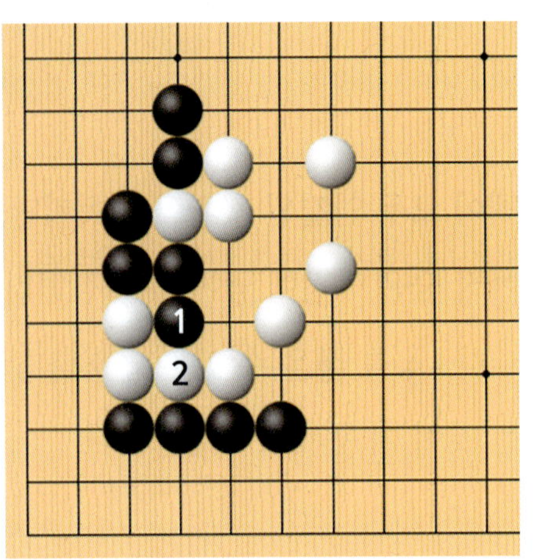

흑1로 방향을 바꾸어 끊으려고 해도, 백2로 연결하면 상황은 마찬가지입니다. 정확한 급소를 찾지 못하면 백을 끊을 수 없습니다.

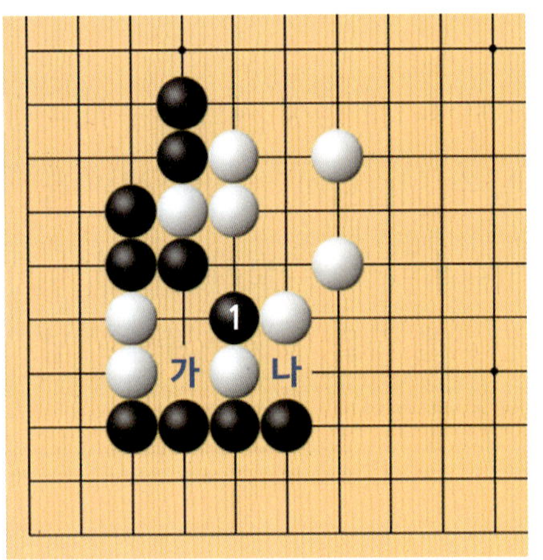

급소는 흑1의 입구자 자리입니다. 이 자리가 백의 숨은 약점을 정확하게 추궁하는 곳으로, '가'와 '나' 두 곳이 **맞보기***가 되어 결국 백이 끊어지게 됩니다.

---

* 승부사의 용어 풀이 | **맞보기**

가치가 거의 비슷한 두 곳이 있어서, 상대가 한 곳을 차지하더라도 내가 다른 한 곳을 차지하면 결과가 충분히 만족스러운 상황을 말합니다. 이 개념은 포석, 중반 싸움, 끝내기까지 바둑 전체에 걸쳐 두루 쓰이는 아주 중요한 개념입니다.

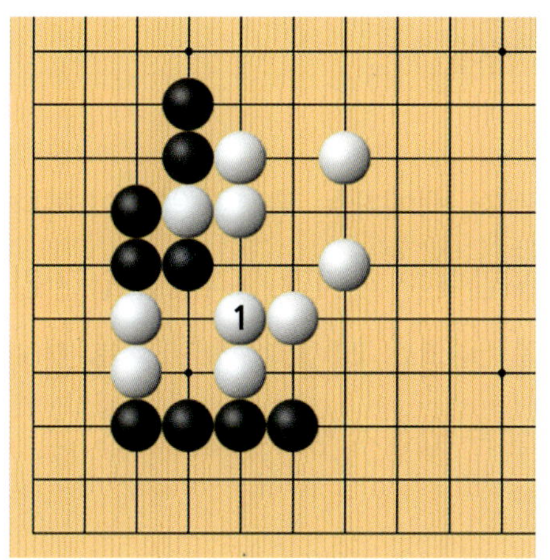

이 장면을 백의 입장에서 다시 바라보면 더 잘 이해할 수 있습니다. 백1의 자리에 지켜두면 쌍립 모양으로 단단히 연결되어, 흑이 노리던 약점이 사라지는 것을 알 수 있습니다.

'적의 급소가 나의 급소'라는 바둑 격언이 있습니다. 나의 입장에서만 좋은 곳을 찾는 것이 아니라, 상대의 시선에서 좋은 자리를 떠올려 보는 습관을 들이면 급소와 맞보기를 찾는 눈이 훨씬 더 빨리 자랍니다.

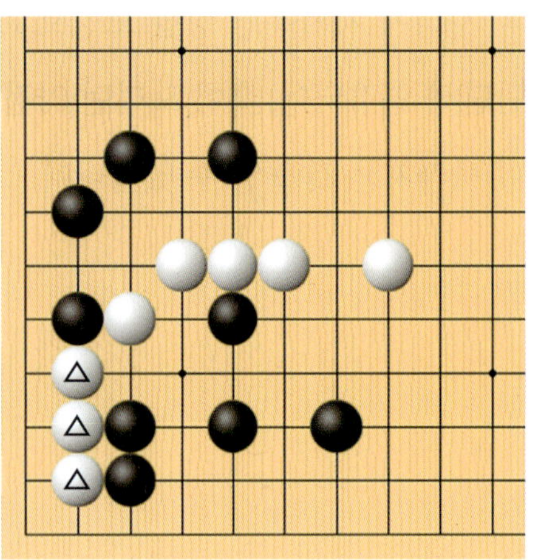

먼저, 백에게는 분명한 약점이 하나 보입니다. 하지만 생각만큼 쉽진 않을 거예요. 어떻게 해야 △를 끊어 갈 수 있을지 생각해 보세요.

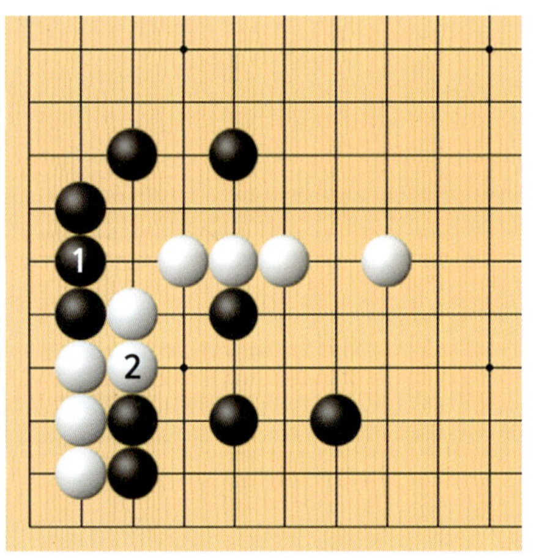

흑1로 나의 돌 한 점을 단단히 잇는 수부터 떠올릴 수 있습니다. 하지만 이렇게 두면 백2로 자연스럽게 연결되어, 백의 약점만 보강해 주는 셈이 되었습니다.

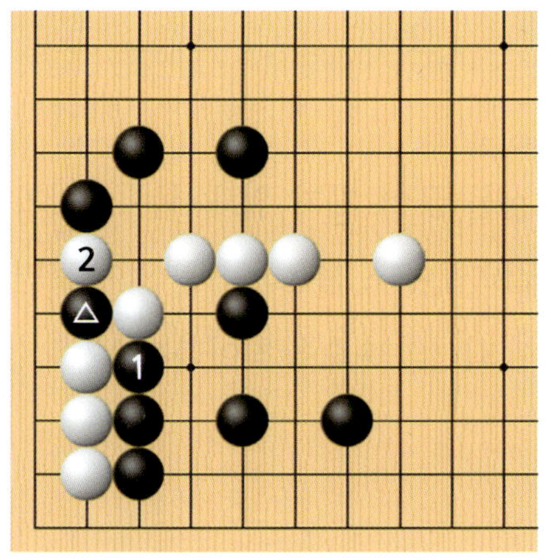

그렇다면 흑1로 곧장 끊어 가는 수는 어떨까요? 얼핏 보면 백을 차단한 것처럼 보이지만, 백2의 단수로 ❷가 잡히면서 오히려 백 전체가 모두 연결되고 맙니다. **수읽기**[*]를 하지 않고 겉모양에 속으면 이런 일이 발생합니다.

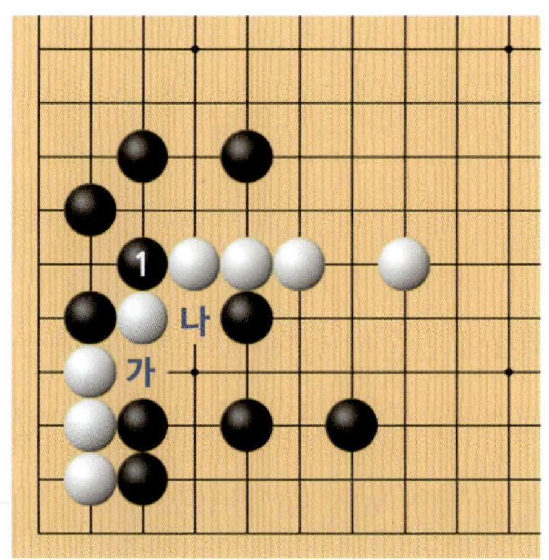

이 장면에서 최선의 한 수는 흑1의 호구로 백을 압박하는 것입니다. 호구로 흑 한 점을 안전하게 연결하면서 동시에 백의 약점을 추궁하는 일석이조의 수법입니다. 흑1로 백에게는 두 곳에 약점이 생겼습니다. '가'와 '나'가 맞보기로 백은 결국 끊어지게 됩니다.

돌과 돌이 맞부딪힌 상황에서, 앞으로 벌어질 수 있는 여러 가지 수순을 머릿속으로 따라가며 수를 찾아내는 일을 말합니다. 바둑 기술 가운데에서도 특히 중요한 요소로, 수읽기에서 비롯되는 수많은 변화와 선택지가 바둑의 묘미를 만들어 줍니다.

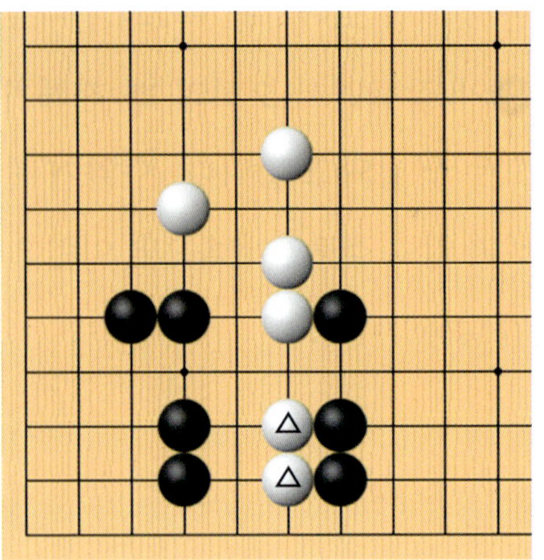

△를 끊어 가기 위해서는 주의가 필요합니다. 천천히 수를 읽어 보면서 최선의 수순을 찾아볼까요?

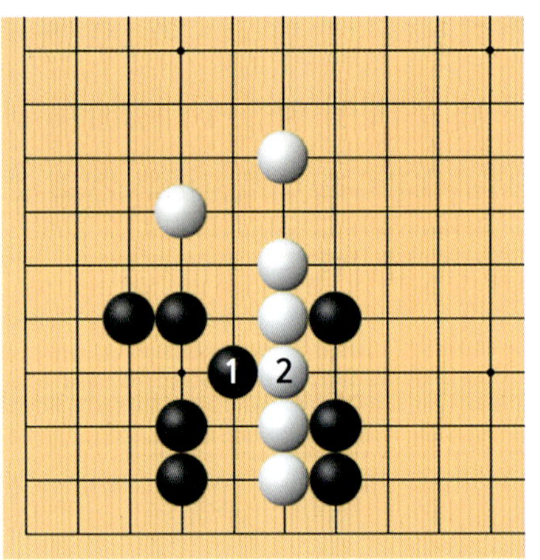

흑1로 단순히 들여다보는 수는 백2로 받아 두면, 더는 백을 끊을 수 있는 수단이 남지 않습니다.

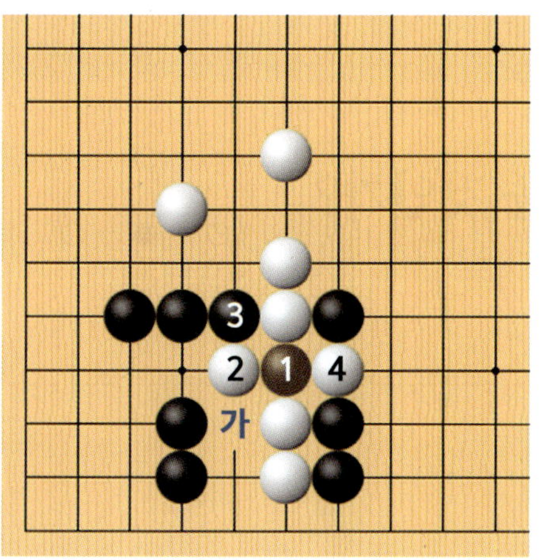

흑1로 끼우는 수가 좋은 접근입니다. 하지만 여기에서 곧장 흑3으로 끊으면, 백4로 흑 한 점을 따내 모든 것이 수포로 돌아갑니다. 흑3을 '가'로 끊어도 결과는 같아서 주의가 필요합니다.

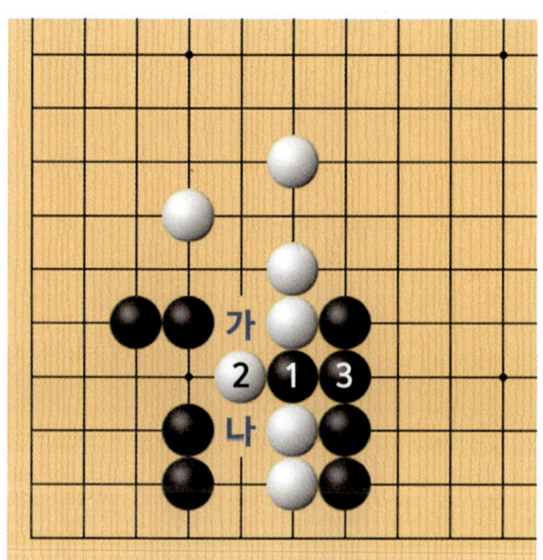

흑1에 이어 흑3으로 잇는 수가 정답입니다. 자세히 보면 흑 한 점이 단수라는 것을 알 수 있고, 이 돌을 먼저 안전하게 연결해 두면 이후 '가'와 '나' 두 곳이 맞보기가 되어 백을 확실하게 끊을 수 있습니다.

상대의 돌을 끊거나 공격할 때일수록, 나의 돌이 단수로 잡히거나 약하지 않은지 먼저 확인해야 합니다. "먼저 내 약점을 살피고, 그 다음 상대 약점"이라는 순서를 지키면 수읽기가 훨씬 안정됩니다.

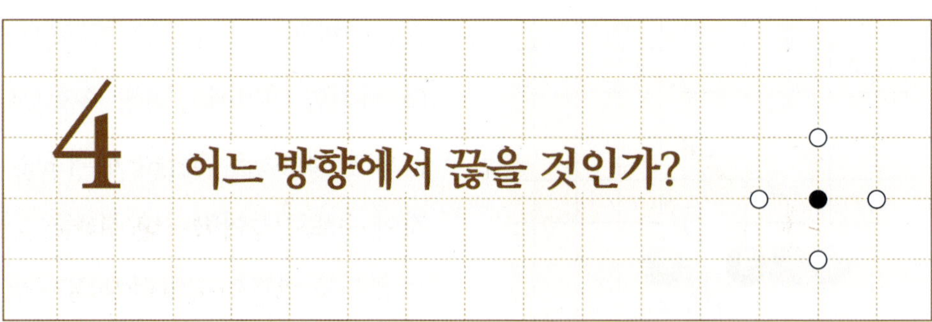

4 어느 방향에서 끊을 것인가?

맞끊기

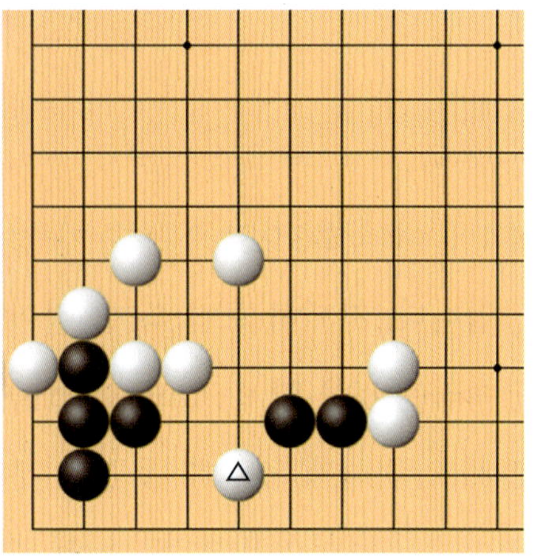

△로 끊어 온 장면입니다.

양쪽의 흑돌이 위태로운 장면에서 △를 잡는다면 동시에 흑의 연결도 가능해 보입니다.

천천히 수를 읽어 보세요.

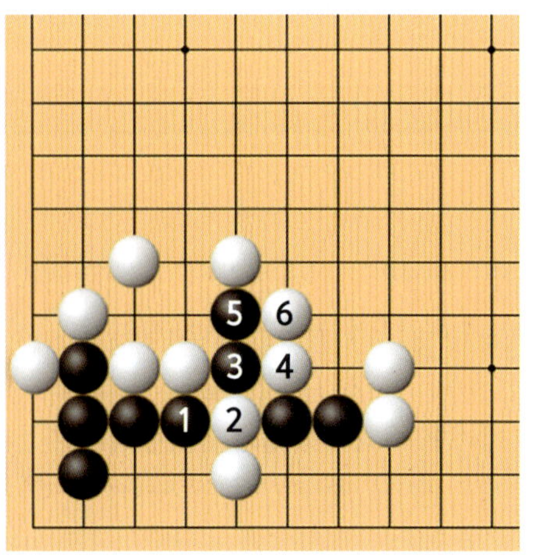

먼저 흑 1, 3으로 나가 끊는 수를 생각해 볼 수 있습니다. 처음에는 백 한 점이 끊어질 것처럼 보이지만, 조금 더 수읽기를 해 보면 도리어 흑이 곤란해지는 것을 확인할 수 있습니다.

흑1의 방향 선택이 좋지 않습니다.

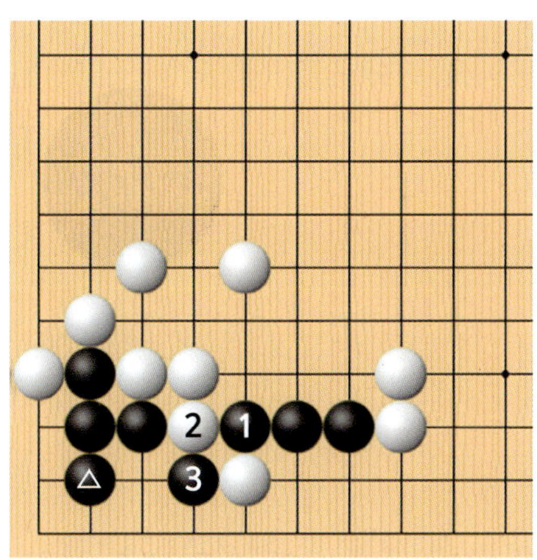

흑1의 방향이 올바른 접근입니다. 이미 ●가 자리 잡고 있기 때문에 이 돌을 발판 삼아 흑3으로 끊는 것이 가능해지고, 그 결과 백 한 점을 잡으면서 양쪽 흑돌이 자연스럽게 연결됩니다.

흑백이 서로 맞끊을 경우 치열한 전투가 벌어질 수 밖에 없습니다. 따라서 어느 방향으로 끊어야 할지 깊이 고민하고 결정해야 합니다.

상대의 돌을 끊어 갈 때는 어느 방향에서 끊을 것인가를 항상 먼저 고민해야 합니다.

연결과 끊음을 통해 배우는 지혜

바둑은 흑과 백이 번갈아 한 수씩 두도록 규칙이 정해져 있습니다. 단 하나의 수로 내 돌은 연결하고 상대 돌은 끊을 수 있다면 최선이겠지만, 이런 경우는 매우 드뭅니다. 전투가 벌어지면 내 돌을 연결해서 안정을 취한 뒤에 공격 기회를 엿볼 것인지, 아니면 당장 상대 돌을 끊어 약하게 만들어 공격할 것인지 고민하게 됩니다.

내가 돌을 연결하면 상대 또한 돌을 연결할 기회가 생기고, 상대 돌을 끊을 경우 내 돌 역시 끊길 위험에 처하는 것이 바둑의 원리이자 묘미입니다. 상대를 공격할 때 언제나 내 돌이 약해질 가능성이 있는지를 함께 살펴야만 합니다.

이런 상황을 잘 정리한 바둑 격언이 바로 공피고아(攻彼顧我)입니다. 상대를 공격하기 전에 반드시 내 돌을 살펴야 한다는 뜻입니다. 흔히 바둑에는 우주의 원리, 삶의 지혜가 담겨 있다는 하나의 사례라 하겠습니다.

형과 함께 걷는 길, 우린 형제 프로기사

저는 어린 시절 바둑 애호가였던 아버지의 영향을 받아 바둑을 시작했습니다. 집안 자체가 바둑을 즐기는 분위기였기 때문에 우리 남매 5명 모두는 자연스럽게 바둑을 두게 되었습니다. 그 가운데 특히 뛰어난 재능을 보인 건 둘째인 이상훈 9단과 막내인 저였습니다. 결국 형과 저는 프로 바둑기사가 되었는데요, 국내 1호 형제 프로기사인 고 김수영 7단·김수장 9단에 이은 국내 2호 형제 프로 바둑기사라는 기록을 세웠습니다. 전라남도 신안 비금도에서 함께 바둑을 배우며 자란 우린 여덟 살 터울로, 형이 먼저 프로에 입단해 저를 가르쳤으니 형제이면서 사제라는 특별한 관계를 맺게 되었습니다. 훗날 같은 팀의 감독과 주장으로 호흡을 맞추기도 했으니 남들과 달리 각별한 인연을 지닌 형제라 하겠습니다.

우린 세계 바둑 사상 최초로 형제가 벌인 결승전이라는 진기록을 남긴 것으로도 유명합니다. 2000년 제4기 SK가스배 신예프로10걸전 결승에서 맞붙게 되었기 때문입니다. 공식 대국 첫 만남을 결승전으로 치른 우린 전투를 앞둔 소감부터 남달랐습니다. 형(당시 3단)은 "세돌이를 위해서도

지고 싶지 않다. 가끔 따끔한 맛을 봐야 바둑도 더 영그는 법이다. 모두가 비켜주는데, 내가 아니면 누가 그 일을 맡겠는가!"라며 형으로서의 책임감을 드러냈습니다. 저(당시 3단) 역시 "형한테 내가 분명히 선언했다. 두 판 다 눌러주겠다고. 요즘 형보다 성적이 좋은 내가 만약 진다면 져줬다는 소리가 나올지도 모르니까."라며 응수했습니다. 서로 한 치도 양보하지 않겠다는 각오를 밝힌 것입니다.

사실 당시 저는 32연승을 달리며 '불패소년'이라는 별명을 얻을 만큼 거침이 없었습니다. 형 또한 제10기 신인왕전 우승컵을 들어 올린 직후라 기세가 대단했고 언론의 관심은 무척 뜨거울 수밖에 없었습니다. 형제간 결승전 최종 우승자는 형이었습니다. 2-1 승리를 거두며 우승컵을 들어올리면서 '형만 한 아우 없다'라는 말을 입증했던 것이죠. 내친 걸음으로 형은 같은 해 두 개의 신인왕전 타이틀을 석권한 최초의 기사로 이름을 남겼습니다. 저 역시 바둑문화상 최우수기사상과 최다승상, 연승상 등을 휩쓸며 차세대 일인자로서의 입지를 굳혀 갔고, 형은 신인상을 수상합니다.

2000년 같은 해에 형제가 최우수상과 신인상을 휩쓰는 것은 국내 바둑 사상 처음 있는 일이었고, 형과 동생이 함께 만든 최고의 한 해였습니다. 이후 형과 저는 나란히 입신의 반열에 올라 두 형제 모두 9단이 된 최초의 기록, 형제 기사이자 한국 바둑 역사상 최강의 형제 기사로 남게 되었습니다.

알맞은 행마 선택하기

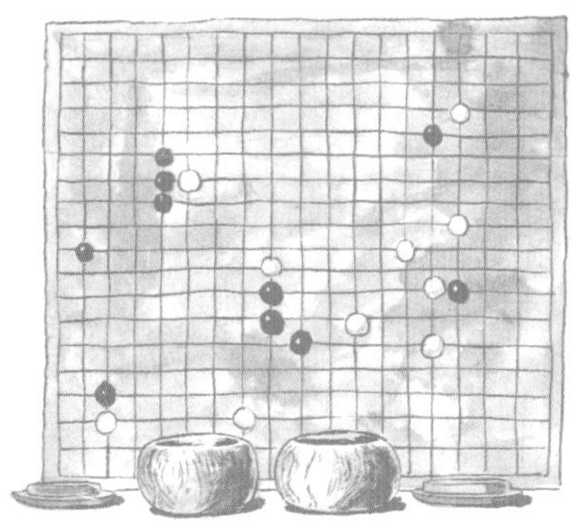

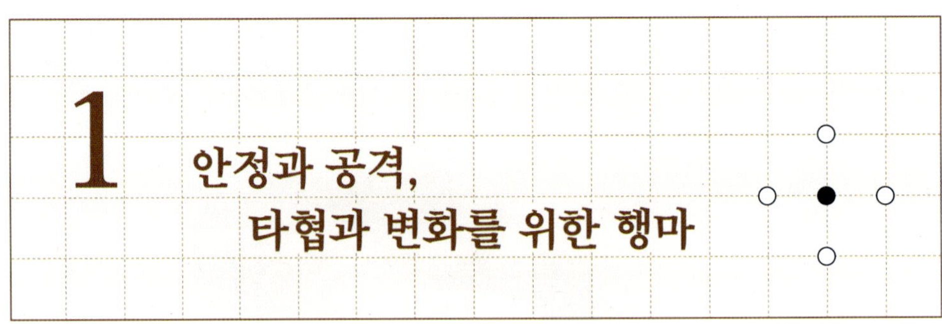

행마(行馬)는 돌이 움직이는 모양을 뜻합니다. 동시에 가장 효율적인 돌의 움직임, 즉 대표적인 좋은 모양을 가리키는 말이기도 합니다. 『이세돌의 바둑 첫걸음』에서 기본적인 행마의 종류를 배웠다면, 이제는 실제 국면에서 상황에 알맞은 행마를 선택하는 연습을 해 보겠습니다.

같은 한 칸 뜀이나 날일자 행마도, 주변 배석과 상황에 따라 좋은 수가 되기도 하고 나쁜 수가 되기도 합니다. 이 강에서는 형식적인 모양 외에도, 주변 배석을 함께 고려해 '지금 이 상황에 가장 알맞은 행마'가 무엇인지 판단하는 힘을 길러 보겠습니다.

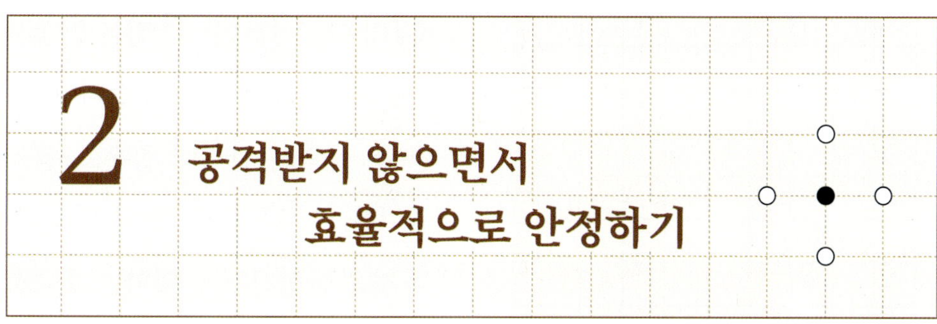

2 공격받지 않으면서 효율적으로 안정하기

행마법 1 | 알맞은 간격 찾기

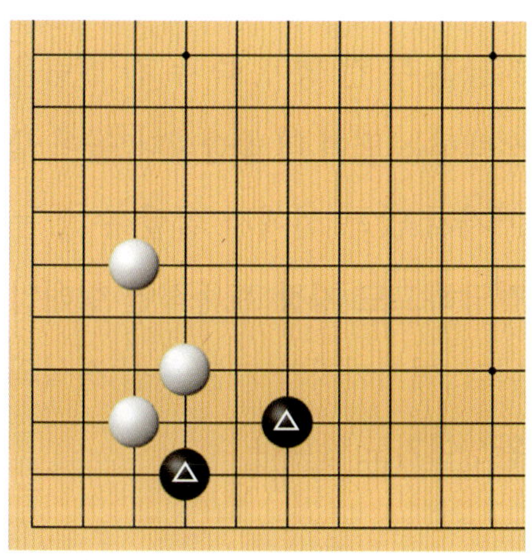

혹시 이 형태가 익숙한가요? 가장 대표적인 정석 중 하나로, 지금은 ▲ 두 점을 안정시키는 것이 목표입니다. 이 돌들을 안정적으로 돌보기 위해 어떻게 행마하는 것이 좋을까요?

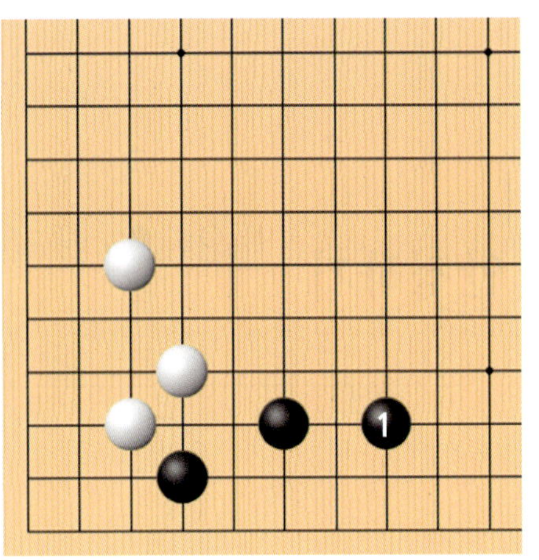

흑1의 한 칸 행마는 두 점을 안정시키는 데 도움을 주고 있습니다. 다만 두 돌과의 간격이 좁은 느낌을 줍니다. 오른쪽으로 좀 더 넓혀 흑 두 점을 안정시킬 수 있다면 효율적인 행마가 될 것입니다.

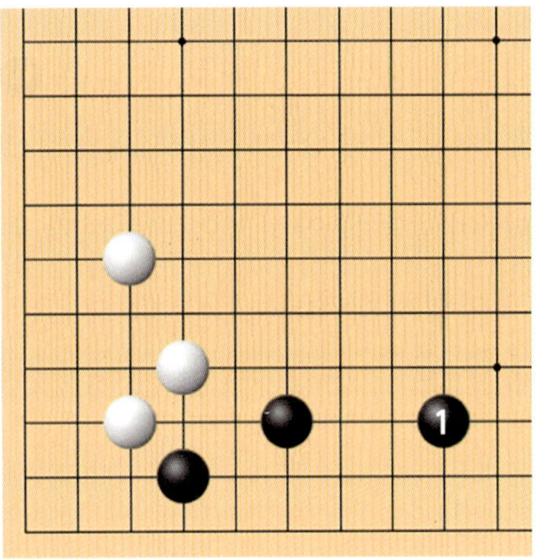

지금은 두 칸 행마, 즉 두 칸 벌림을 선택하는 편이 더 좋습니다. 돌이 끊어지지 않는 선에서 벌릴 수 있는 적당하고도 가장 표준적인 형태입니다. 여기까지가 기본 화점 정석의 완성이기도 합니다.

일립이전(一立二展)이란 표현이 있습니다. 변에서 미리 둔 한 점이 있다면 다음 수로 두 칸 벌리는 것이 알맞다는 뜻의 바둑 격언입니다.

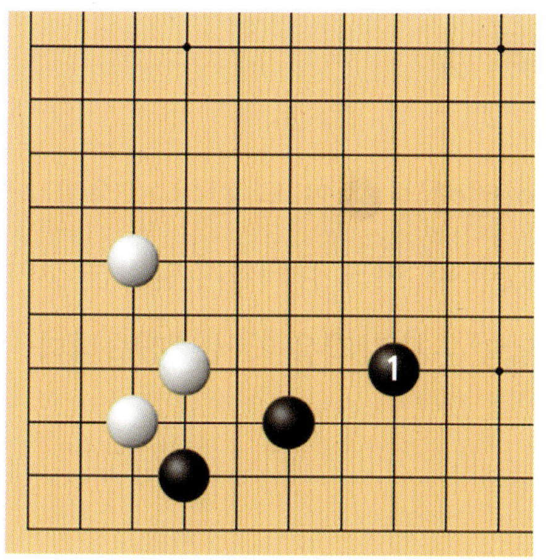

상황에 따라서는 흑1의 날일자로 높게 행마하는 선택도 충분히 가능합니다. 두 칸 벌림에 비해 한 칸 적게 벌렸지만 대신 한 칸 높게 두었습니다. 오른쪽으로 흑의 돌들이 위치해 있을 때 선택할 수 있는 방법으로, 세력을 확장하려는 의도가 담겨 있습니다.

> 바둑에서는 항상 주변의 배석*을 함께 살펴보고, 그에 맞게 행마의 높이와 간격을 조절할 줄 알아야 합니다.

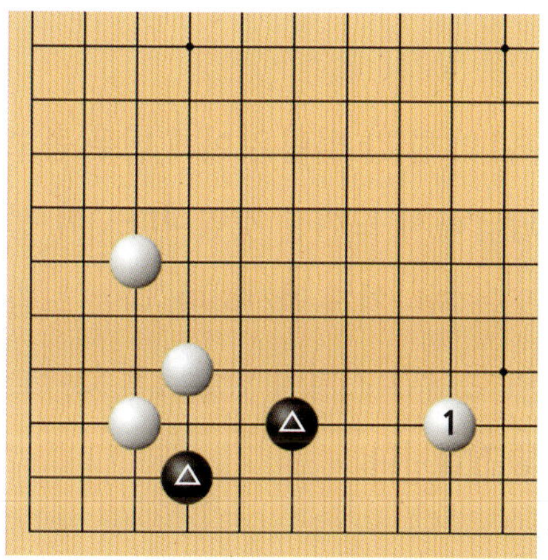

반대로 백1로 협공을 당하면 ▲가 공격 목표가 되어 곤란해집니다.

> 앞에서 배웠던 격언, '적의 급소가 나의 급소'를 떠올리면서, 상대 입장에서 어디가 급소일지 함께 생각해 보는 습관을 들여 보세요.

---

* 승부사의 용어 풀이 | **배석**

바둑에서 배석은, 일정한 조건 아래 돌들을 벌려 두어 만들어지는 돌 배치의 모양을 말합니다. 한 구역 안에 놓인 돌의 배열과 서로 간의 호응 관계까지 포함하는 개념으로, 다음 착수를 선택하는 중요한 배경이 됩니다.

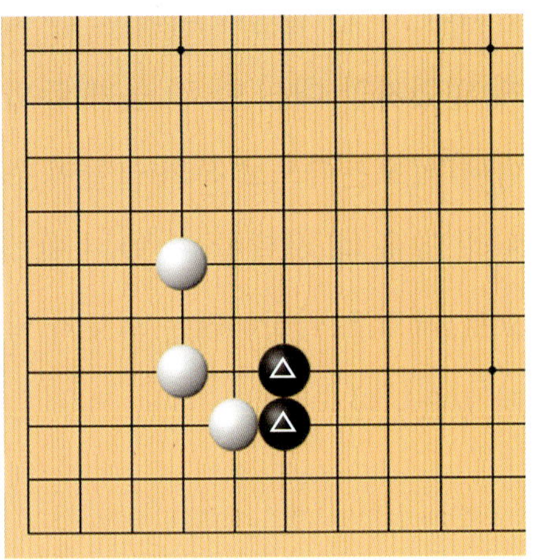

이번에는 ●의 두 점이 나란히 서 있을 때, 어느 정도까지 벌리는 것이 알맞은지 감각을 익혀 보겠습니다.

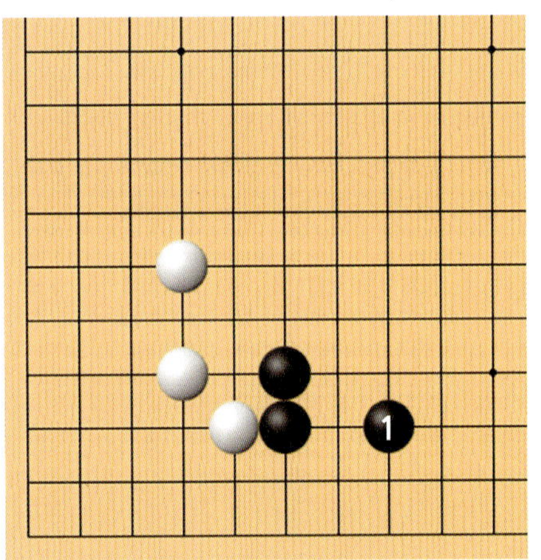

흑1의 한 칸 벌림은 이제 너무 좁고 답답하게 느껴질 것입니다. "이 정도는 지나치게 안전하다."라는 느낌이 든다면 기력이 향상되고 있다는 증거입니다.

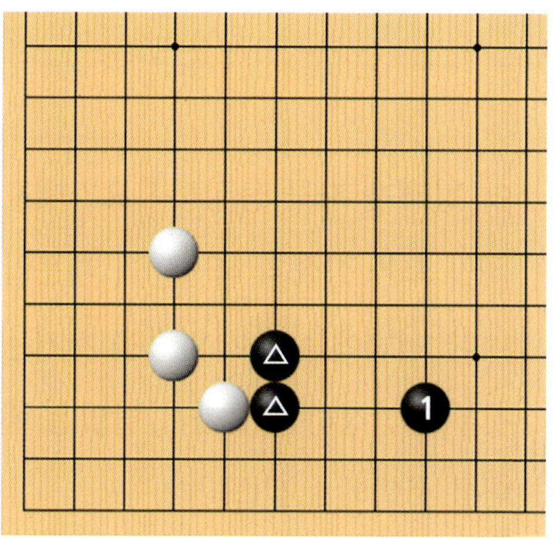

그렇다면 흑1의 두 칸 벌림은 어떨까요? 한 칸보다는 한결 나아 보이지만, ⓐ의 두 점이 이미 나란히 서 있는 상황에서는 이 두 칸 벌림조차 다소 좁은 감이 있습니다.

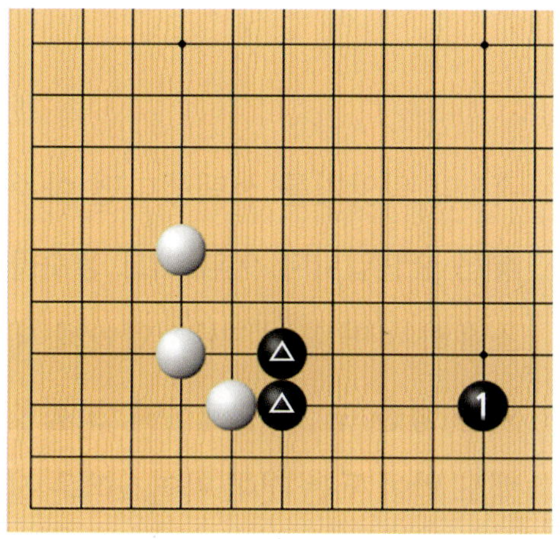

지금처럼 돌 두 개가 나란히 서 있을 때는, 흑1의 세 칸 벌림이 적절한 간격입니다. 끊어지지 않을 만큼의 안전은 유지하면서, 동시에 최대한 넓게 세력을 펼칠 수 있는 거리이기 때문입니다. 나의 돌이 안전하게 연결되면서도 끊어지지 않을 수 있는 최대한의 간격을 떠올려 보세요.

이립삼전(二立三展)이란, 포석에서 돌 두 개가 일렬로 늘어서 있을 때는 세 칸까지 벌리는 것이 알맞다는 뜻의 바둑 격언입니다.

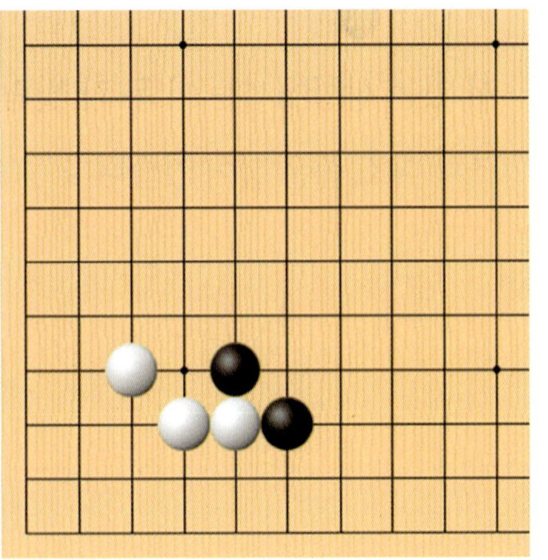

이 형태가 자꾸 등장하지요? 대표적인 **소목 정석의 하나**이기 때문입니다. 이번에는 흑이 약점을 지키는 것부터 안정하는 것까지, 알맞은 행마를 선택해 보겠습니다.

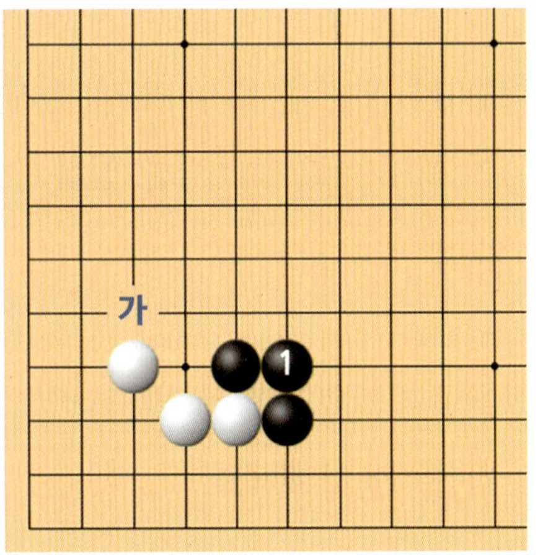

흑1의 꽉잇기를 선택했다면 아주 좋은 출발입니다. 이때 백도 응수를 소홀히 하면 흑이 '가'로 압박해 세력을 쌓을 수 있기 때문에, 보통은 백도 받아 두는 것이 자연스러운 진행입니다.

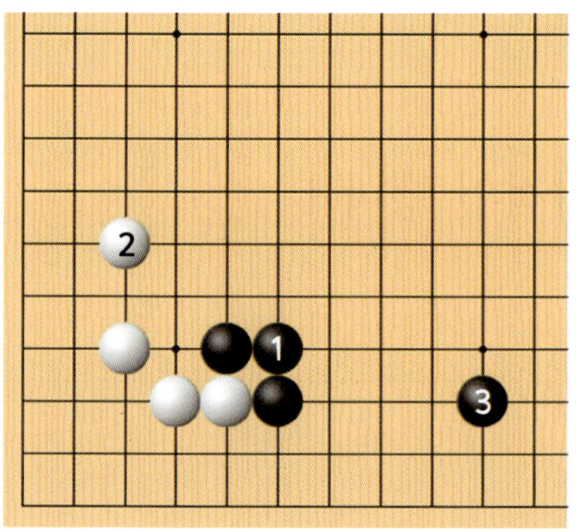

흑1로 꽉 이어 약점을 지킨 뒤, 흑 3처럼 이립삼전으로 벌려 두는 것까지가 정석의 완성입니다. 흑 3은 주변 배석이나 기풍에 따라 한 칸 높게 두어도 무방합니다.

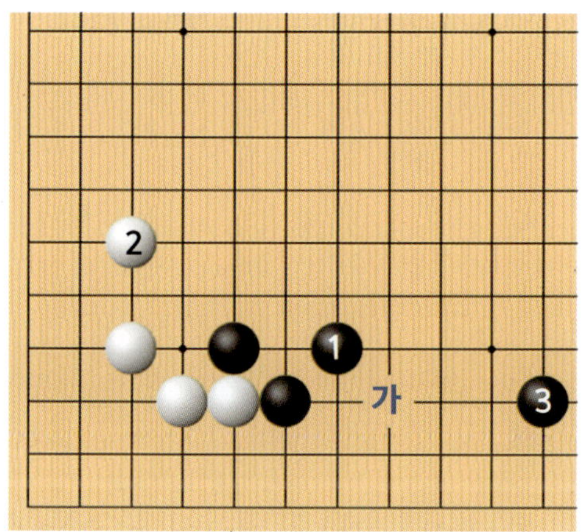

흑1처럼 호구로 약점을 연결하는 것도 좋은 선택입니다. 흑3까지 벌려 두는 진행 역시 정석이지만, 이 경우에는 추후 '가'의 약점이 남는다는 점을 함께 기억해 두어야 합니다.

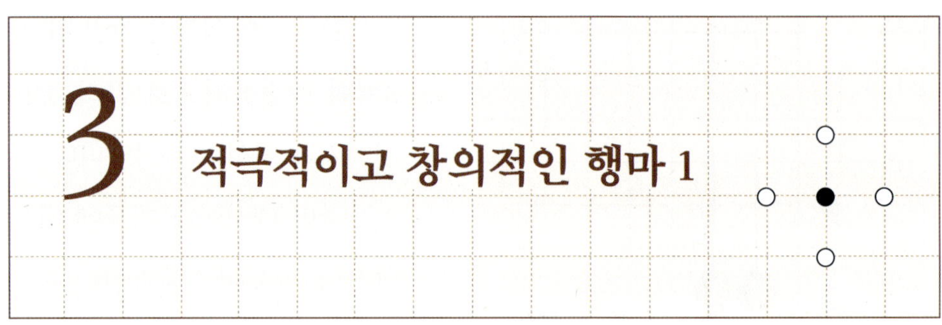

3 적극적이고 창의적인 행마 1

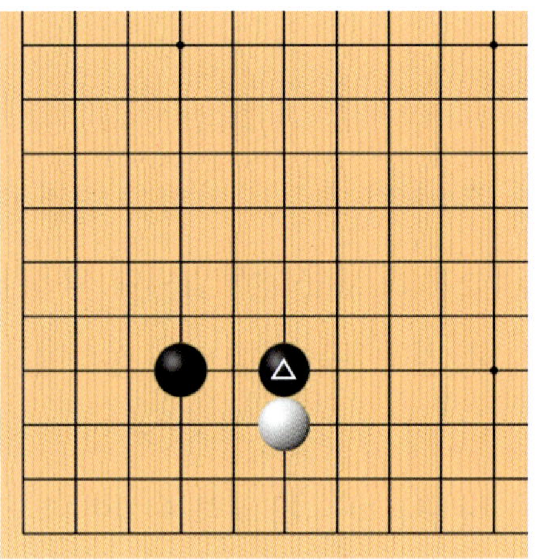

화점에서 백이 날일자로 걸쳤을 때, ⬤로 붙여간 장면입니다. 이때 백은 어떻게 응수하는 것이 좋을까요?

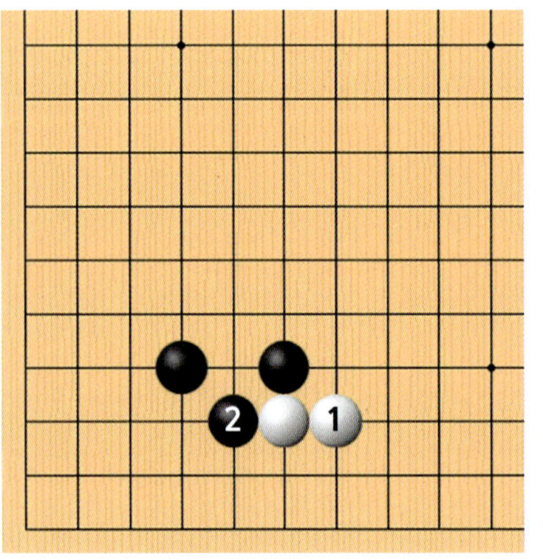

끊어지는 것이 두렵다면, 먼저 백1로 늘어서 받는 수를 떠올릴 수 있습니다. 하지만 이것은 흑2의 호구로 중요한 자리를 빼앗겨 백의 입장에서 불만입니다.

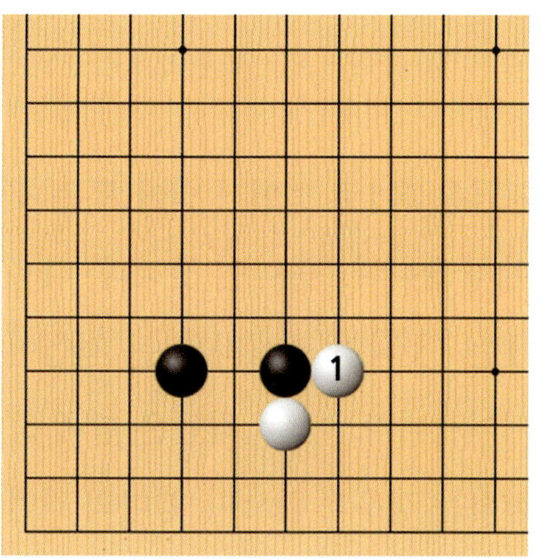

이 장면에서는 백1로 힘차게 젖혀서 받는 것이 정답입니다. 흑도 약점이 있기 때문에, 흑이 백의 약점을 적극적으로 노리기는 어렵습니다. 바둑에는 "붙이면 젖혀라"라는 행마의 격언이 있는데, 바로 이런 장면에 해당됩니다.

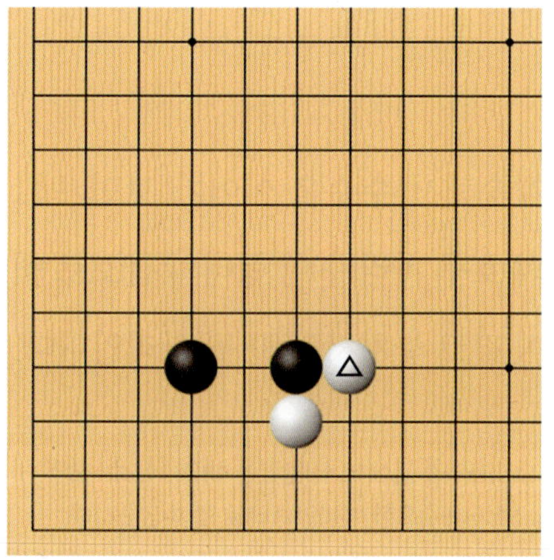

이번에는 시점을 바꾸어, 흑 차례에서 다음 한 수를 생각해 보겠습니다. 흑이 붙였을 때 △로 젖혀서 받았습니다. 이제 흑은 어떤 행마를 선택하는 것이 좋을까요?

행마를 선택하는 데 어려움을 겪을 때에는 행마의 격언을 떠올려 보세요.

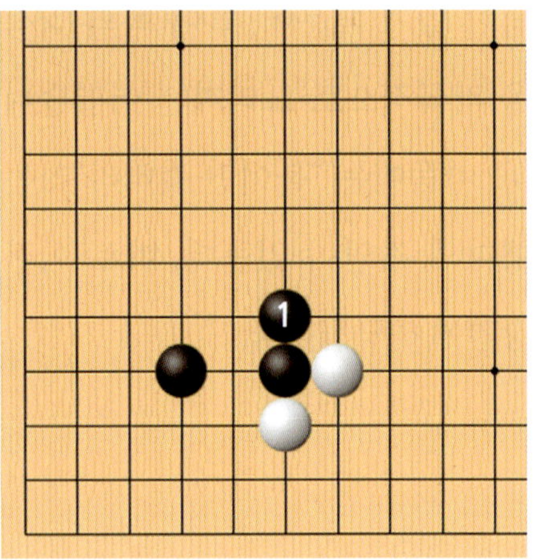

지금은 흑1로 뻗어서 받아 두는 것이 좋습니다. "붙이면 젖혀라" 다음에는 "젖히면 뻗어라"라는 격언이 이어집니다. 이 두 격언은 함께 등장하는 경우가 많으며, 행마의 격언을 따라가다 보면 자연스럽게 정석에 가까워집니다.

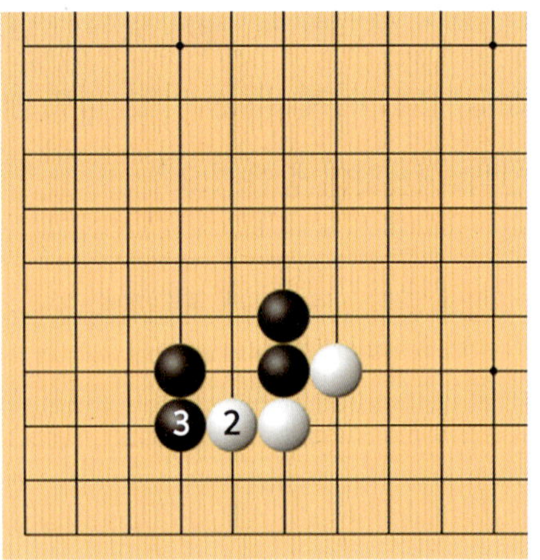

계속해서 수순을 이어가 보면, 백1의 호구 자리가 이 형태의 급소로 백이 결코 놓쳐서는 안 될 자리입니다.

이 자리를 흑에게 빼앗겼을 때와 비교해 보면, 얼마나 중요한 자리인지 바로 알 수 있습니다.

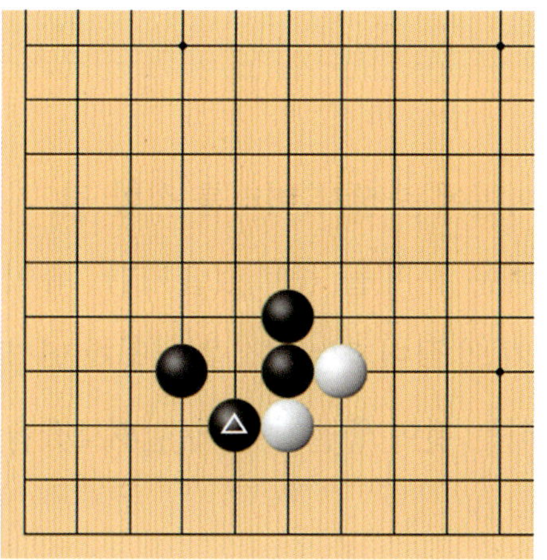

만약 △의 호구 자리를 선점하면, 백이 약해지면서 형태상의 약점이 그대로 드러나게 됩니다.

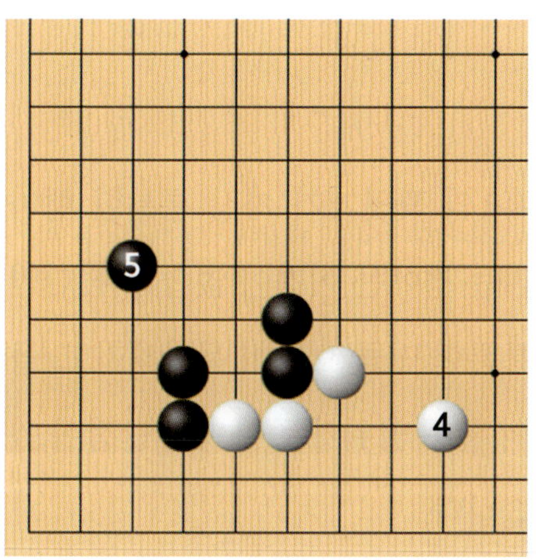

이어서 백4로 약점을 지키면서 동시에 자신의 안정을 도모하고, 흑도 5로 지켜 두면 실전에서 자주 등장하는 화점 정석이 완성됩니다.

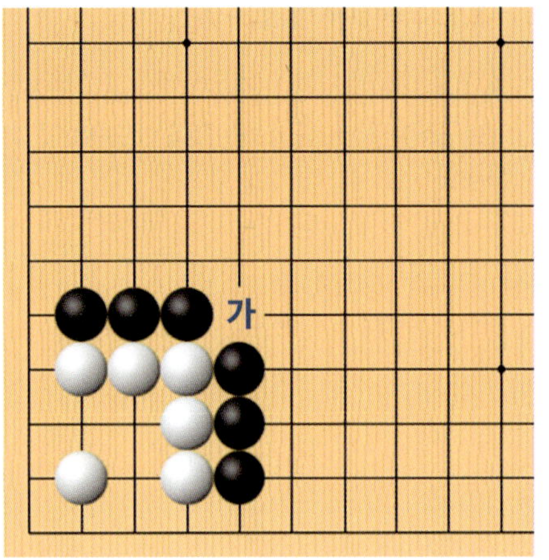

이번에는 잠시 머리를 식힐 겸, 가벼운 문제를 준비했습니다. 흑이 '가'의 끊어지는 약점을 어떻게 연결하는 것이 좋을지 함께 살펴보겠습니다.

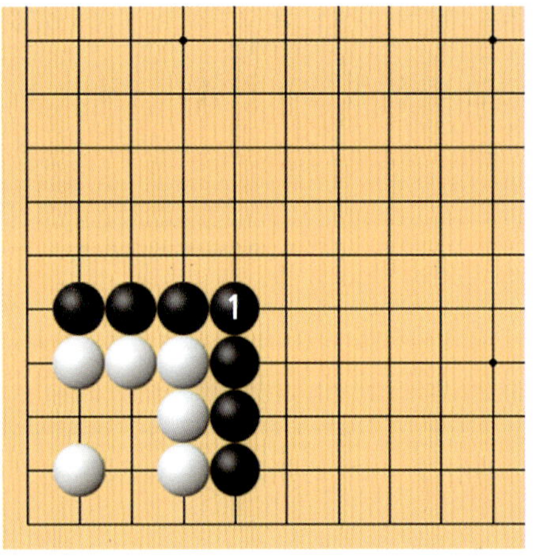

흑1의 꽉잇기가 가장 튼튼한 행마라는 점에는 이견이 없습니다. 다만 튼튼한 만큼 모양이 둔탁해지고, 돌의 활동 범위가 좁아지는 단점이 있습니다.

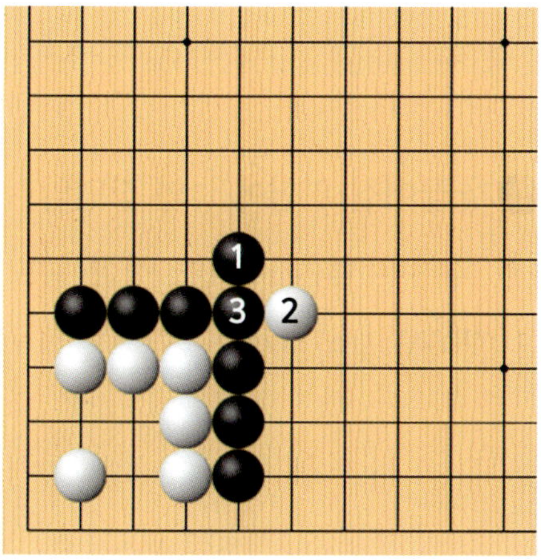

흑1의 호구 연결도 떠올릴 수 있습니다. 하지만 이 경우에는 백2로 들여다보는 활용을 허용하는 점이 아쉽습니다. 반대쪽 호구 역시 사정은 같습니다.

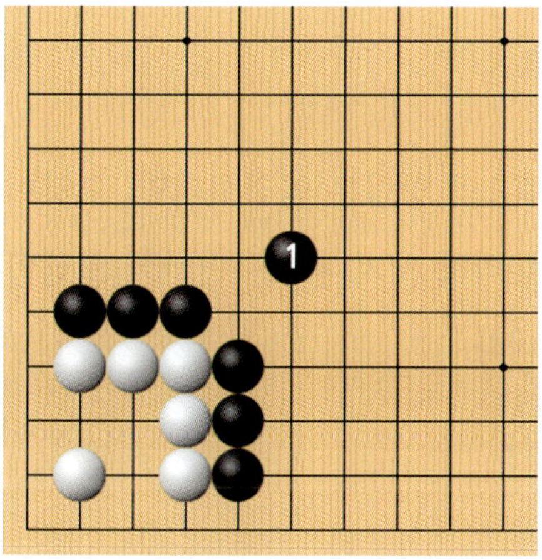

지금 이 장면에서는 흑1의 양날일자로 연결하는 수가 약점을 효과적으로 지키는 좋은 방법입니다. 꽉잇기나 호구 연결에 비해 흑의 형태가 한층 가볍고 활발한 느낌을 줍니다. 흑은 끊어지는 약점에 대해서도 더는 걱정할 필요가 없습니다.

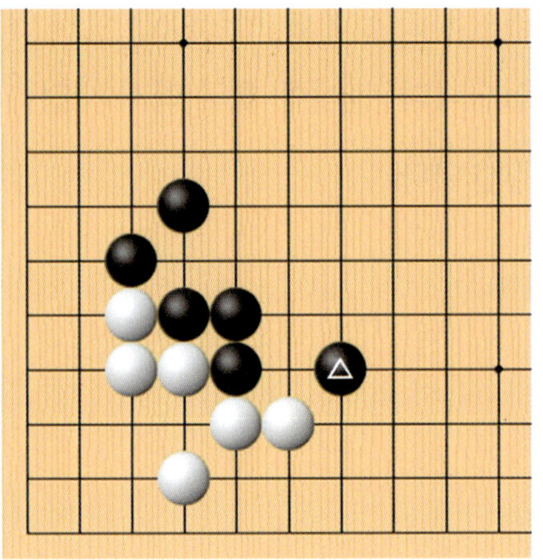

가 끊어질 위험에 놓인 장면입니다. 흑의 약점을 지키는 가장 알맞은 행마를 찾아보세요.

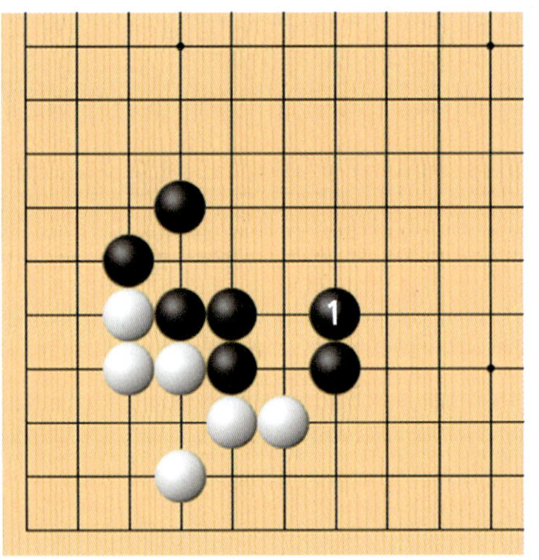

흑1의 쌍립은 안전하지만, 모양이 투박하고 지나치게 단단한 느낌입니다.

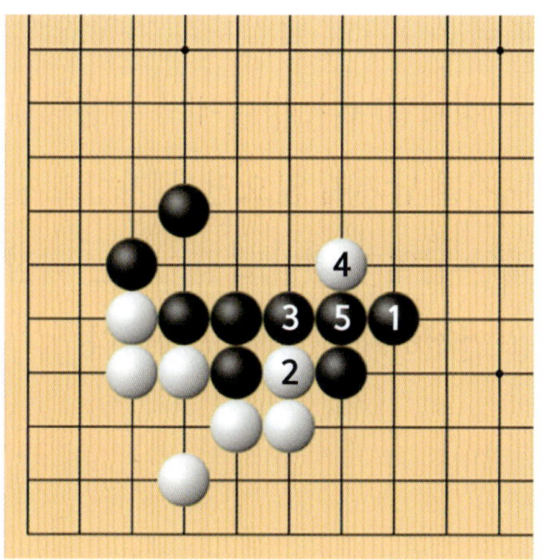

흑1의 입구자 역시 튼튼한 행마이 지만, 백2, 4의 활용을 허용하는 점 이 아쉽습니다.

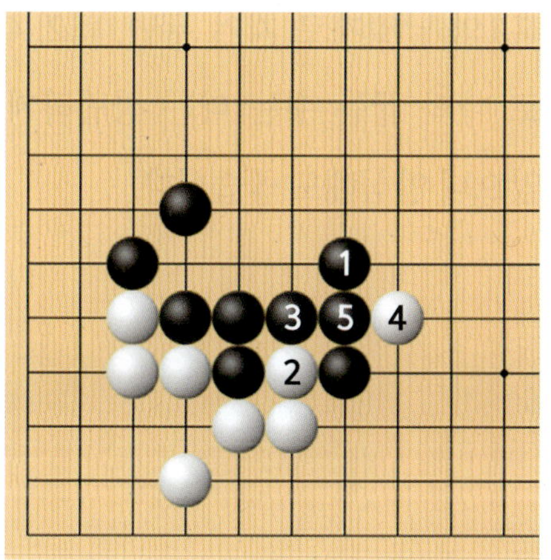

흑1의 한 칸 행마도 가능하지만, 이 역시 백에게 활용당하기 쉬운 형태 입니다.

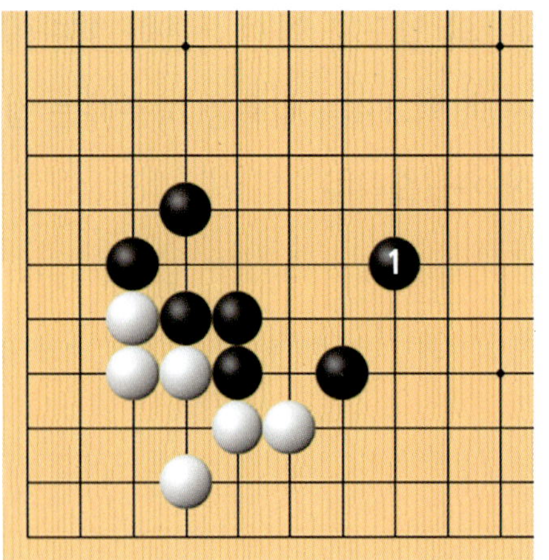

지금은 흑1의 날일자가 가장 알맞은 행마입니다. 상대에게 활용당할 여지를 남기지 않으면서, 가볍고 활발한 날일자 행마로 끊어지는 약점을 안전하게 지킬 수 있습니다.

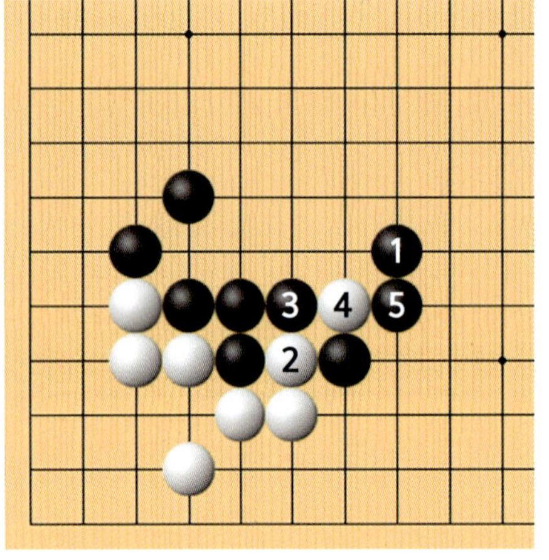

흑1의 날일자로 지켜 두면, 백2, 4로 나와 끊는 수는 더는 성립하지 않으니 안심해도 좋습니다.

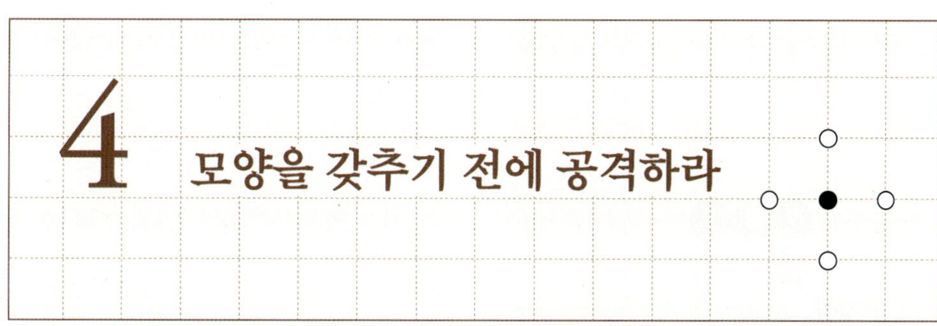

4 모양을 갖추기 전에 공격하라

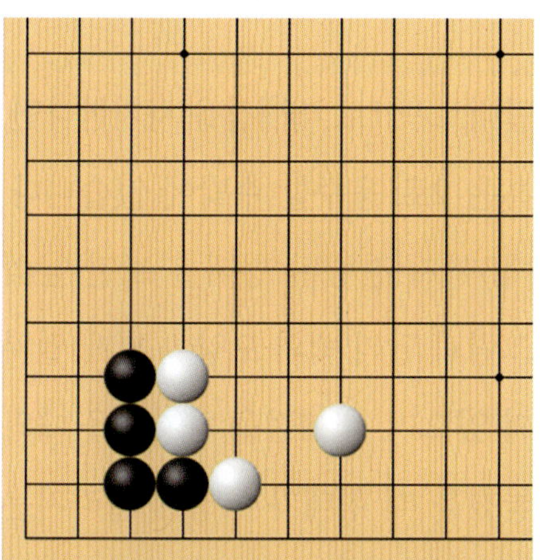

흑 차례입니다. 절대 놓쳐서는 안 될 대세점이 보이는데요, 과연 어떤 자리일까요?

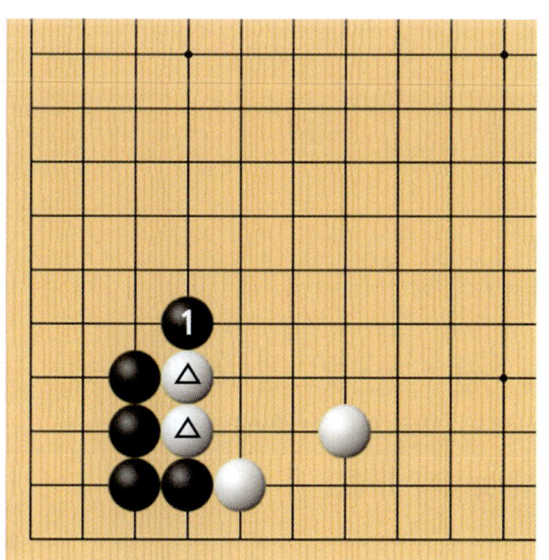

흑1로 젖히는 자리가 반드시 차지해야 할 **대세점***입니다. 바둑에는 "두 점 머리는 두드려라."라는 격언이 있는데, 지금이 바로 그 장면에 해당됩니다. 두 점 머리를 젖히는 자리는 대부분의 경우 형세를 유리하게 이끄는 좋은 수가 되는 경우가 많습니다.

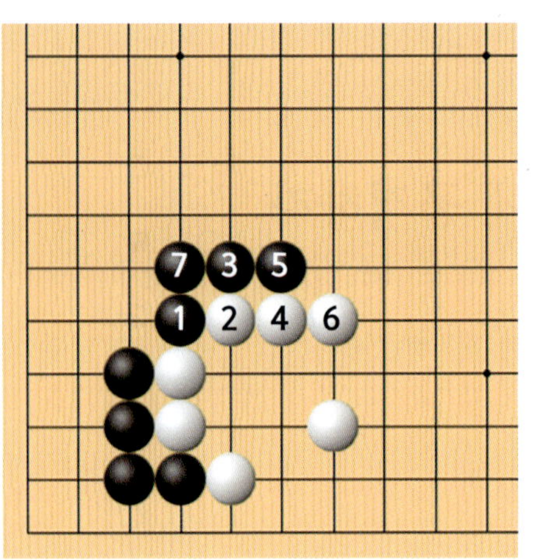

흑1에 대해 백이 계속 응수한다면, 흑7까지의 진행을 예상할 수 있습니다. 이때 흑은 바깥쪽 세력이 넓어지고, 백의 모양은 안쪽으로 쪼그라드는 것을 확인할 수 있습니다.

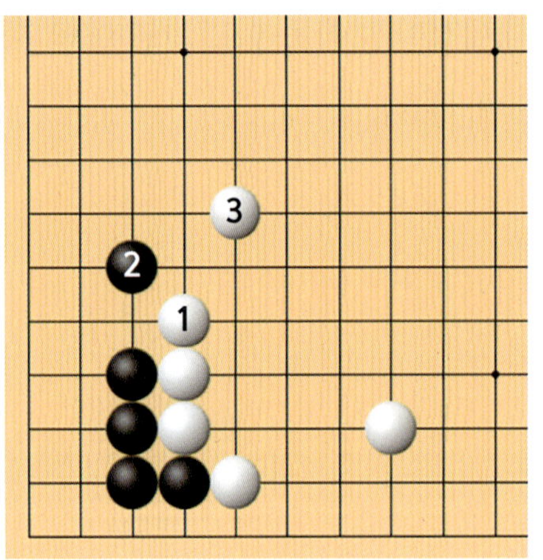

반대로 백1로 대세점을 차지한다면, 흑은 2로 응수할 수밖에 없습니다. 백3까지 진행된 형태를 보면 앞의 그림과 달리 백의 모양이 넓게 펼쳐져 있으며, 대세점을 차지했을 때와 놓쳤을 때 형태가 어떻게 달라지는지 한눈에 확인할 수 있습니다.

대세점

대세의 중심이 되는 자리. 부분 전투를 유리하게 이끌어 가는 것도 중요하지만 바둑판 전체의 큰 흐름을 놓쳐서는 안 됩니다. 유리한 흐름을 만들어 내기 위해 두어야만 하는 자리, 쌍방이 먼저 차지하려고 다투는 자리는 절대 놓치지 마세요.

비슷해 보이지만 조금 다른 장면입니다. 이번에도 역시 놓쳐서는 안 될 대세점을 찾는 문제입니다.

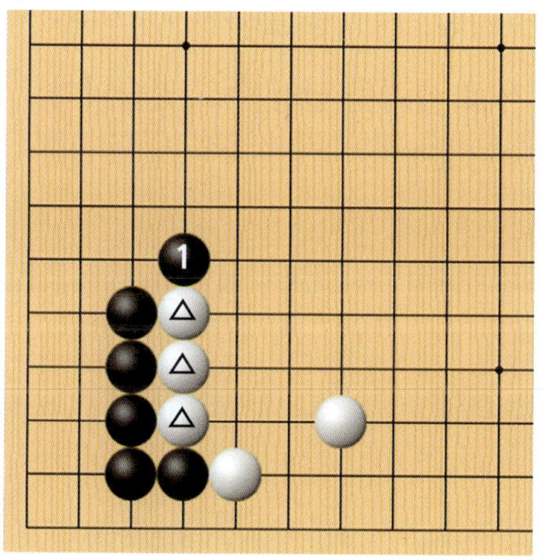

이 모양에서도 흑1로 젖혀 가는 자리가 놓치면 안 될 대세점입니다. 앞의 그림이 "두 점 머리는 두드려라."에 해당했다면, 이번은 세 점 머리를 두드리는 예로 볼 수 있습니다.

이번에도 흑1에 대해 백이 계속 응수하면, 흑7까지의 수순이 예상됩니다. 흑의 세력은 바깥으로 더 넓어지고, 백의 형태는 안쪽으로 눌려 쪼그라드는 모양이 됩니다. 두 점 머리, 세 점 머리 두드리는 자리는 놓치지 않는 것이 좋습니다.

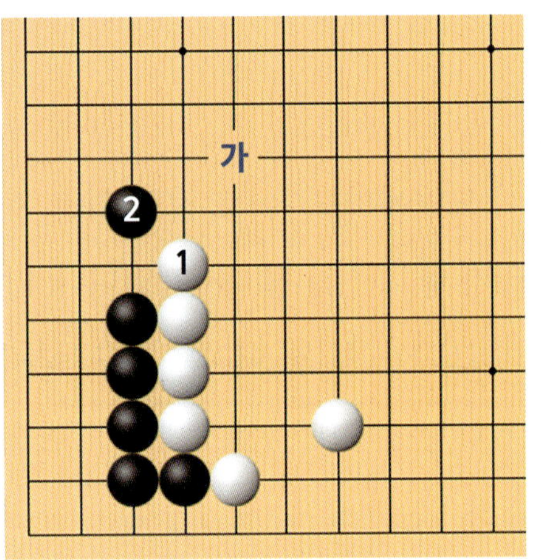

반대로 백1로 대세점을 차지하게 된다면, 백은 세 점 머리 맞는 형태를 벗어날 수 있을 뿐 아니라 이후 백 '가'로 세력을 펼칠 수도 있습니다.

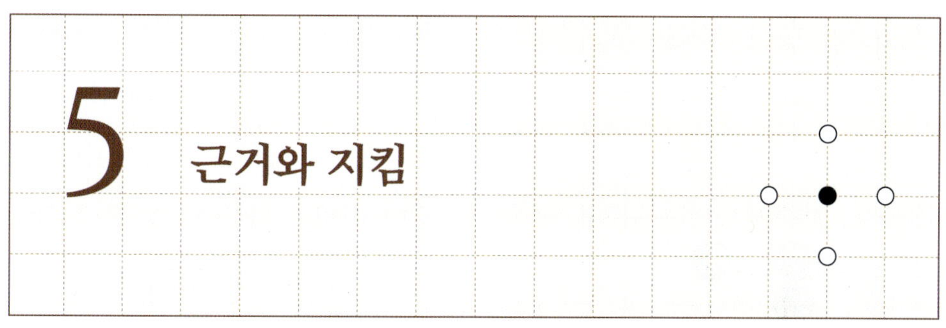

5 근거와 지킴

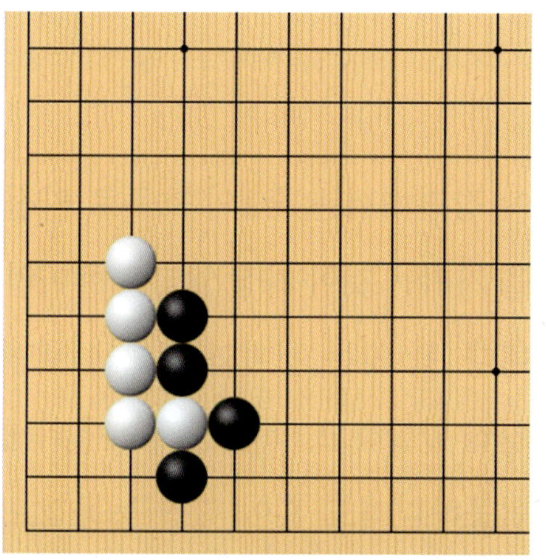

소목 정석에서 자주 등장하는 형태입니다. 흑의 모양에는 아직 약점이 남아 있고, 완전히 정리되지 않은 느낌입니다. 이 장면에서 흑은 어떤 행마를 떠올리는 것이 좋을까요?

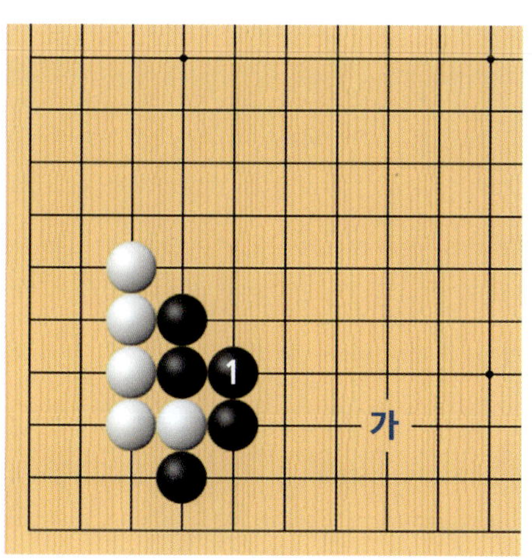

흑1로 꽉 잇는다면 매우 튼튼하지만, 돌이 한곳에 뭉쳐 둔탁하고 무거운 모양이 됩니다. 추후 백이 '가'로 협공해 오면 공격당할 여지도 남아 있어 만족스럽지 않습니다.

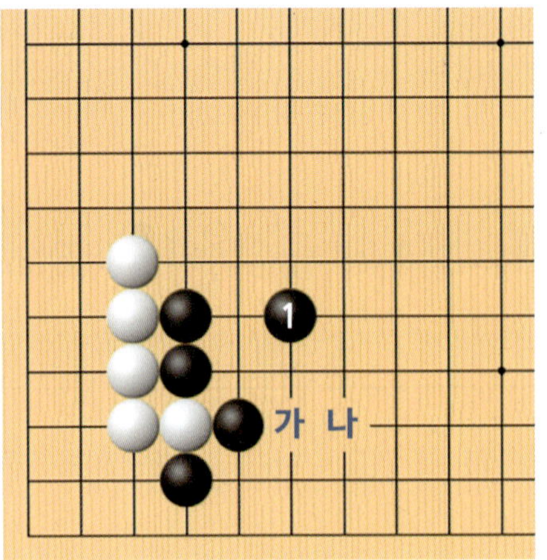

흑1의 한 칸 행마 자체는 좋은 자리입니다. 하지만 이 형태에서는 백에게 '가', '나' 등의 공격적인 수를 허용할 여지가 남아 있고, 흑의 형태적 결함도 완전히 해소되지 않아 아쉬운 선택입니다.

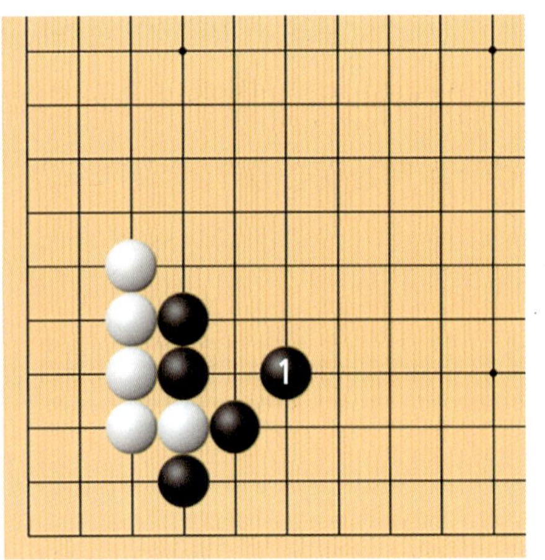

이 장면에서는 흑1의 호구로 약점을 지키는 것이 가장 알맞은 행마입니다. 꽉 잇는 행마와 비교해 보면 훨씬 활발하고, 백이 공격하기 위해 협공하더라도 흑이 훨씬 능동적으로 대처할 수 있습니다.

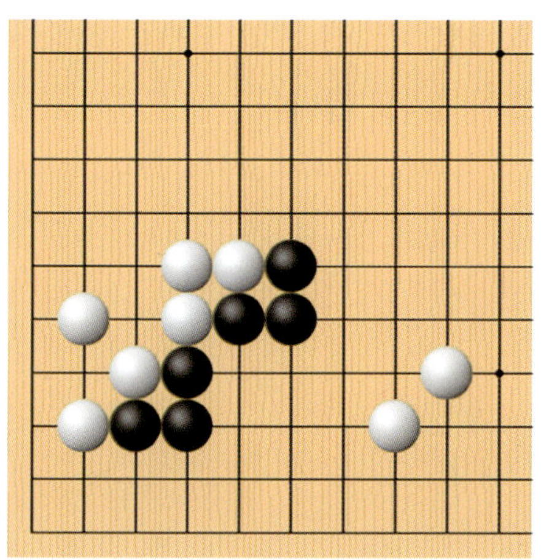

흑에게는 절대 놓쳐서는 안 되는 급소가 남아 있습니다. 급소를 지키는 알맞은 행마를 찾아보겠습니다.

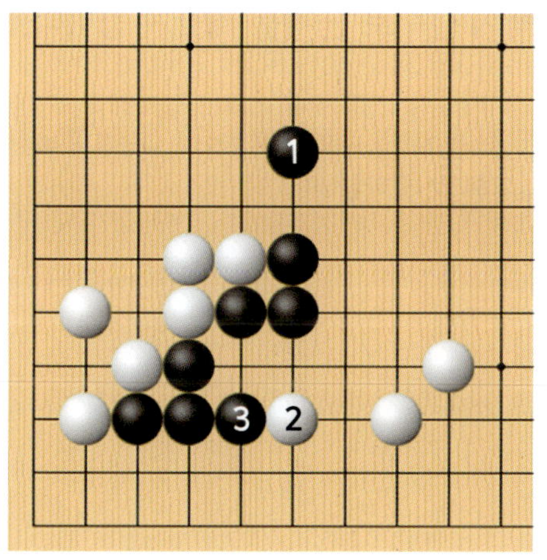

"중앙으로 한 칸 뜀에 악수 없다."라는 격언이 있지만, 지금은 예외입니다. 이 장면에서 중앙으로 한 칸 뛰어 백2의 급소를 선수로 당하게 되면, 흑은 근거를 잃고 중앙으로 쫓기는 신세가 됩니다.

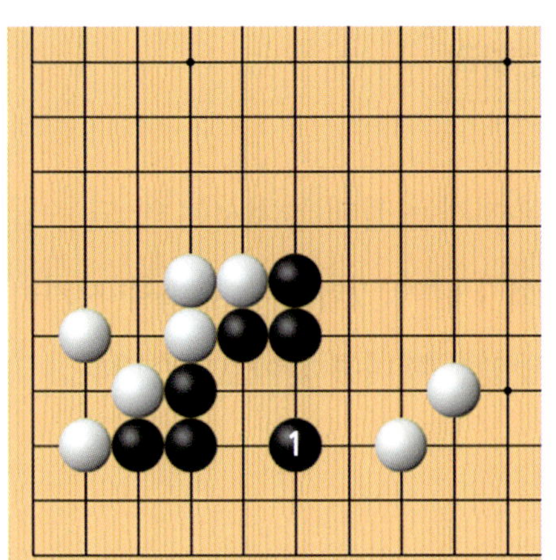

흑1의 자리가 형태의 급소로, 흑이 결코 놓쳐서는 안 되는 자리입니다. 공격과 수비의 핵심이 되는 공수의 요처이기도 합니다.

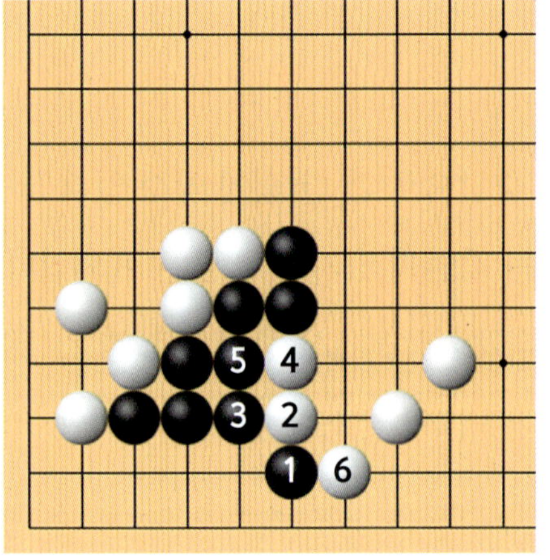

겉보기에는 흑1도 비슷해 보입니다. 하지만 백2의 급소를 당하게 되어, 백이 선수로 근거를 빼앗게 됩니다.

급소를 지켰을 때와 어떤 차이가 나는지 꼭 비교해 보시기 바랍니다.

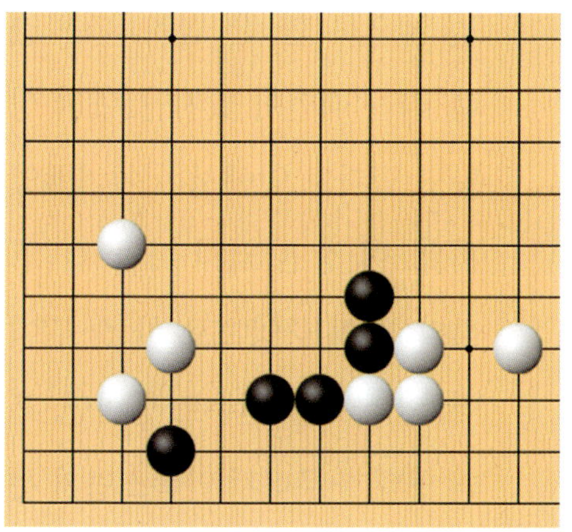

이번에도 형태의 급소를 찾아 알맞은 행마를 연습해 보겠습니다. 흑이 놓치면 안 될 급소를 찾았다면, 그 자리에 어떤 행마가 좋을지 생각해 보세요.

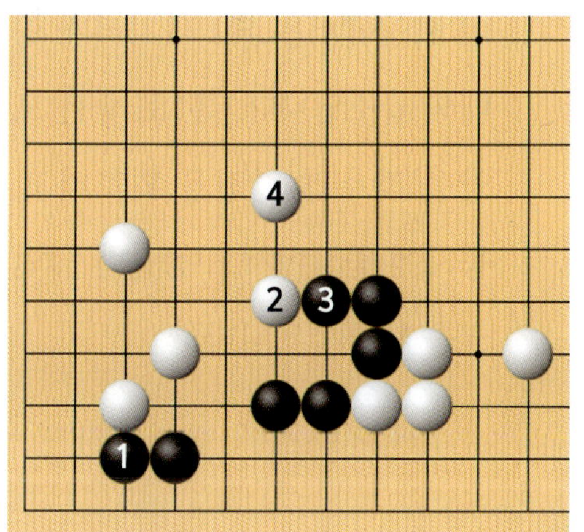

흑1로 실리를 차지하는 수는 안정적인 선택처럼 보입니다. 하지만 백2의 급소를 선수로 당하면 흑의 형태가 무너지고, 백4로 중앙에서 활발한 모양을 갖추게 됩니다. 결국 중앙의 발언권이 백에게 넘어가 아쉬운 결과입니다.

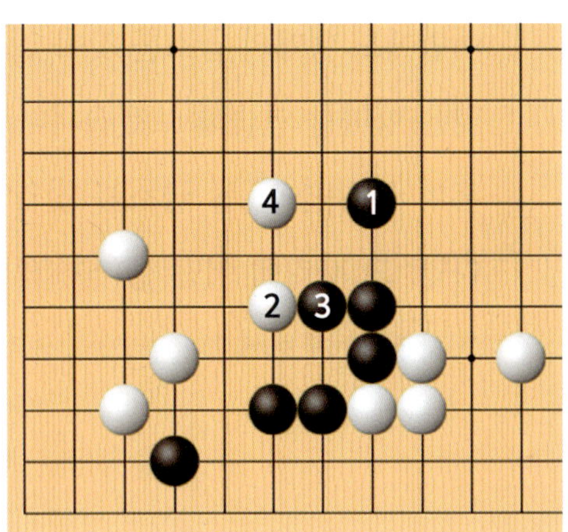

"중앙으로 한 칸 뜀에 악수 없다."라는 격언이 있지만, 예외 상황도 있다고 앞에서 이야기했었지요. 이 장면 역시 마찬가지입니다. 흑이 중앙으로 한 칸 뛰어 백2의 급소를 선수로 당하면, 흑의 형태가 무너져 만족스럽지 못한 결과가 됩니다.

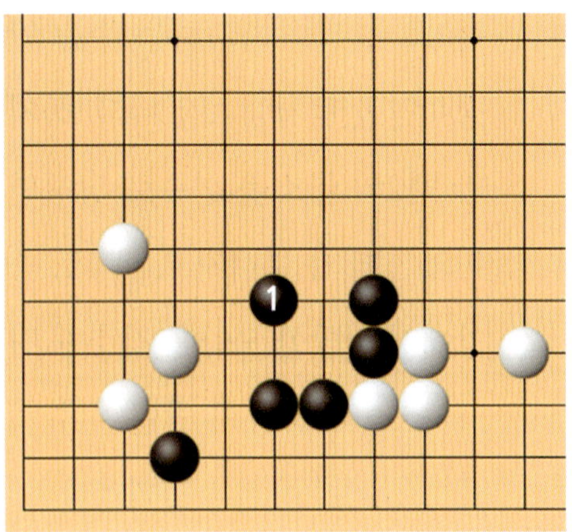

이 모양에서는 흑1의 자리가 형태의 급소입니다. 흑1로 좋은 모양을 갖추면 안전을 확보하고, 동시에 중앙에서도 충분한 발언권을 가지게 됩니다.

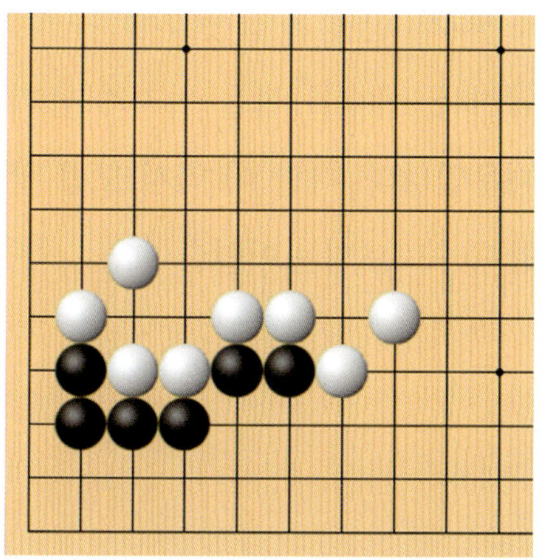

아직 형태가 정리되지 않아 어딘가 허전한 느낌이 드는 장면입니다. 이 모양에서 흑이 형태를 정리하는 알맞은 행마는 무엇일까요?

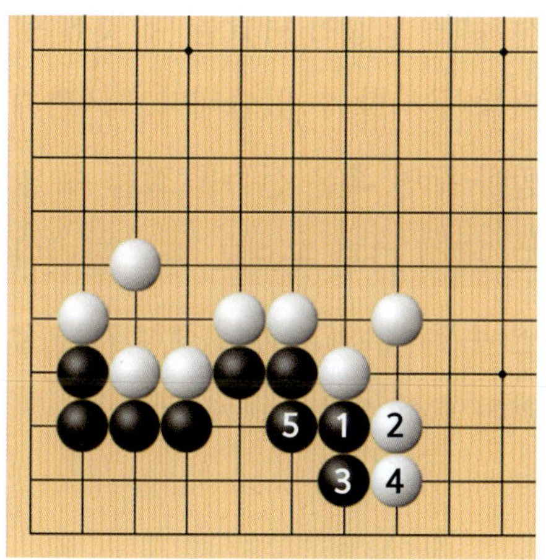

흑1로 젖혀 집의 경계선을 최대한 넓히고 싶을 수 있습니다. 이해가 되는 선택이지만 백2, 4로 받아 주면 흑에게 약점이 남아 결국 흑5로 한 번 더 지켜야 합니다.

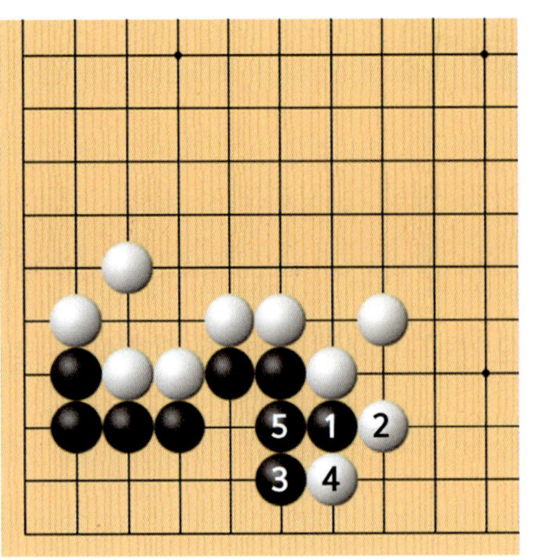

이미 흑1로 젖혔다면, 차라리 흑3의 호구로 좁히는 편이 낫습니다. 적어도 백4의 한 점을 잡는 후속 수단이 남거나, 선수를 잡을 여지가 남기 때문입니다. 다만 이 역시 모범 답안이라고 보기는 어렵습니다.

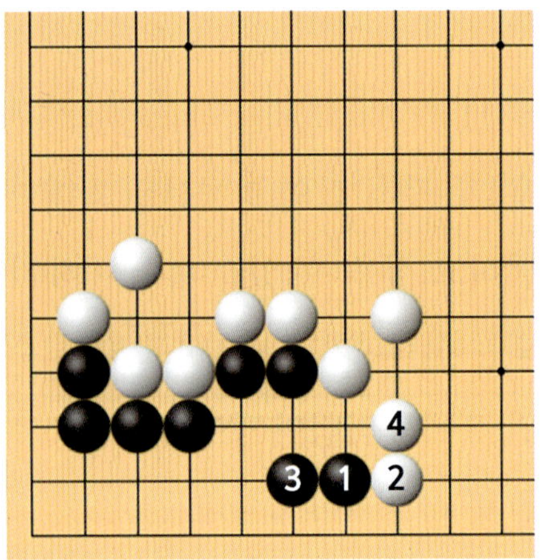

이 형태의 급소는 흑1의 자리입니다. 이 수법을 기억해 두면, 실전에서 같은 모양이 나왔을 때 멋진 행마를 구사할 수 있습니다. 백4까지 받아 두면 흑은 선수를 잡을 수 있고, 백이 다른 곳으로 손을 돌린다면 추후 백4의 자리에 젖혀 가는 강력한 후속 수단이 남게 됩니다.

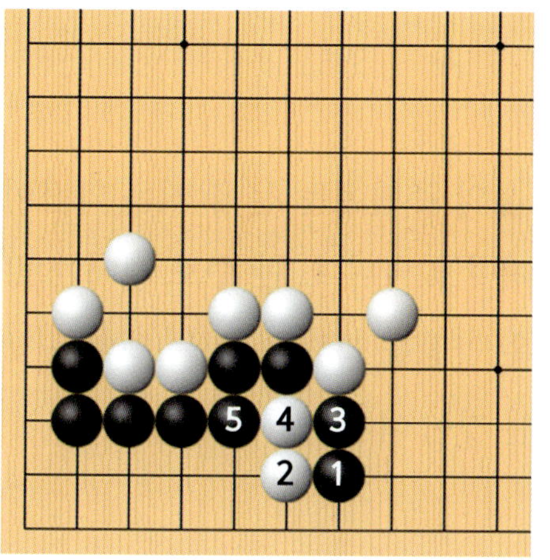

흑1의 행마가 처음에는 다소 불안해 보일 수 있습니다. 그러나 백2로 끊으려 해도 흑이 정확히 응수하면 문제가 생기지 않으므로, 끊어지지 않는다는 믿음을 가지고 차분히 수를 읽어 보는 연습이 필요합니다.

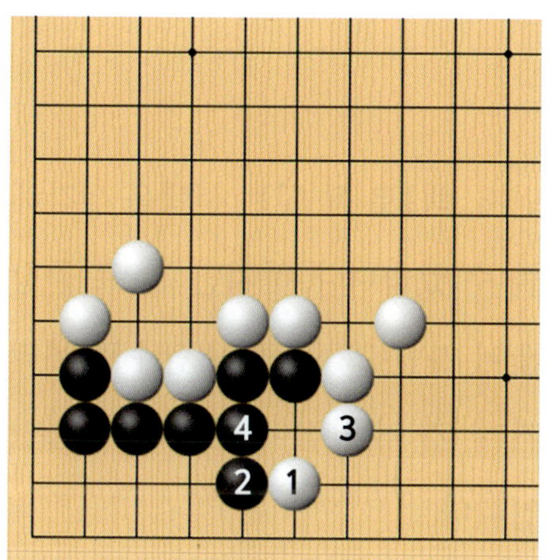

만약 이 급소를 반대로 백이 차지한다면 어떻게 될까요? 이번에는 백이 선수를 잡아 기분 좋게 형태를 정리할 수 있고, 흑이 급소를 차지했을 때와 경계선을 비교하면 집으로 상당한 차이가 생깁니다.

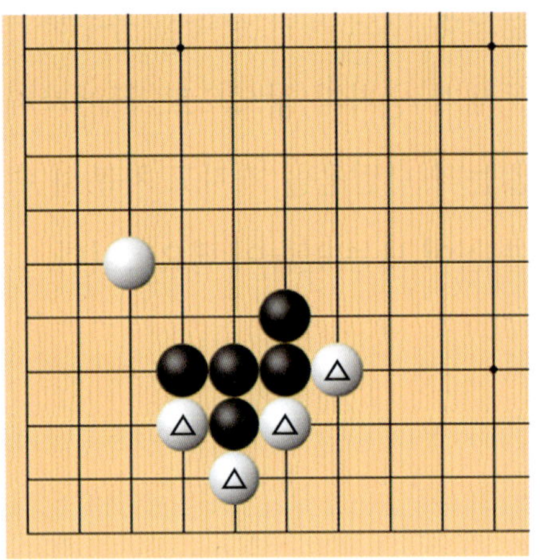

△의 주변에는 눈에 띄는 약점이 여럿 있습니다. 한 수로 최대한 많은 약점을 지킬 수 있는 행마를 찾는 것이 이 문제의 핵심입니다.

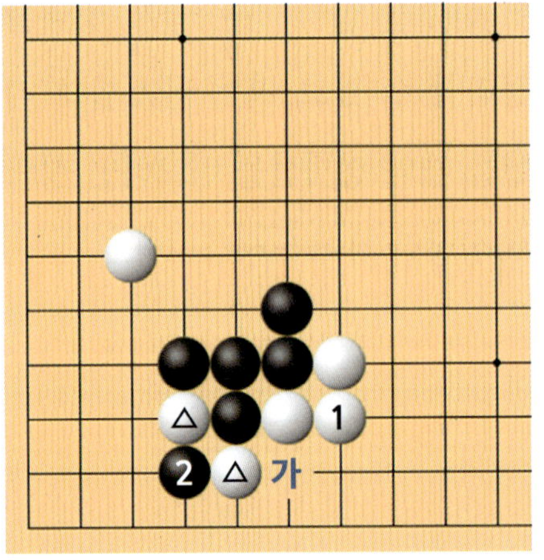

먼저, 백1로 꽉 잇는 선택을 생각해 볼 수 있습니다. 하지만 흑2로 곧장 끊어 가면 △ 두 점이 단수로 몰리거나 '가'의 약점이 남게 되어 불만입니다.

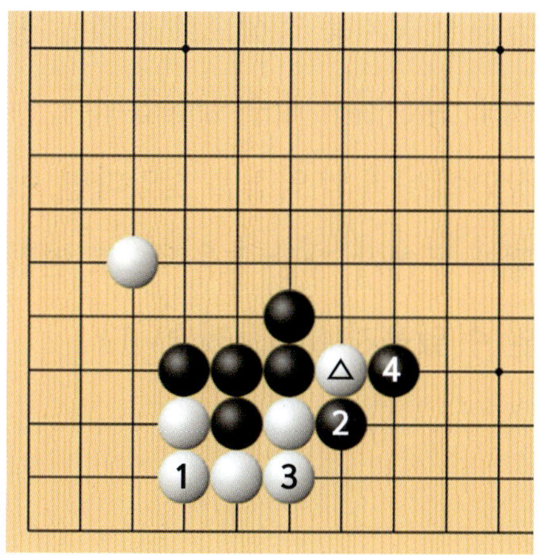

그렇다면 아래쪽에서 백1로 단단히 잇는 수는 어떨까요? 이어지는 흑2, 4의 진행으로 이번에는 △가 축*으로 잡히는 모양이 되어, 역시 좋지 않습니다. 약점을 제대로 해결하지 못한 선택입니다.

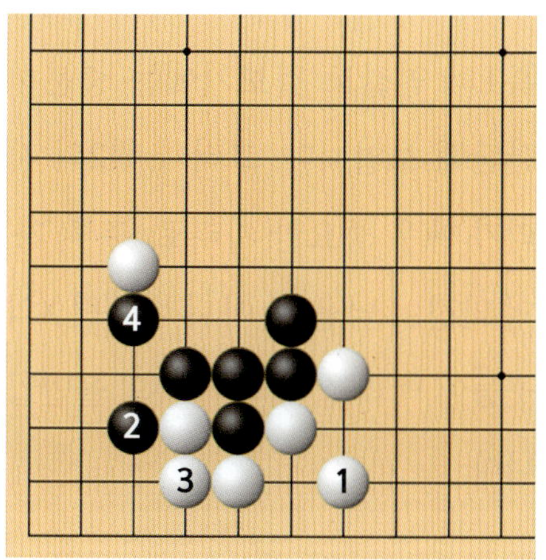

이 장면의 정수는 백1의 양호구입니다. 이 한 수로 주변 약점을 모두 지킬 수 있을 뿐 아니라, 흑이 2, 4로 받아 두더라도 백의 모양이 훨씬 탄력적이라 이후 공격당할 걱정이 거의 없습니다.

* 승부사의 용어 풀이	축
상대의 돌을 계단 모양으로 계속 단수쳐서 바둑판 끝까지 몰아 잡는 기술	

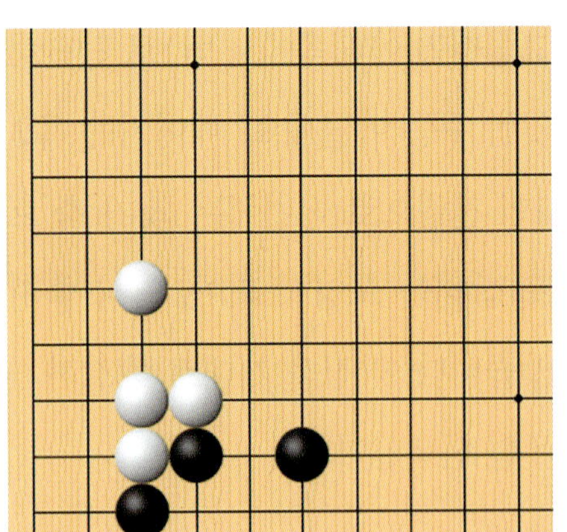

일명 인공지능 정석으로 불리는 형태로 실전에서 자주 등장합니다. 이 장면에서 흑의 약점을 찾았다면, 어떻게 두어야 가장 효율적으로 연결할 수 있을지 살펴보겠습니다.

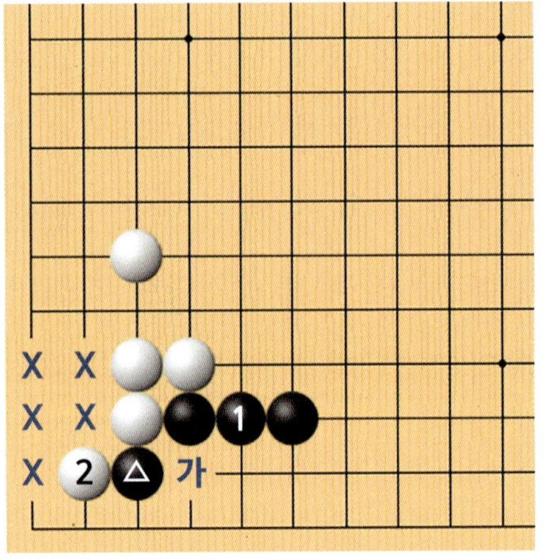

흑1의 연결도 겉보기에는 충분히 단단해 보입니다. 그러나 백2의 자리가 매우 중요한 자리로, 추후 '가'의 약점이 남을 뿐 아니라 주변 X의 곳들이 백의 집이 되어 흑의 불만입니다.

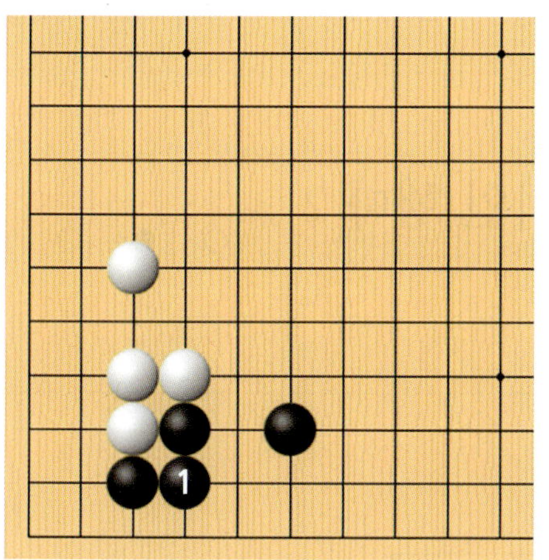

흑1로 꽉 잇는 연결은 최선의 수는 아니지만, 차선책으로 선택할 수 있겠습니다. 약점은 제대로 지켰지만, 돌의 활동성이 떨어지고 **안형***을 만들 때 선택지가 줄어드는 것이 단점입니다.

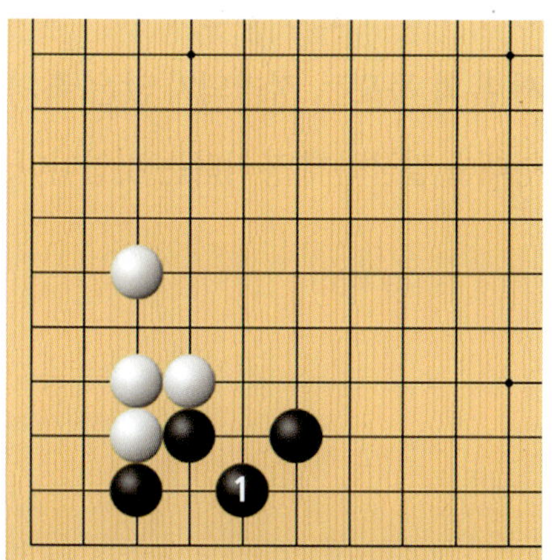

이에 비해 흑1의 호구 연결은 한층 탄력적인 모양을 만들어 줍니다. 호구는 확실한 연결을 하면서도 추후에 안형을 만드는 데에도 유리한 형태입니다. 만약 흑돌 전체의 사활이 위태로운 상황이 온다면, 꽉 잇는 형태보다 호구 형태가 독립된 두 집을 만들기에 훨씬 수월하다는 점에서 큰 차이가 생깁니다.

---

* 승부사의 용어 풀이 　　**안형(眼形)**

삶의 기본 조건인 눈 모양을 뜻하며, 그 돌의 무리가 살 것인지 죽을 것인지를 파악하는 핵심 요소입니다. 나의 돌을 살리기 위해 확보해야 하는 자리이면서 반대로 상대의 삶을 위협하기 위해 노려야 하는 자리이기도 합니다.

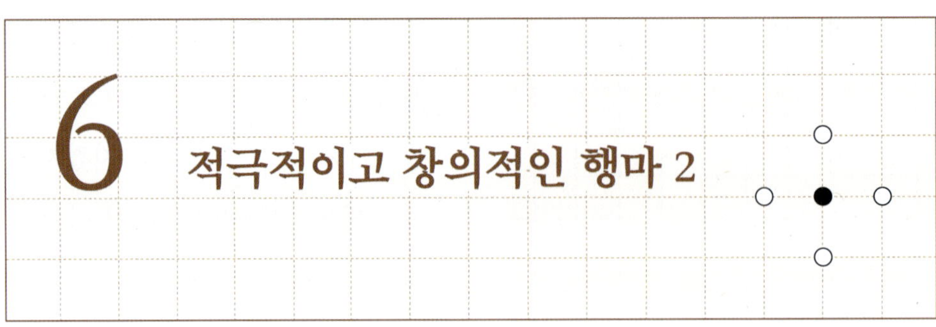

6   적극적이고 창의적인 행마 2

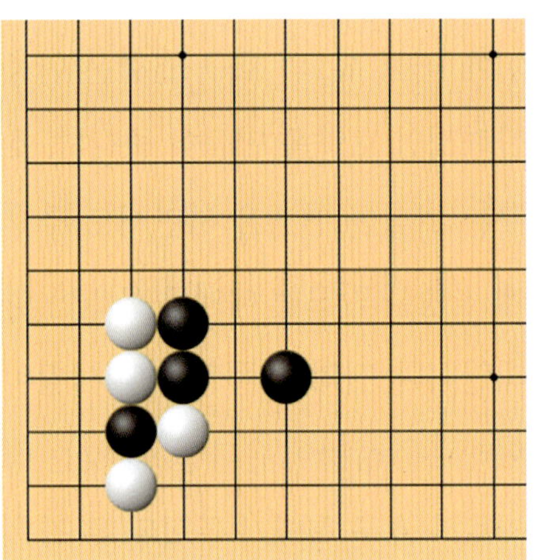

정석 수순이 진행 중입니다. 여기에서 흑의 목표는, 정리되지 않은 흑의 형태를 깔끔하게 정리하는 것입니다.

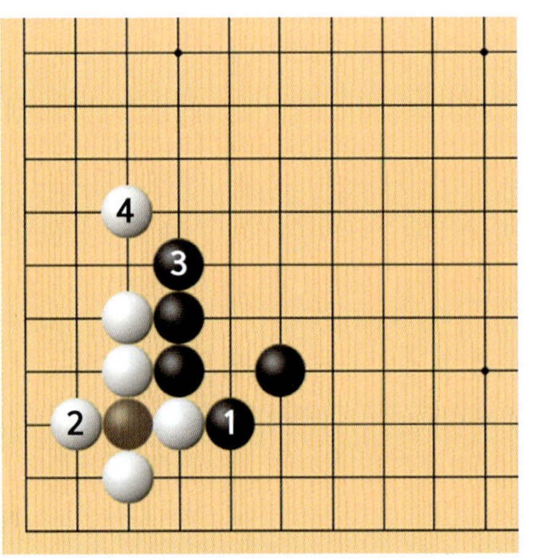

만약 흑 한 점을 살릴 수 없다고 판단하고, 과감히 버리는 작전을 떠올렸다면 이미 입문 단계는 넘어섰다고 봐야 합니다. 다만 단순히 흑1, 3 정도로 정리하는 것은 다소 미흡합니다. 흑 한 점을 버리더라도, 더 좋은 활용 방법은 없을까요?

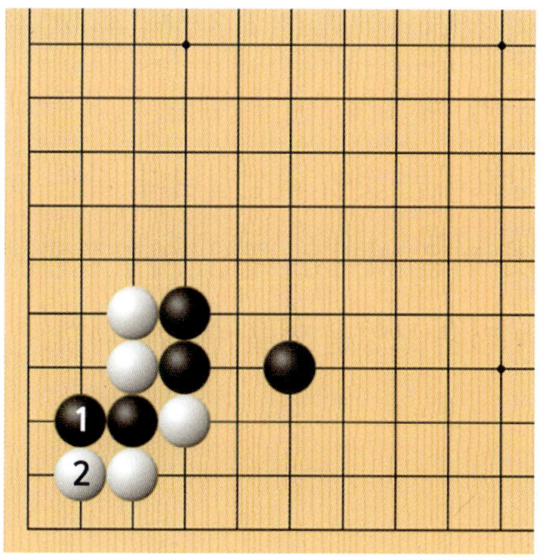

먼저 흑1로 단수된 흑 한 점을 살려
두는 것이 좋은 출발입니다. 이제 이
돌을 버림돌로 활용해, 흑 전체 형태
를 정리하는 수순을 찾아보세요.

흑 두 점을 살리려 끝까지 발버둥 쳐
도, 이 돌을 살려낼 방법이 없기 때문
에 미련을 두지 않는 편이 좋습니다.

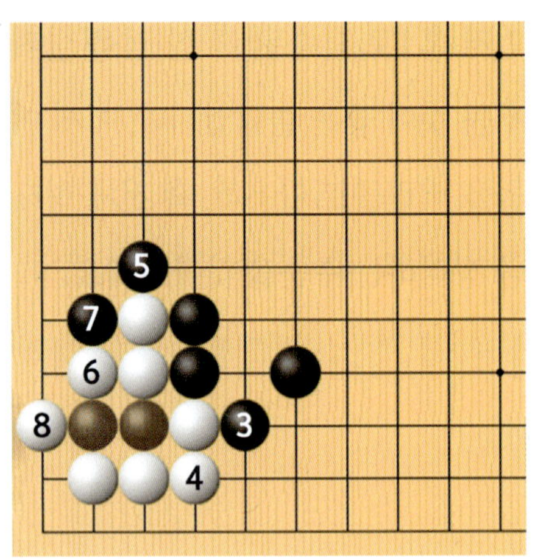

이 장면에서 흑은 흑3부터 흑7까지 두어 백에게 이 두 점을 잡으라고 강요하는 것이 최선입니다. 작은 돌 몇 점을 버리는 대신, 바깥쪽에서 두터운 모양을 얻을 수 있습니다.

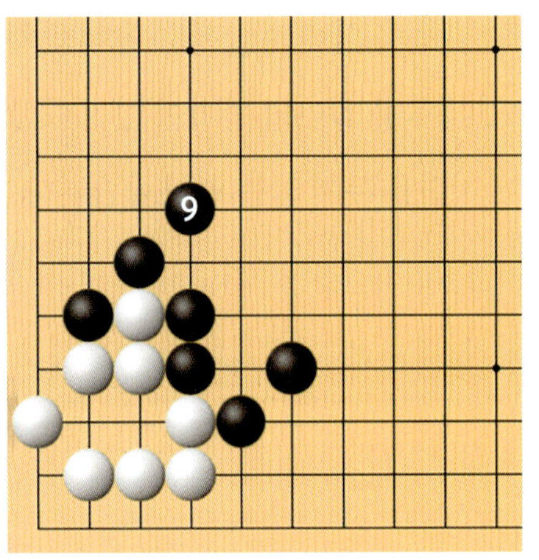

흑 두 점을 멋지게 버린 뒤, 마지막으로 흑9로 약점을 단단히 지켜 두면 정석이 완성됩니다.

'3선의 돌은 두 점으로 키워 버려라'라는 격언이 있습니다. 3선의 잡힌 돌은 키워서 가치를 활용한 다음 버리는 것이 좋은 방법이라는 뜻입니다.

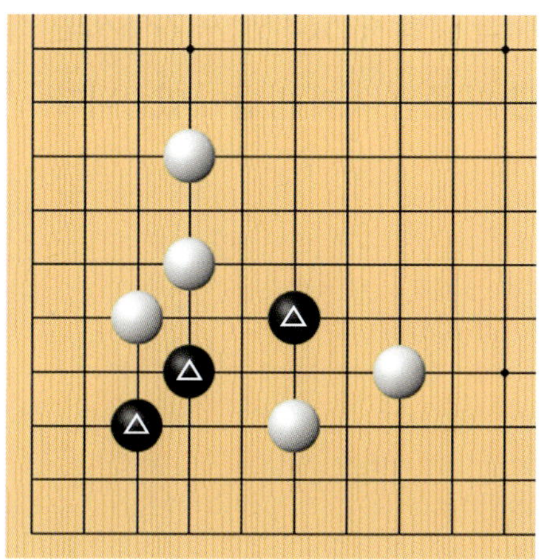

●의 형태가 아직 불완전합니다. 어떤 행마로 이 모양을 정리하는 것이 좋을까요?

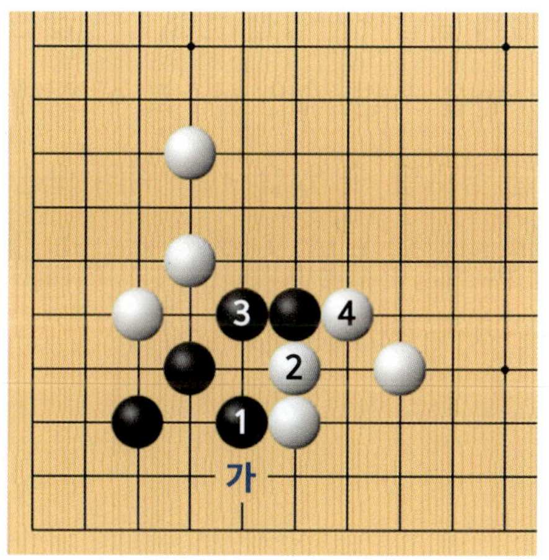

흑1로 근거를 마련해 보려는 발상 자체는 나쁘지 않습니다. 하지만 바로 그 자리를 두는 바람에 백2, 4의 좋은 자리를 허용하게 되고, 나중에 '가' 자리를 젖히는 수가 남아 흑은 좋은 형태가 아닙니다.

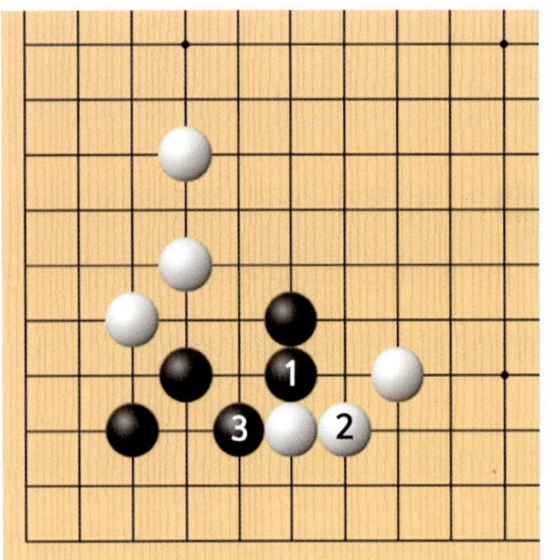

흑1로 치받는 자리가 이 장면에서의 급소입니다. 흑3까지 두면 좋은 형태를 갖출 수 있지만, 여기에서는 조금 더 좋은 처리 방법이 있습니다.

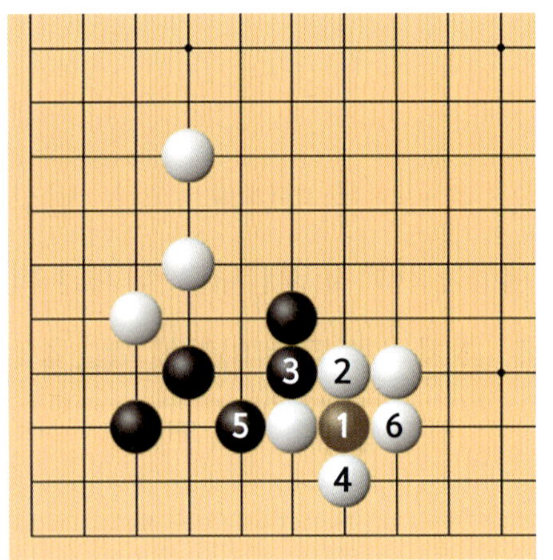

행마의 요령 가운데 "날일자는 건너 붙여라."라는 격언이 있습니다. 백의 날일자 사이를 건너 붙여 끊는 수법을 쓰면, 흑은 선수로 이 형태를 정리할 수 있습니다. 위의 수순과 비교해 보면, 선후수 차이가 나는 것을 확인할 수 있습니다.

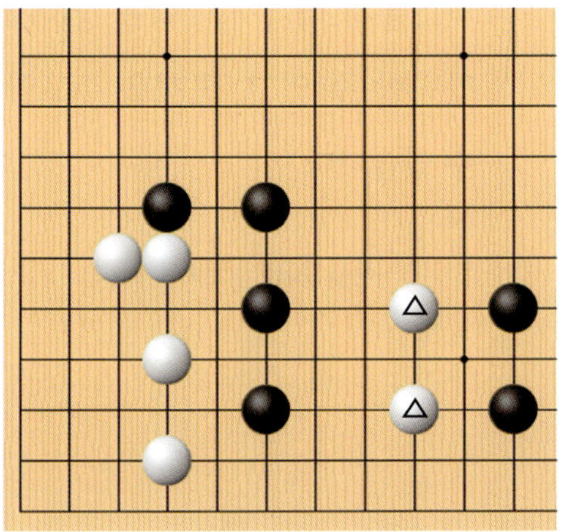

마지막으로, 이번에는 상대를 공격할 때의 알맞은 행마를 찾아보겠습니다.

△를 공격하기 위해서는 어떤 행마를 선택해야 할까요?

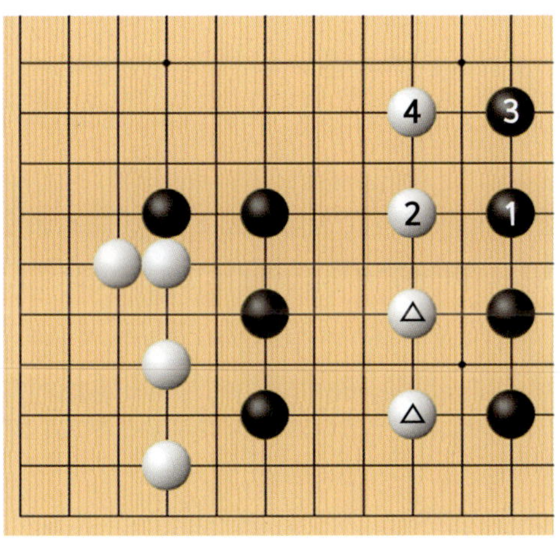

'중앙으로 한 칸 뜀에 악수 없다'는 격언이 있지만, 지금 흑1의 한 칸 뜀은 좋은 선택이 아닙니다. 백2, 4로 함께 뛰어나오면, 흑은 백을 제대로 몰아붙이기 어렵습니다.

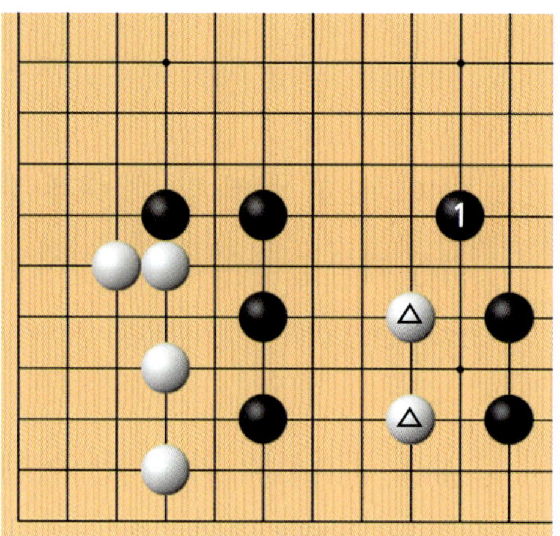

이 장면에서는 흑1의 날일자 행마를 선택하고 싶습니다. 날일자로 비스듬히 다가서면 백을 강하게 압박할 수 있고, 공격을 주도할 수 있습니다.

기억해 두세요. 공격은 날일자로!

행마를 통해 배우는 지혜

무생물인 바둑돌은 생각을 할 수 없습니다. 하지만 바둑판 위에 놓인 돌은 나의 생각, 상대방의 생각이 담겨 있습니다. 한 수 한 수 바둑돌을 손으로 놓을 때마다 서로의 생각을 읽어내고 또 다른 생각을 담아냅니다. 바둑을 수담(手談, 손으로 하는 대화)이라고도 부르는 이유입니다.

우리는 매일매일 많은 사람들과 대화를 나눕니다. 말 한마디로 천 냥 빚을 갚는다는 격언이 있지만, 말 한마디로 상대에게 상처를 주고 나 자신을 곤경에 빠뜨리는 경우도 있습니다. 입 밖을 나간 말은 절대로 다시 내 몸 안으로 집어 넣을 수 없습니다. 한 사람의 인격과 교양을 그대로 드러내는 말이기에 짧은 말 한마디도 신중에 신중을 기하려 합니다.

바둑 또한 그렇습니다. 아무 생각 없이 돌을 놓다 보면 평생 하수 신세를 면하지 못합니다. 하수 시절부터 생각하는 습관을 길러야 합니다. 지금 내가 놓으려는 돌이 앞서 놓은 돌들이 계획했던 일들과 조화를 이루는지 살펴야 합니다. 나 혼자만의 생각에 빠져 상대 돌이 말하고 있는 의도를 알아채지 못하고 있는지도 보아야 합니다.

동수상응(動須相應)이라는 말이 있습니다. 돌을 움직일 때는 주위의 돌들과 호응해야 한다는 의미의 격언입니다. 고수일수록 많은 경우의 수를 고려하여 깊이 생각하고 바둑돌을 놓습니다.

동수상응하는 수가 무엇인지 깊게 고민하며 한 수 한 수 바둑돌을 놓아 보세요. 그것이 바둑 고수로 가는 지름길입니다. 주변 사람들과 다툼 없이 어우러지며 살아가는 지혜이기도 하지요.

불패소년 이세돌

1983년에 태어난 저는 1995년, 만 12세의 어린 나이에 프로 입단에 성공했습니다. 타고난 재능 덕분이기도 하지만 아버지와 큰형의 헌신적인 도움이 없었다면 불가능한 일이었을 것입니다. 어린 나이에 입단한 것보다 더 주목을 끈 것은 2000년이었습니다. 프로 5년 차에 32연승을 기록했던 것이죠. 저(당시 3단)는 첫 공식 대국인 제12회  현대자동차배 기성전 예선에서 옥득진 초단(당시)을 꺾은 것을 시작으로 파죽지세로 연승하면서 '불패소년'이라는 과분한 별명을 얻게 됩니다. 이 과정에서 최정상급 기사였던 유창혁 9단마저 제압했습니다. 이때 기록한 32연승은 국내 최다 연승 부문 3위에 해당합니다. 역대 기록 1위는 이창호 9단의 41연승, 2위는 김인 9단의 40연승입니다. 프로 입단 5년차 만 17세에 이룬 성과였기에 바둑 팬들은 물론 대중들에게 제 이름이 알려지는 계기가 되었습니다. 이창호 9단의 뒤를 이을 차세대 유망주라는 기대를 받은 시절이기도 합니다.

저의 연승행진은 조한승 3단(당시)과의 대국에서 막을 내립니다. 조 3단은 입단 동기이자 동갑내기 친구입니다. 연승 행진은 끝이 났지만 저에게는 국내 타이틀 두 개를 들어 올리는 성과를 거둔 최고의 해였습니다.

제5기 박카스배 천원전에서 류재형 4단(당시)을 2-0으로 꺾고 첫 기전 우승, 제8기 배달왕기전 도전 5번기에서는 유창혁 9단을 상대로 3-2 승리를 거두었습니다. '불패소년'이란 별명을 탄생시킨 연승에 힘입어 저는 당시 국내 바둑의 주류 세력이던 이창호·유창혁·서봉수·조훈현 등 이른바 '4인 방' 체제를 흔든 돌풍의 핵으로 평가받았습니다. 2000년 바둑대상에서 최 다승상과 연승상을 휩쓰는 동시에 최우수기사로 선정된 것이죠. 바둑 기 자단 투표에서 이창호 9단, 유창혁 9단, 조훈현 9단 등 기라성 같은 선배들 을 제치고 19표 중 14표를 얻었는데, 신예 기사가 최우수 기사에 오른 것 은 매우 이례적인 일이었습니다.

2000년 성과를 기반으로 저는 세계 대회에서도 결실을 맺기 시작했습니 다. 이듬해 LG배 세계기왕전 결승에서 이창호 9단과 맞붙어 풀세트 접전 을 벌이며 준우승을 차지했고, 2000년대 중반에는 각종 세계대회에서 좋 을 성과를 내면서 일인자의 계보라 할 조훈현·이창호의 뒤를 이어받게 되 었습니다. 훗날 알파고와의 대결로 전 세계의 주목을 받을 수 있었던 것은 역시 불패소년 32연승을 기록한 2000년부터 쌓아 올린 성적 덕분이라고 생각합니다.

참고로 저는 최연소 프로 입단 6위에 랭 크되어 있습니다. 1위 유하준(만 9세), 2위 조훈현, 3위 이창호, 4위 조혜연, 5위 최철 한 순입니다.

돌을 잡는 다양한 방법

바둑은 결국 집이 많아야 승리하는 게임입니다.

집을 짓는 것도 중요하지만, 상대의 돌을 잡아

집과 두터움을 동시에 얻는 것도 중요한 전략입니다.

『이세돌의 바둑 첫걸음』에서

돌을 잡는 기본 기술을 익혔다면,

이제는 실전에서 어떻게 돌을 잡는 것이

좋은지 연습해 보겠습니다.

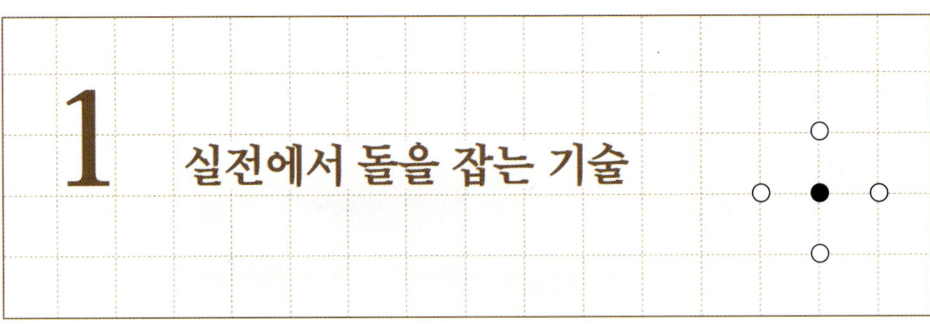

1 실전에서 돌을 잡는 기술

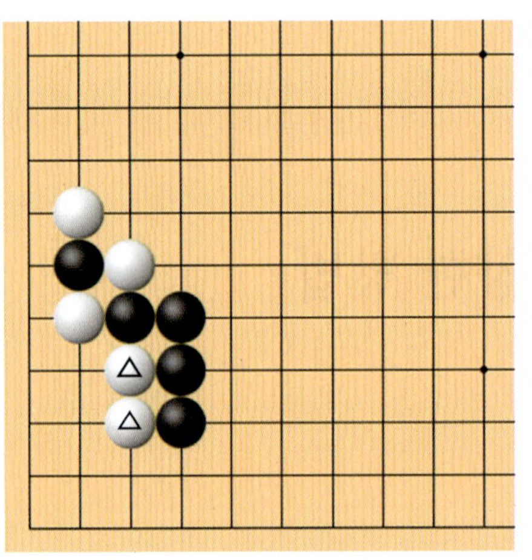

예제 01

간단한 문제부터 시작해 볼까요?

△를 잡아 보겠습니다.

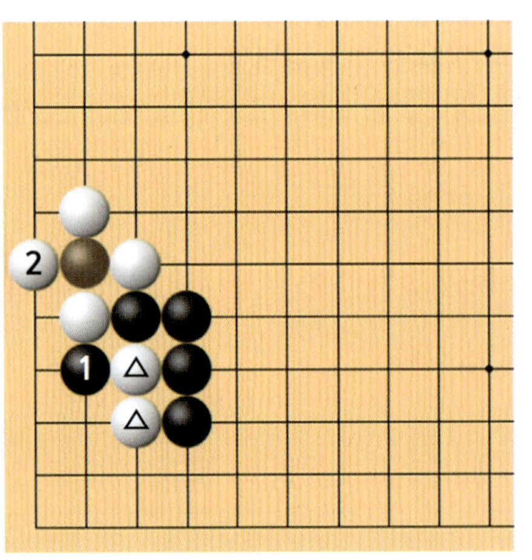

흑1로 끊는 것이 선수입니다. 백은 2로 따낼 수밖에 없고, 여기에서 흑의 다음 한 수가 중요합니다.

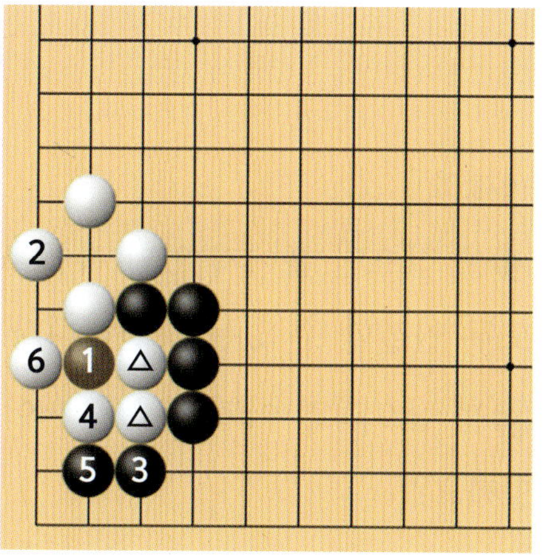

만약 흑3으로 단수를 친다면, 백4로 도망가서 잡을 수 없게 됩니다. 오히려 잘못된 공격으로 흑1 한 점이 잡히고 맙니다.

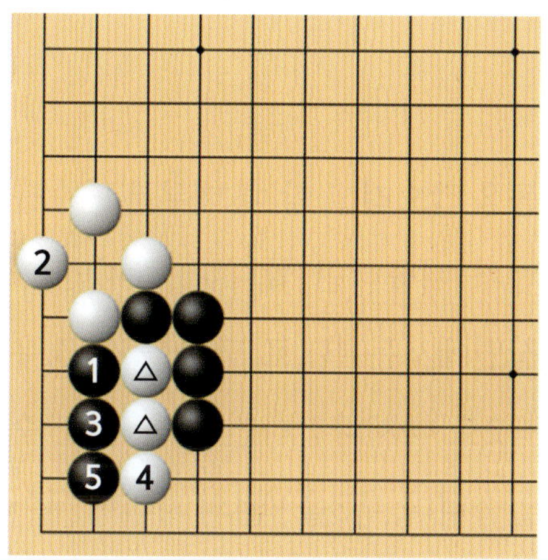

흑3이 올바른 공격 방향입니다. 나의 수는 늘리면서 상대의 수를 줄이는 정확한 선택입니다. 이 형태는 유명한 3·三 정석의 형태이기도 하니 함께 기억해 두면 좋습니다.

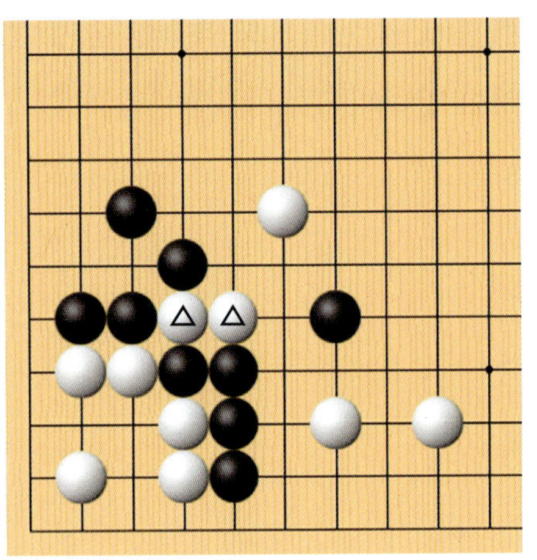

예제 02

△를 잡으면 흩어져 있던 흑돌을 모두 연결할 수 있는 장면입니다. △를 잡으려면 어떤 기술을 써야 할까요?

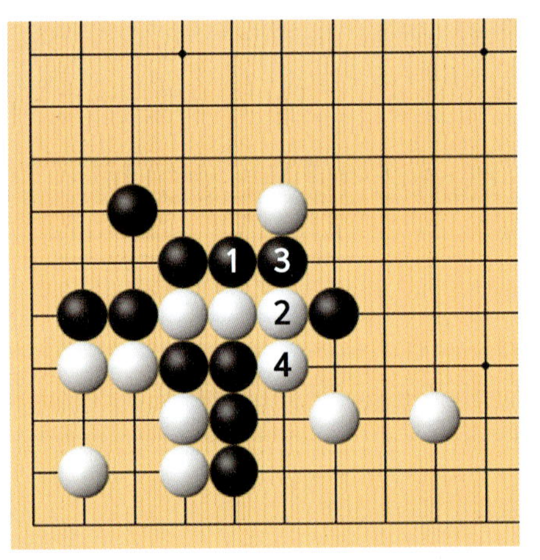

돌을 잡으려고 할 때 대부분 단수를 먼저 떠올리곤 합니다. 하지만 이 장면에서는 흑1로 단수를 칠 경우 백2로 빠져나간다면 백을 잡을 수 없습니다. 흑3을 백4의 자리에 두어 단수를 치는 방법을 떠올릴 수도 있습니다. 하지만 이번에도 백은 흑3 자리에 두어 탈출할 수 있습니다.

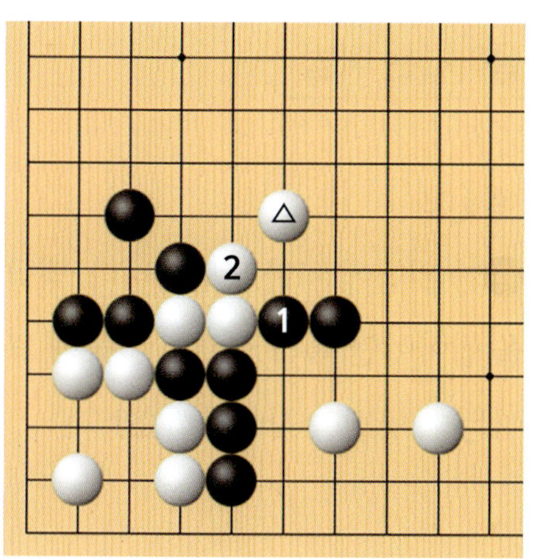

방향을 바꾸어 흑1로 단수를 쳐도, 백2로 응수해 역시 △와 연결되어 흑의 실패입니다.

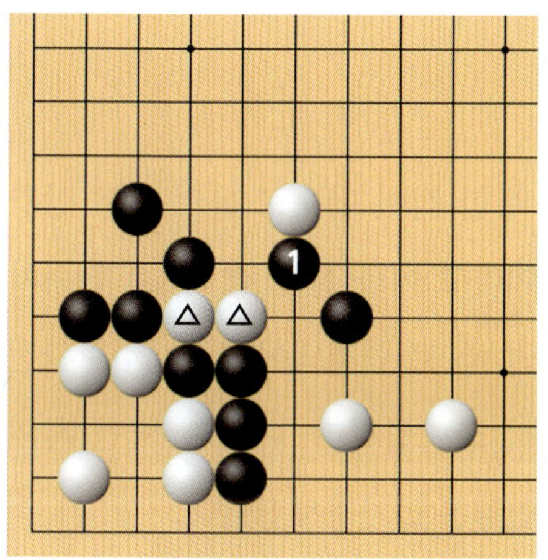

이 장면에서 정답은 흑1의 **장문***입니다. 단수나 축으로는 잡을 수 없지만, 장문으로 주변을 넓게 에워싸면 △를 완전히 가둘 수 있습니다.

* 승부사의 용어 풀이	장문
단수나 축처럼 상대편 돌을 직접 조여 가는 것이 아니라 탈출할 수 있는 길을 포위해서 돌을 잡는 방법입니다.	

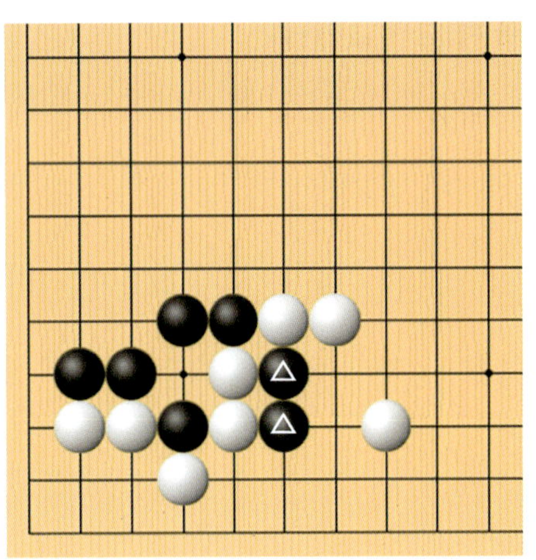

예제 03

⬤가 위험에 처한 장면입니다. 백돌을 잡아야만 흑의 연결이 가능해 보이는데, 방법을 찾아볼까요?

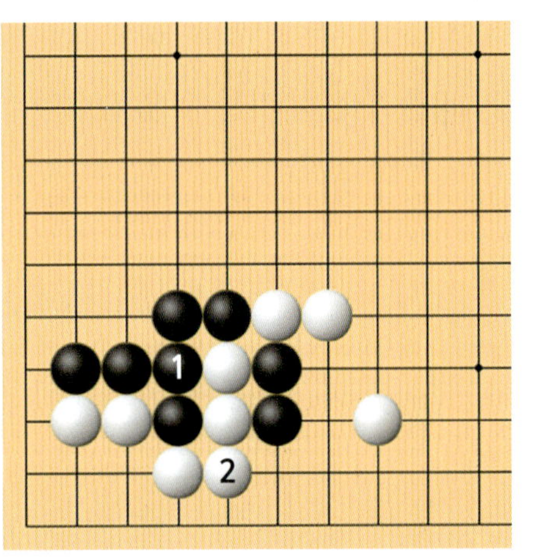

흑 한 점이 단수로 몰려 있는 상황이라고 이를 살릴 겸 흑1로 단수치면 백2로 연결되어 흑 두 점이 완전히 고립됩니다. 이렇게 되면 흑의 연결은 불가능해집니다.

연결이 어려워 보이지만 흑1로 끊으면, △를 **환격**[*]으로 잡을 수 있습니다.

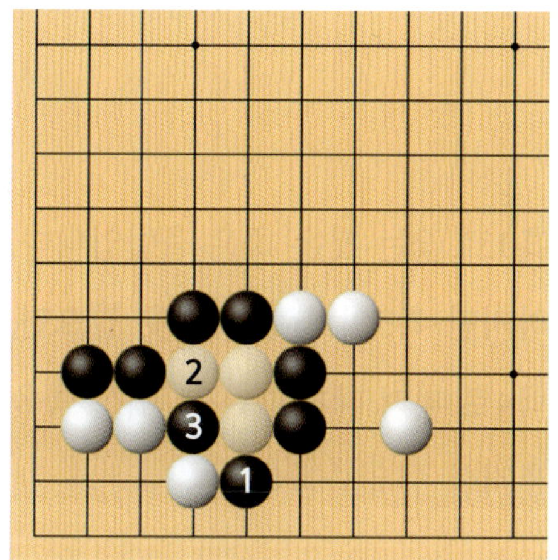

이때 백2로 흑 한 점을 따내면 어떻게 될지 걱정이 될 수도 있습니다. 하지만 자세히 보면 백 세 점이 이미 단수 상태이고, 흑3으로 즉시 백 세 점을 되따낼 수 있습니다.

> 환격 기술을 사용할 때는 겁내지 말고, 머릿속으로 한 수씩 차분히 따라가 보는 습관을 들이면 도움이 됩니다.

* 승부사의 용어 풀이	환격(還擊)
나의 돌 하나를 상대에게 잡게 만듦으로써 단수된 상대의 돌을 되잡는 수법입니다.	

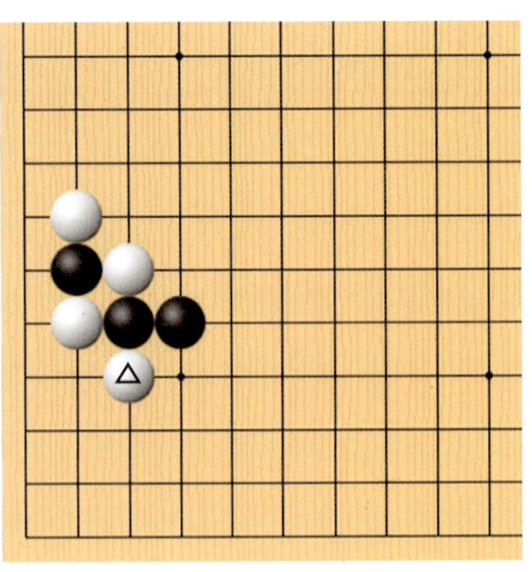

예제 04

이번에는 △을 축으로 잡는 연습입니다. 축은 반복 연습이 많이 필요한 기술이기도 하지요.

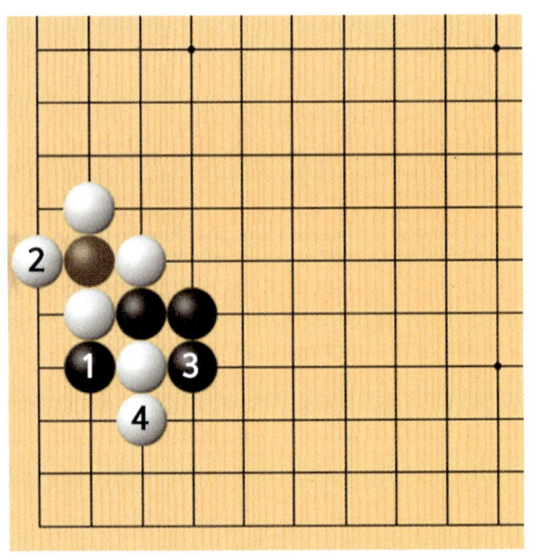

흑1로 끊는 것은 좋은 출발입니다. 하지만 흑3의 방향을 잘못 잡으면, 백4로 빠져 나가 흑은 더 이상 백을 추격할 수 없습니다.

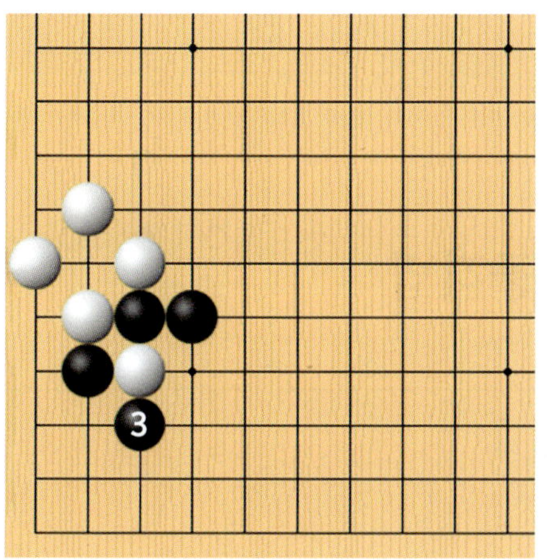

흑3의 단수가 올바른 방향입니다.

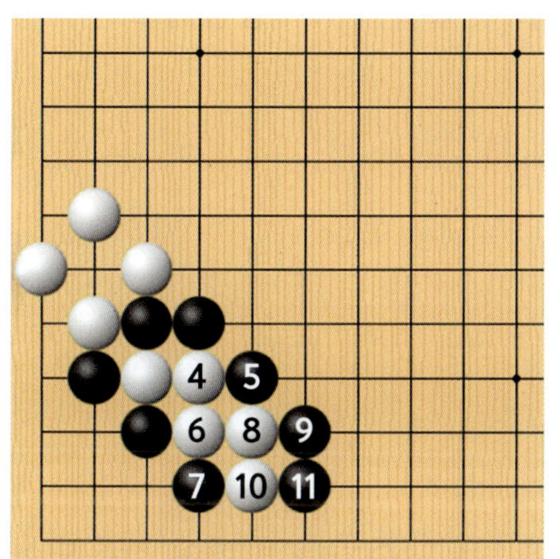

상대의 돌을 축으로 몰아갈 때는 도망가는 방향을 막아서는 것이 요령입니다. 백4로 도망치면 흑5로 그 앞을 막고, 백6으로 도망가면 흑7로 다시 그 앞을 막으면서 점점 모서리로 몰아가면 됩니다.

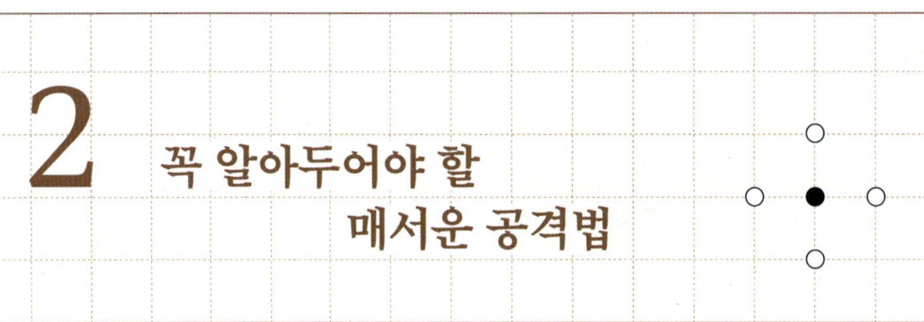

2 꼭 알아두어야 할 매서운 공격법

돌 잡는 법 5 선수 활용

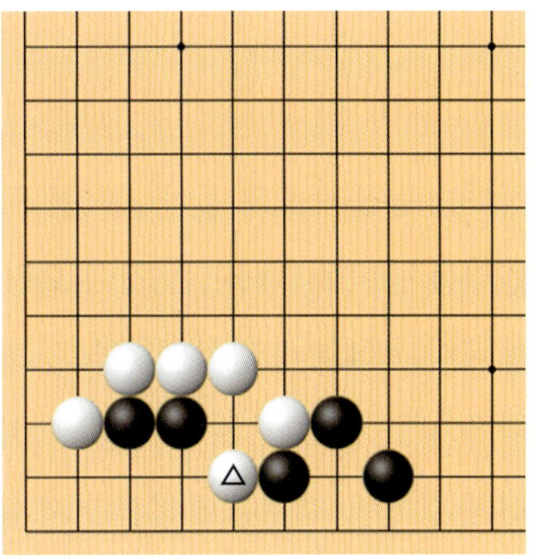

예제 05

흑 두 점을 살리려면 △를 잡아야 할 것 같습니다. 가능할까요?

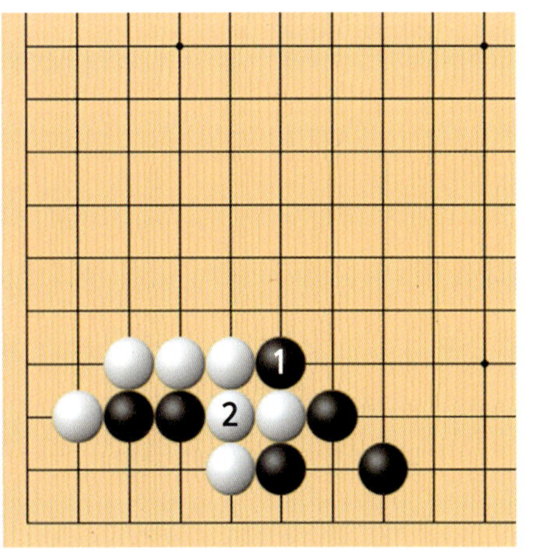

흑1은 단수치는 방향이 잘못되어 이 이후의 수단을 어떤 것도 기대하기 어려워졌습니다.

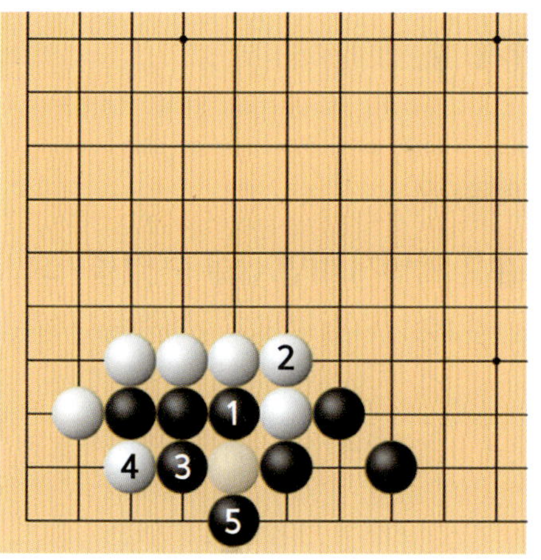

흑1로 단수치는 것이 올바른 선택입니다. 백2로 연결할 때, 흑3이면 백 한 점을 잡을 수 있습니다.

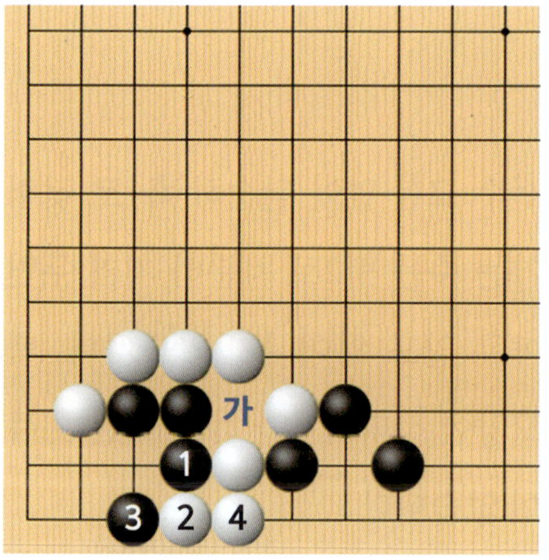

흑이 단수쳐서 끊는 자리를 선수하지 않고 곧바로 흑1을 두면 오히려 백4까지 흑이 잡힙니다. 흑은 자충이 되어 '가'의 자리에 끊을 수가 없기 때문입니다.

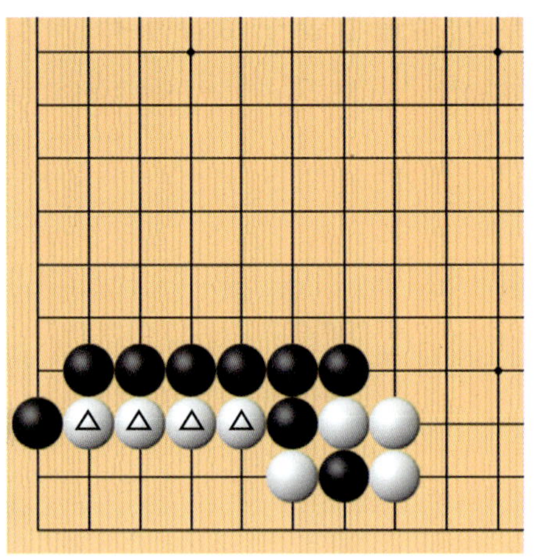

예제 06

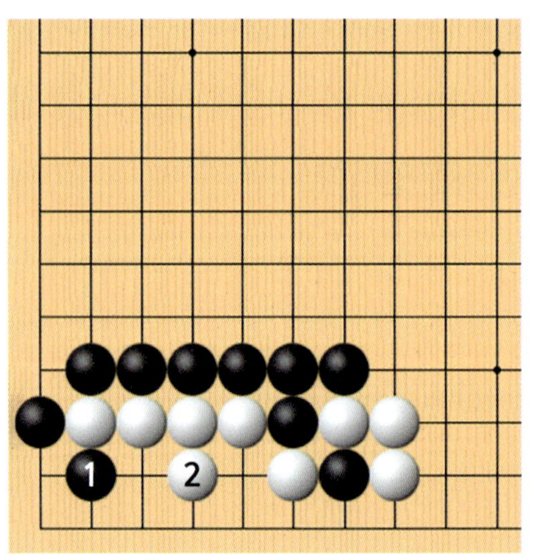

선수 교환 없이 단순히 흑1로 젖혀 가는 수는 백2로 차분히 지켜 두면 아무 일도 일어나지 않습니다. 백 모양이 정리되기만 하고, 흑은 이득 이 없습니다.

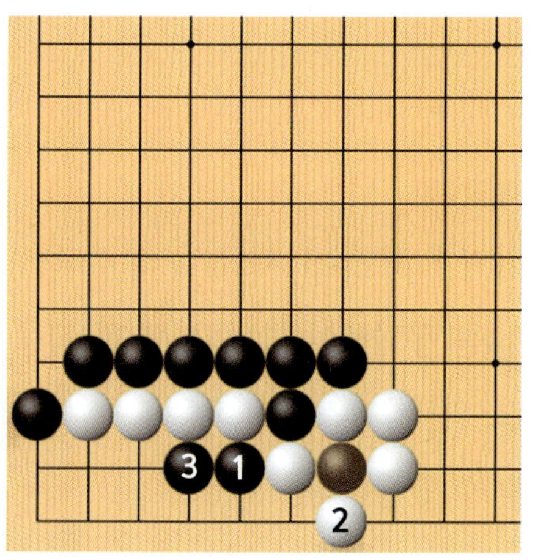

정답은 흑1로 먼저 끊어 단수를 선수로 교환한 뒤, 흑3으로 밀어 가는 수입니다. 이 수순이면 백 네 점을 깔끔하게 잡을 수 있습니다.

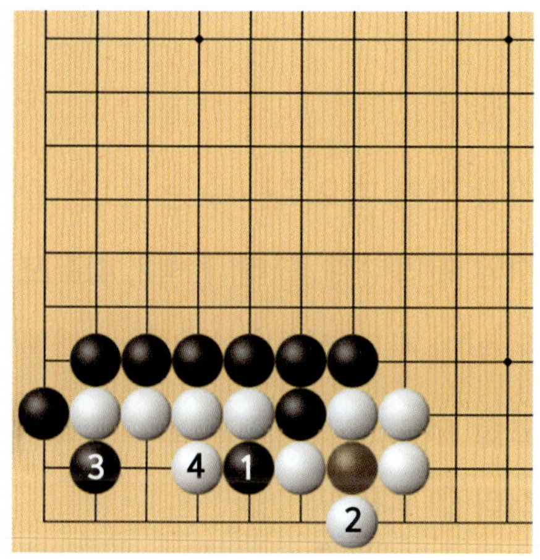

다만 흑1의 선수 교환까지는 좋았더라도, 바로 흑3으로 백을 잡으려 드는 것은 방향 착오입니다. 이렇게 두면 오히려 백이 먼저 흑 한 점을 잡게 됩니다.

상대 수는 줄이면서 내 수는 늘릴 수 있도록 수 줄이는 방향에 유의해야 합니다.

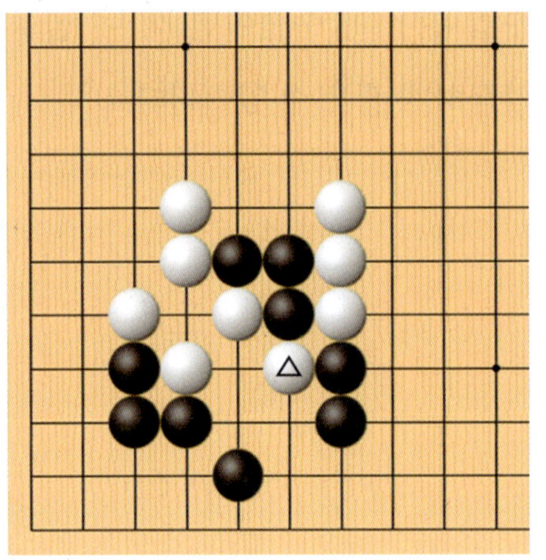

예제 07

위기에 처한 흑 세 점을 살리려면, △를 공략해야 합니다. 백 한 점을 잡으면 자연스럽게 흑돌도 함께 살릴 수 있습니다.

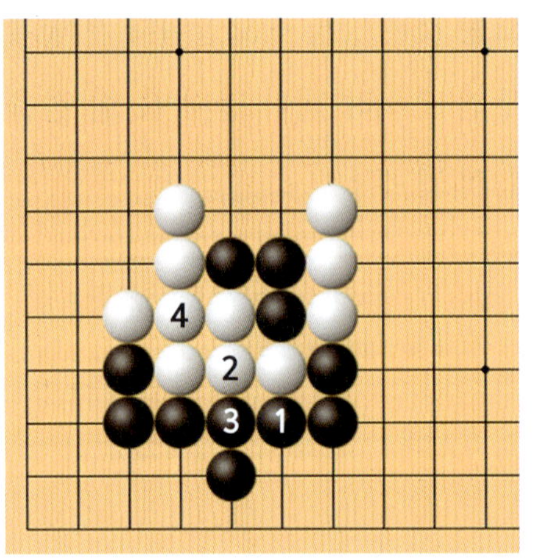

가장 먼저 떠오르는 수는 흑1의 단수일 것입니다. 그러나 백2, 4로 모두 받아 주면 완전히 연결되어 백을 잡을 수 없고, 흑돌을 살릴 방법도 사라집니다.

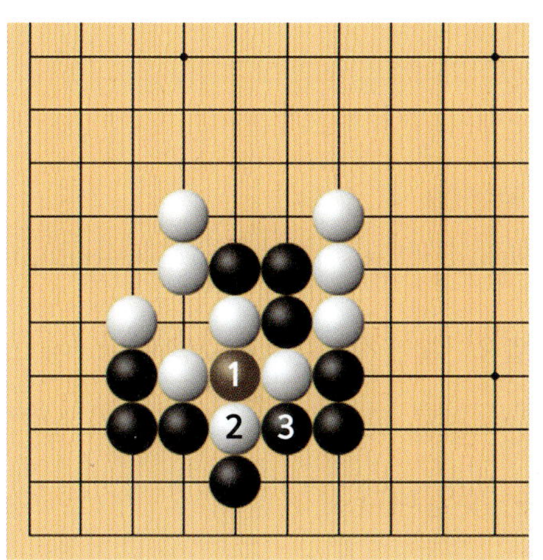

지금은 흑1로 **먹여치는*** 것이 흑을 살리는 유일한 길입니다. 백2로 따내면 흑 한 점이 잡히지만, 오히려 흑 세 점이 살아날 기회가 생깁니다. 이어지는 흑3의 단수에 대해, 백이 과연 안전하게 연결할 수 있을까요?

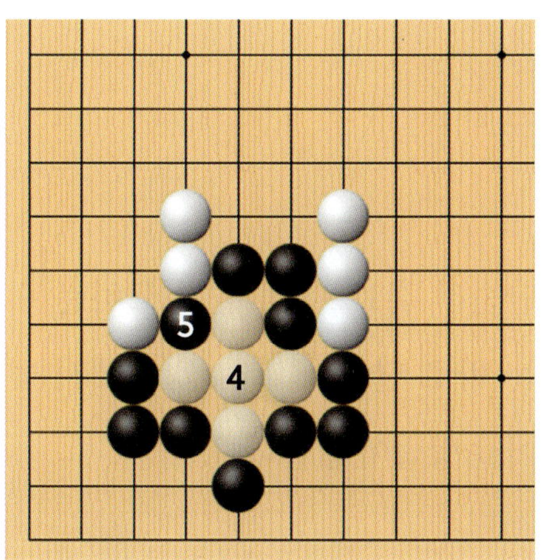

백4로 연결을 시도하면 촉촉수 형태가 되어 다시 단수가 되고, 결국 흑5로 백 다섯 점이 모두 잡히고 맙니다.

---

* 승부사의 용어 풀이 | **먹여치기**

먹여치기는 상대의 돌을 우형·자충·옥집 등의 불리한 형태로 유도하기 위해, 먹잇돌 한 점을 상대의 호구에 집어넣어 따내게 만드는 수법입니다. 얼핏 한 점을 공짜로 내주는 것처럼 보이지만, 그 돌을 따내는 순간 상대의 활로가 줄어들거나 자충이 될 수 있습니다.

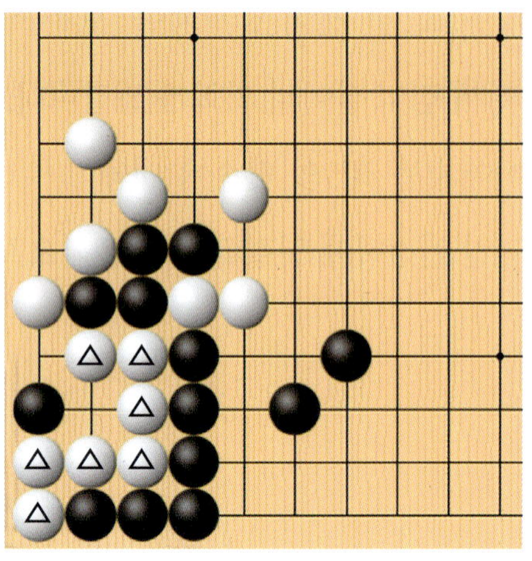

이번에는 흑 네 점을 살릴 수 있는 방법이 있는지 찾아보겠습니다. 목표는 △를 공략해 흑 네 점까지 살리는 것입니다.

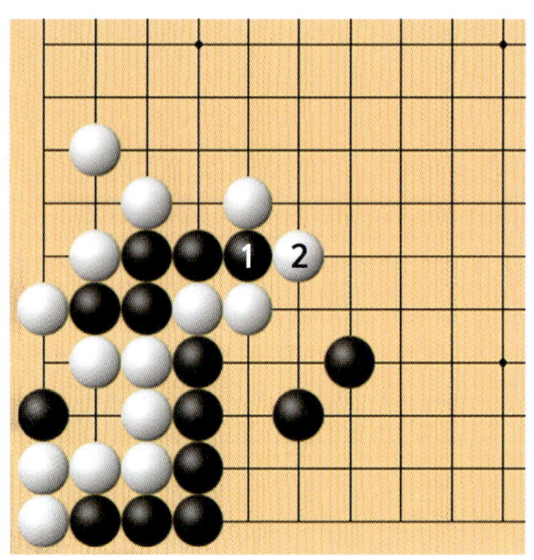

단순히 흑1로 탈출을 시도하는 수는 바로 단수에 걸려, 장문에서 벗어날 방법이 없습니다.

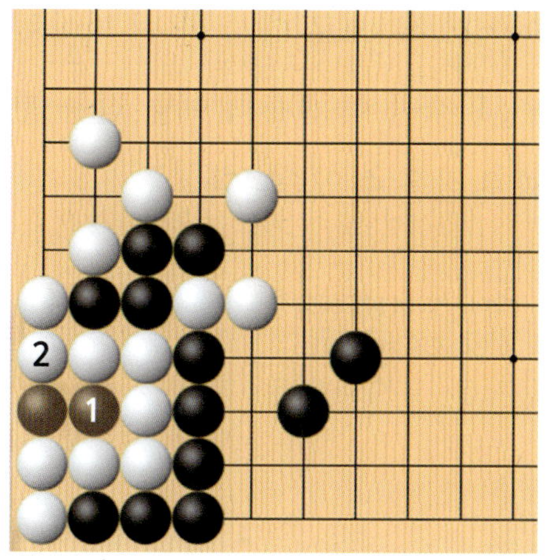

목표 설정은 좋았지만, 흑1은 먹여치는 방향이 잘못됐습니다. 방향에 따라 결과가 완전히 달라지므로, 먹여치기는 방향 설정이 특히 중요합니다.

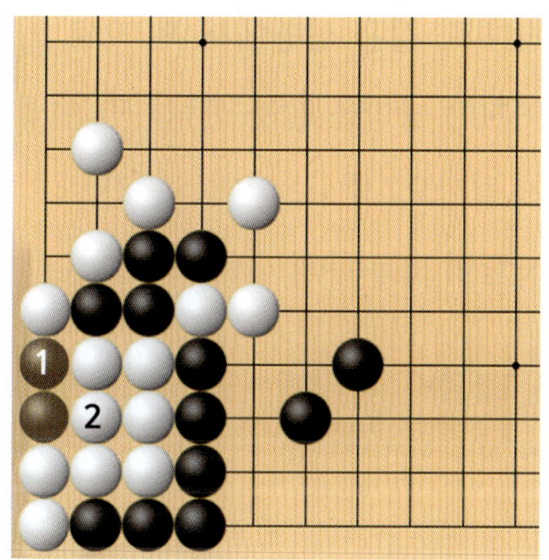

이 장면에서 올바른 방향은 흑1의 먹여치기입니다. 하지만 여기서도 아직 중요한 마지막 한 수가 남아 있습니다.

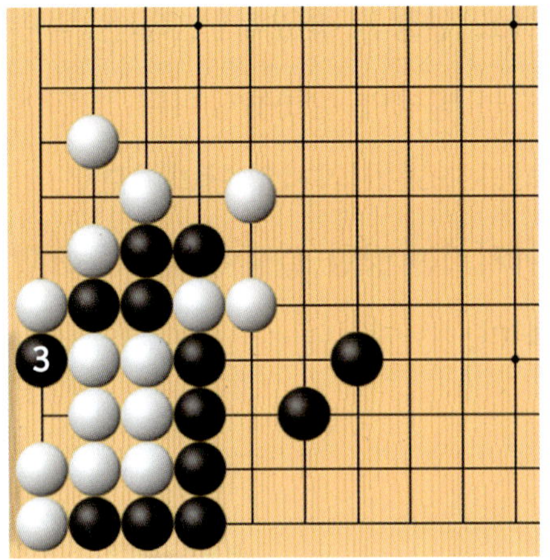

이어서 흑3으로 다시 한 번 먹여치면, 환격을 이용해 백 여덟 점을 통째로 잡을 수 있습니다.

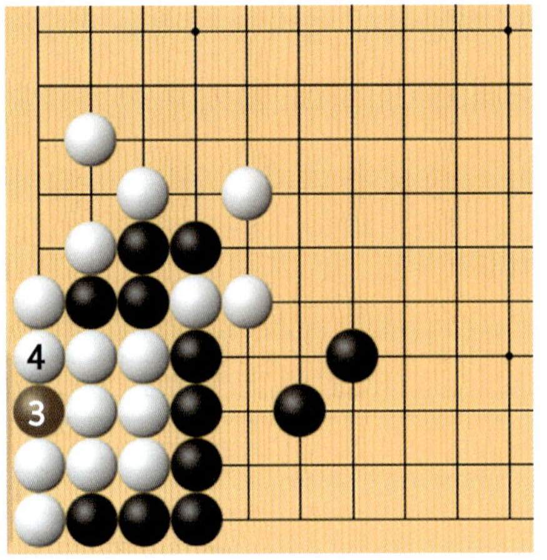

반대로, 같은 상황에서 흑3으로 먹여치는 방향을 잘못 선택하면 어떻게 될까요? 백4로 따내는 순간, 흑이 노림이 모두 무의미해지고 맙니다.

3 공격 전에 한 번 더 생각하기

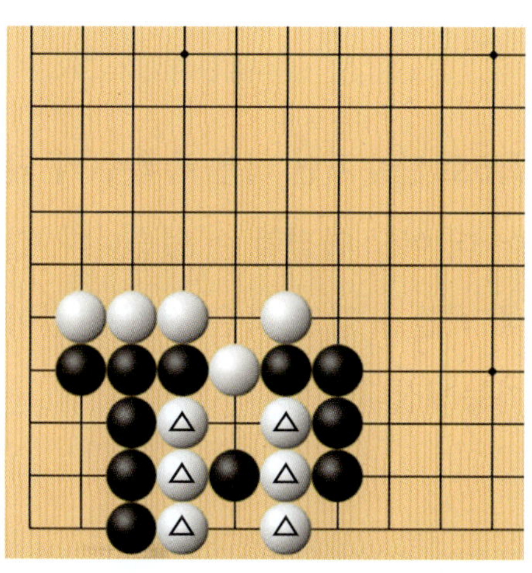

예제 09

이번에도 역시 먹여치는 방향에 특별히 주의가 필요한 문제입니다. △를 어떻게 공략할지 생각해 보겠습니다.

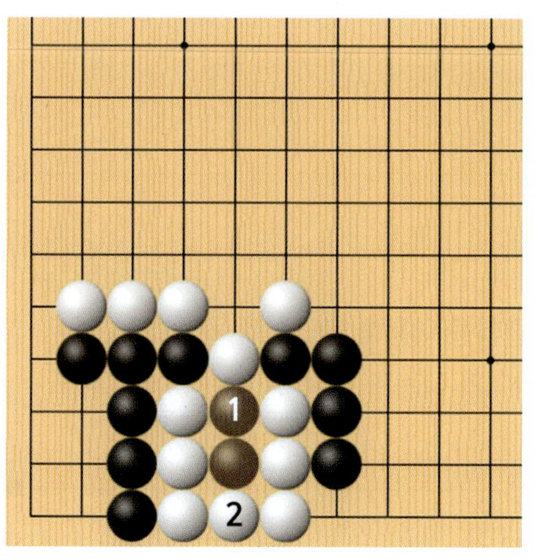

백을 자충 형태로 만들기 위해서는, 흑1로 먹여치는 수가 좋습니다.

먹여치는 방향 감각은 반복해 연습하다 보면 자연스럽게 길러지므로, 처음부터 완벽하려고 너무 걱정하지 않아도 됩니다.

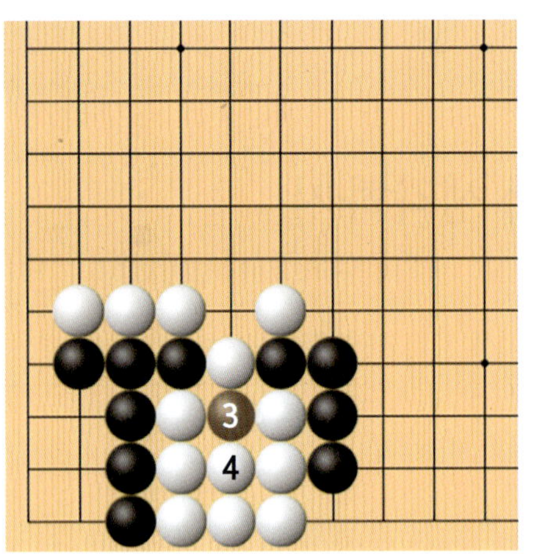

이 장면에서도 흑은 다시 한 번 흑3으로 먹여치는 것이 올바른 방향입니다. 백4로 따낼 때, 마지막 한 수가 남아 있습니다.

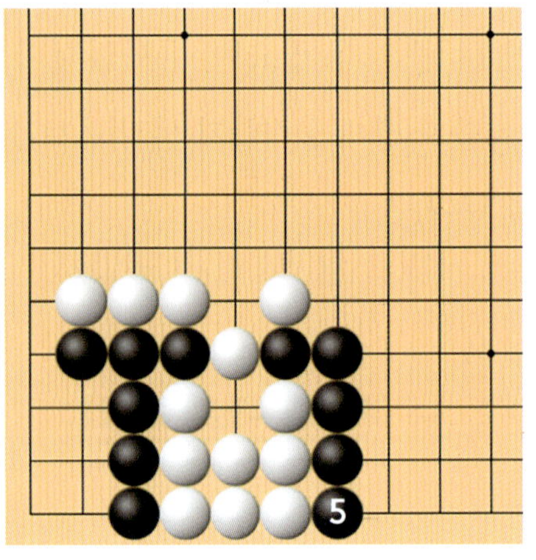

흑5로 단수치면 백은 **촉촉수***가 되어 더 이상 연결할 수 없습니다. 결국 백돌을 잡고 흑은 전체 연결이 가능해집니다.

---

* 승부사의 용어 풀이 | **촉촉수**

촉촉수는 돌을 잡는 기술의 하나로, 돌 모양의 결함을 이용해 연단수로 몰아가 잡는 수법을 말합니다. 먹여치기 또는 자충을 이용해 상대가 더는 도망갈 수 없는 형태로 유도하는 것이 특징입니다.

예제 10

백의 형태에는 아직 약점이 남아 있습니다. ▲를 어떻게 공략해 볼 수 있을까요?

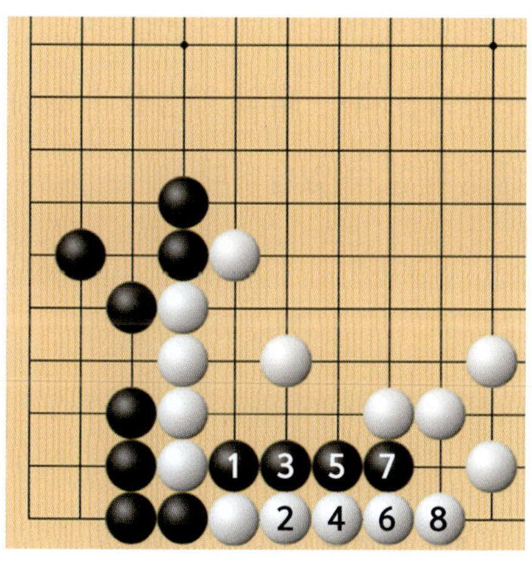

상대 돌을 잡기 위해 먼저 흑1로 끊는 것은 자연스러운 출발입니다. 하지만 이어서 흑3, 5로 단순히 단수만 몰아가는 정도로는, 백의 약점을 충분히 추궁하지 못합니다.

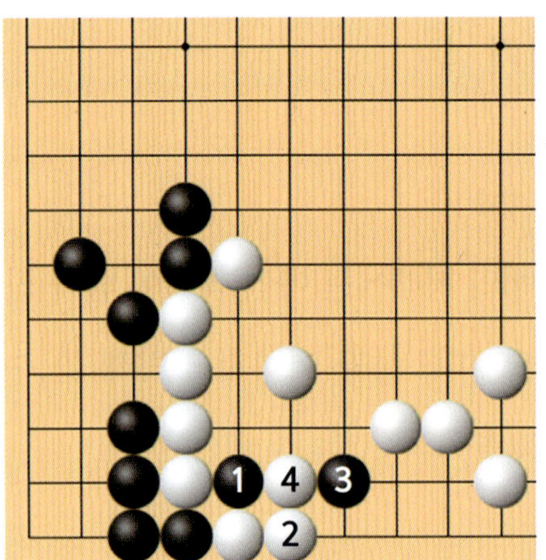

흑1까지는 좋았지만, 곧바로 흑3으로 장문을 씌우는 수는 다소 성급합니다. 백4로 탈출해 버리면 더는 백을 쫓기가 어렵습니다.

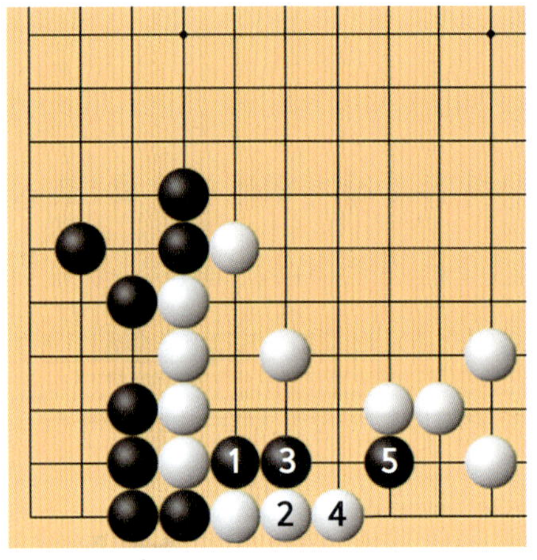

이 장면에서는 흑1, 3으로 단수를 교환한 다음, 흑5로 장문을 씌우는 것이 완벽한 콤비네이션입니다. 이 수순이면 흑은 백의 약점을 확실하게 공략할 수 있습니다.

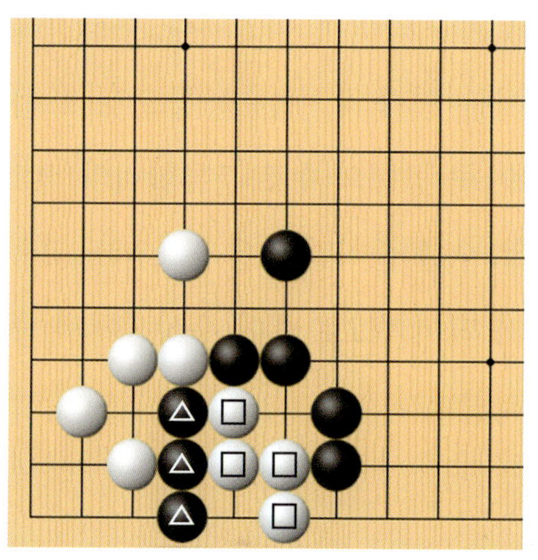

예제 11

마지막으로 수상전을 연습해 보겠습니다. ⬤와 ☐가 서로의 활로를 줄여 가는 수상전을 벌이고 있습니다. 우선 흑은 몇 수, 백은 몇 수인지 정확히 파악하는 것이 중요합니다.

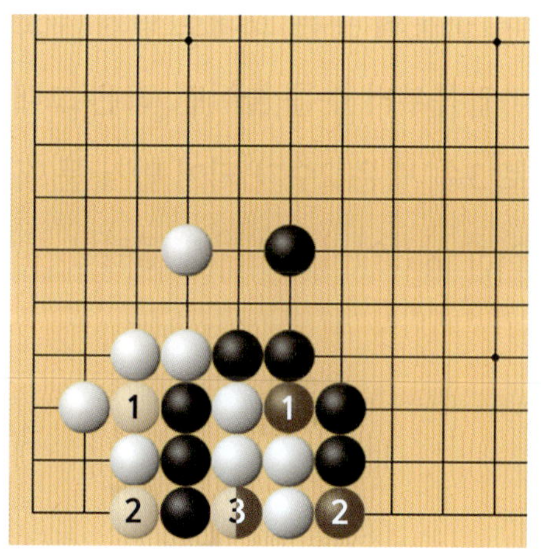

수상전에서는 서로의 수를 헤아려 보는 것이 첫 번째입니다. 이 형태에서는 흑이 3수, 백도 3수로 서로 수가 같은 것을 알 수 있습니다.

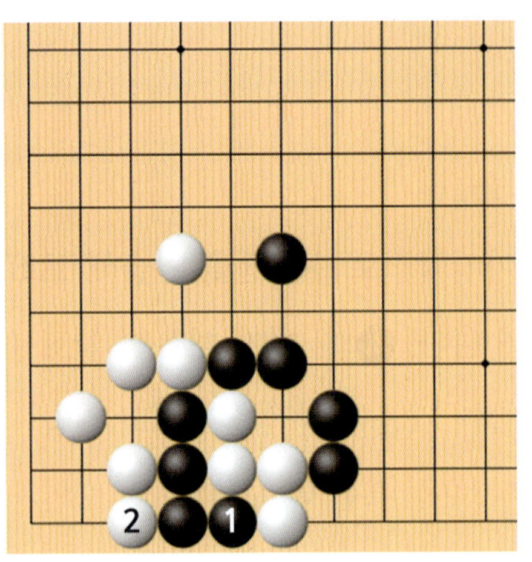

흑이 백의 수를 줄여야 하는 것은
맞지만, 흑1로 안쪽부터 두어가는
것은 최악의 선택입니다. 수상전에
서는 안쪽의 수는 공통으로 쓰는
수, 즉 공통의 수로 분류합니다. 흑1
로 수를 줄이면 흑은 2수, 백도 2수
가 되어 백2로 백이 수상전에서 승
리합니다.

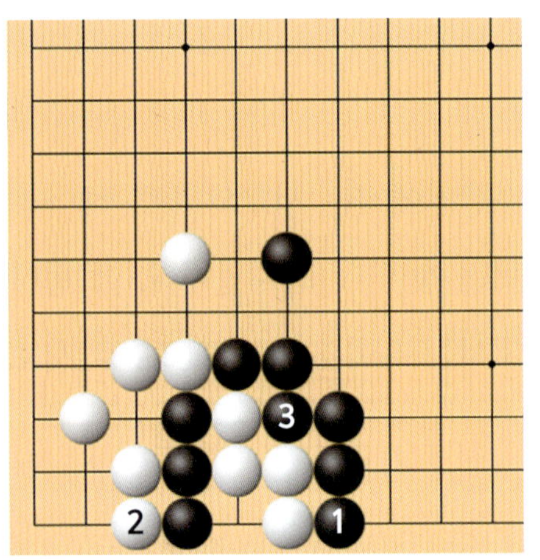

이 형태에서는 흑1처럼 바깥쪽부터
수를 줄이는 것이 현명한 판단입니
다. 공통의 수는 그대로 남겨 두고
바깥쪽부터 수를 줄이면, 흑은 그대
로 3수, 백은 2수가 되어 먼저 둔 흑
이 수상전에서 승리하게 됩니다.

"수상전은 바깥부터 메워라."라는 격언이 있을 만큼, 수상전에서 수
를 메우는 방향은 매우 중요합니다. 안쪽의 공통의 수부터 메우면
스스로 자신의 수를 줄이는 꼴이 되므로, 반드시 바깥쪽의 수부터
줄여나가야 합니다.

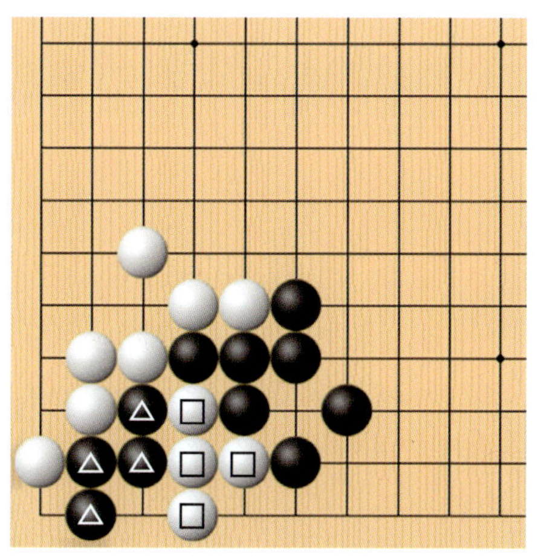

예제 12

이번에도 마찬가지로 수상전입니다. ●와 □가 서로의 활로를 줄여가는 수상전을 벌이고 있습니다. 백을 잡기 위해서는 흑이 주의를 기울여야 합니다.

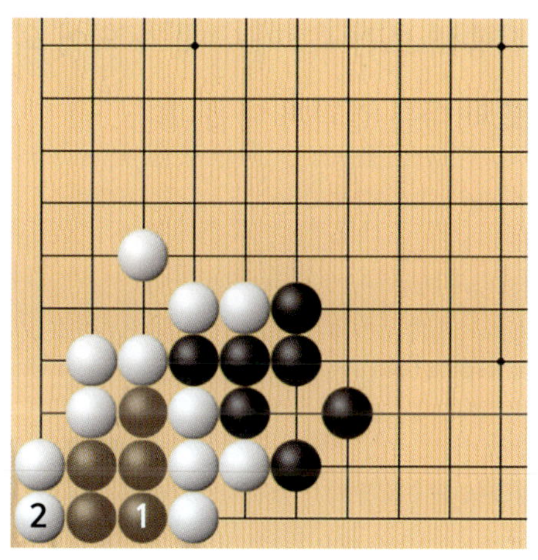

대부분 먼저 백의 수를 줄이는 수를 떠올리기 마련입니다. 하지만 흑1로 곧장 백의 활로를 줄이면, 그 수가 오히려 **자충***이 되어 백2로 흑이 먼저 잡히고 맙니다.

＊ 승부사의 용어 풀이	**자충**

자기 돌의 활로를 스스로 줄여 잡히기 쉬운 상태가 되는 것을 자충이라고 합니다. 특히 수상전에서 유의해야 하는 중요한 개념입니다.

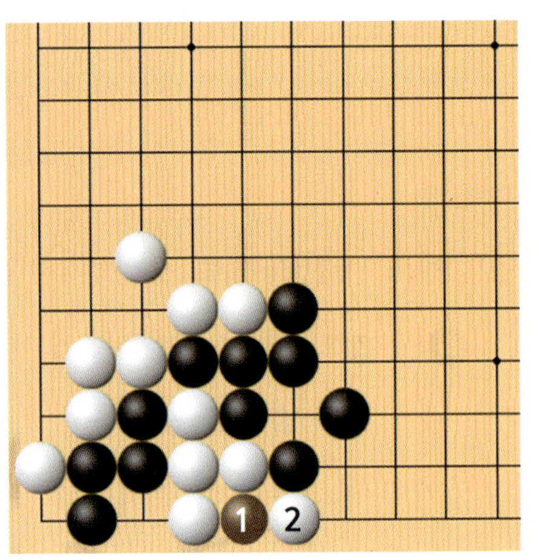

반대쪽에서 흑1로 수를 줄여도, 백2
로 따내면 역시 흑이 곤란해집니다.

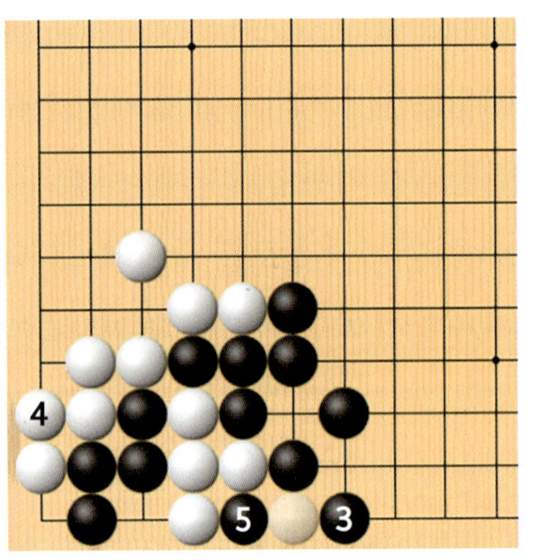

결국 흑3으로 막을 수밖에 없는데,
진행해 보면 흑5까지 **패***가 되어 의
도와 다른 결과가 나옵니다.

* 승부사의 용어 풀이	**패**

흑과 백의 돌이 서로 단수로 맞물려 있어 양쪽 모두 번갈아 상대 돌을 따낼 수 있는 모양
을 말합니다. 이런 경우 바둑판 전체의 같은 모양이 무한 반복되기 때문에 한쪽이 상대
방의 돌을 따내면 상대방은 곧바로 그 다음 수에 다시 따내지 못하는 특별한 규칙을 만
들어 놓았습니다.

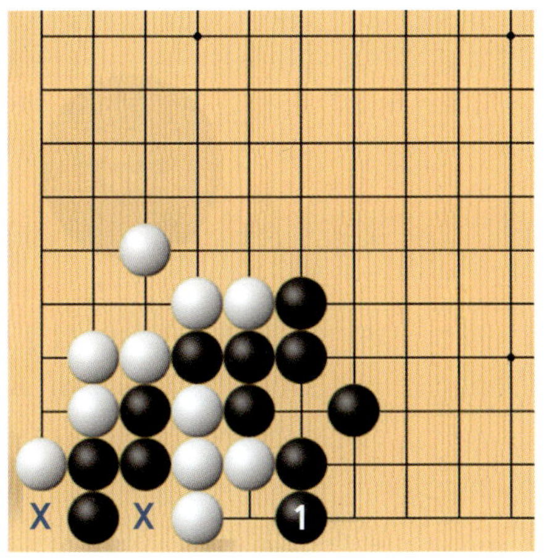

정답은 흑1로 가만히 내려서는 수입니다. 얼핏 보면 백의 수를 줄이지 않는 것 같지만, 이 수가 핵심입니다. 백은 단수가 되어 X 자리에 곧바로 둘 수 없고, 자충을 피하느라 바로 흑의 수를 줄이지 못합니다.

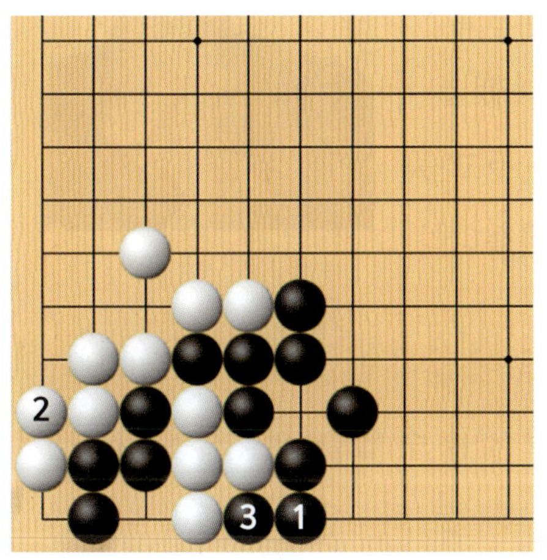

백이 흑의 수를 줄이려면 결국 백2를 먼저 두어야 하는데, 그때 흑3이면 한 수 차이로 흑이 수상전에서 승리할 수 있습니다.

이세돌 시대의 개막

흔히 한국 바둑의 계보가 '이창호의 시대'를 지나 '이세돌의 시대'로 이어졌다고 평가합니다. 이창호 사범님과 저는 정반대의 기풍을 지녔습니다. 저와 이창호 사범님은 총 70번의 공식 대국을 두어 이창호 9단이 36승, 제가 34승을 기록했습니다. 상대 전적만 보더라도 1인자 자리를 두고 둘이 얼마나 치열하게 다퉈 왔는지 알 수 있습니다.

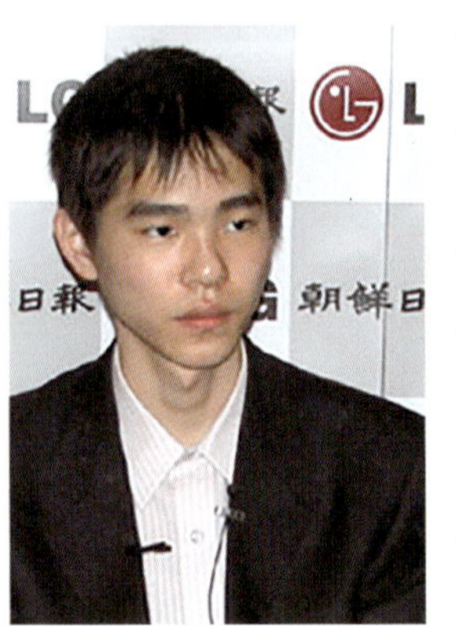

이창호 사범님과는 결승전 무대에서 수없이 많이 만났지만, 제5회(2001년)와 제7회(2003년) LG배 결승을 결코 잊을 수 없습니다. 물론 바둑팬들에게도 가장 드라마틱한 서사를 지닌 대결로 회자됩니다. 폭발적인 연승 행진으로 '불패소년'이라 불리던 저의 등장, 이미 세계 일인자로 군림하고 있던 '돌부처' 이창호 9단의 만남은 그 자체로 화제였습니다. 현재 권력과 미래 권력의 대결, '현재 일인자 vs. 차기 일인자'의 싸움에서 누가 승자가 될 것인지 세인의 관심은 높을 수밖에 없었습니다.

팽팽한 승부가 펼쳐질 것이라는 예상과 달리 결승 5번기의 막이 오르자 의외로 싱거운 승부가 될 것 같았습니다. 제가 초반 2연승을 거두자 바둑계는 깜짝 놀랐습니다. 최강자 이창호 9단이 사지(死地)로 몰린 것입니다. 그런데 눈앞에 우승컵이 아른거렸기 때문이었을까요? 우승까지 단 한 판만 이기면 되는 상황에서 저는 내리 세 판을 빼앗겼습니다. 이창호라는 거대한 봉우리를 넘어서기에는 아직 저의 실력이 모자랐던 것입니다. 이창호 9단은 이때 우승으로 통산 100회 타이틀의 영예를 얻었습니다. 결승전에서 역전패를 당한 저는 바둑을 시작한 이래 처음으로 펑펑 울었습니다. 그만큼 마음의 고통이 너무 컸습니다.

분루를 삼켰던 저는 2년 뒤 제7회 LG배 결승에서 다시 한 번 이창호 9단과 마주합니다. "드디어 기회가 왔다"면서 각오를 다진 저는 마침내 3-1의 승리를 거두었습니다. 혹자는 이날의 우승을 이창호의 시대가 저물고 저의 시대가 열렸다는 선언을 한 순간 이라고 평가하기도 하는데요. 지금까지도 많은 사람들은 두 번에 걸친 LG배 결승전이 한국 바둑사를 관통하는 역대급 라이벌전이자, 세대교체를 상징하는 장면이라고 말하곤 합니다.

PART 2 ----------------

기초 심화 과정

| 제4강 |

실전에서 헷갈리기 쉬운 바둑 규칙

『이세돌 바둑 첫걸음』에서 살펴본 것처럼,

바둑의 기술은 실력에 따라 선택해서 사용하면 되지만,

바둑의 규칙은 바둑을 두는 누구나 반드시 지켜야 합니다.

실제 대국을 하면서 왜 이런 규칙이 필요한지

직접 느껴 보셨나요?

이 강에서는 바둑의 기본 규칙이 실전에서 어떻게 적용되는지

구체적인 예를 통해 확인하고, 눈에 익히는 연습을 해 보겠습니다.

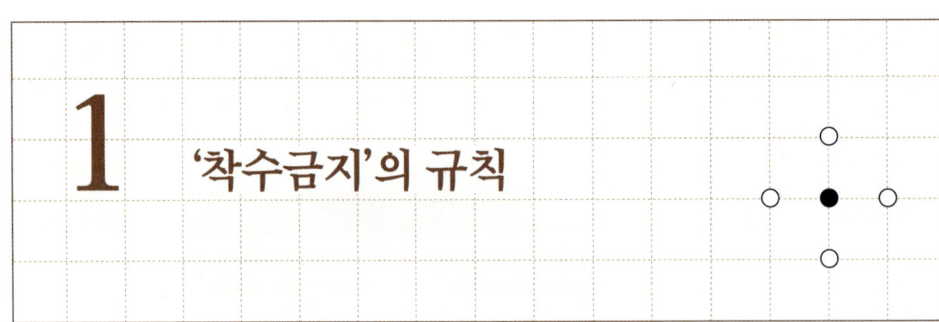

1 '착수금지'의 규칙

기본 규칙 │ **자신의 활로를 완전히 없애는 곳은 둘 수 없다**

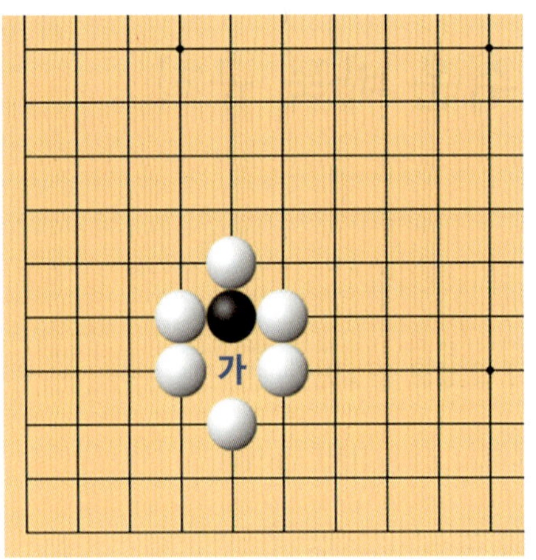

착수금지의 규칙에 대해 기억하고 있나요? 흑은 '가'의 자리에 착수할 수 없습니다. '가'는 흑에게 착수금지점입니다.

만약 흑이 '가'에 둔다면 흑의 모든 활로가 사라집니다. 바둑 규칙에 따라 빈자리 어디든 둘 수 있지만, 스스로 활로를 완전히 없애는 곳에는 돌을 둘 수 없습니다. 이것이 '착수금지의 규칙'입니다.

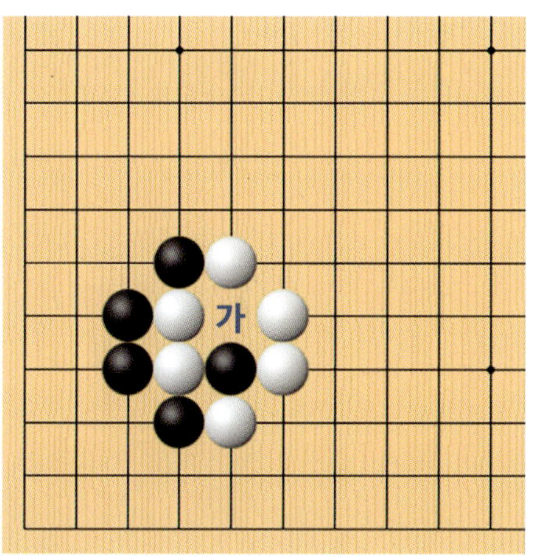

그렇다면 이번 그림에서도 '가'는 흑에게 착수금지점일까요? 앞선 그림과 어떤 점이 다른지 바로 알아챘다면, 착수금지 규칙을 아주 잘 이해하고 있는 겁니다.

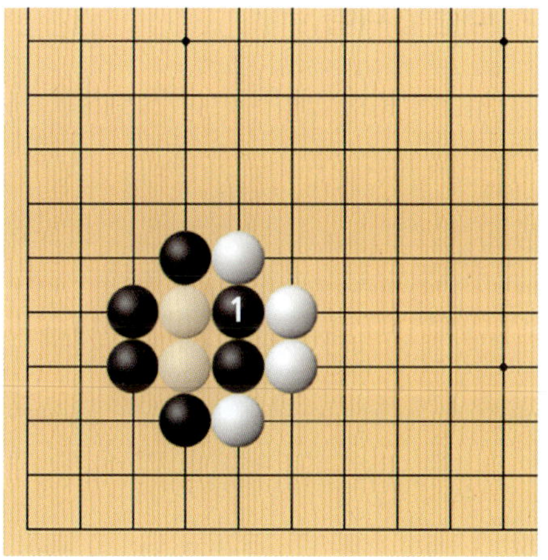

흑1의 자리는 착수금지점이 아닙니다. 겉으로 보기에는 흑1로 두는 순간 활로가 없어 바로 잡힐 것 같지만, 실제로는 백 두 점을 따낼 수 있기 때문에 착수가 가능합니다.

착수금지점에 실수로 두었다 하더라도, 한 번 내려놓은 돌은 다시 옮길 수 없으니 한 수 한 수 더욱 신중하게 두어야 합니다.
이론상으로는 알고 있어도 실전에서는 헷갈리기 쉬운 부분이니, 여러 형태를 반복해서 보는 연습이 필요합니다.

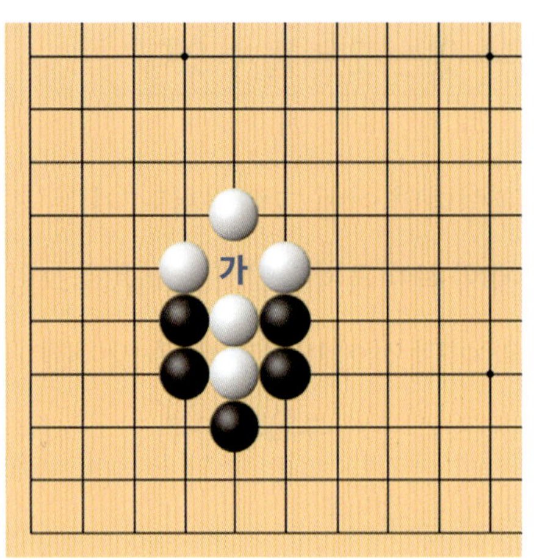

그럼 '가'의 자리는 어떨까요? 헷갈리기 좋은 형태인데 '가'는 흑에게 착수금지점일까요?

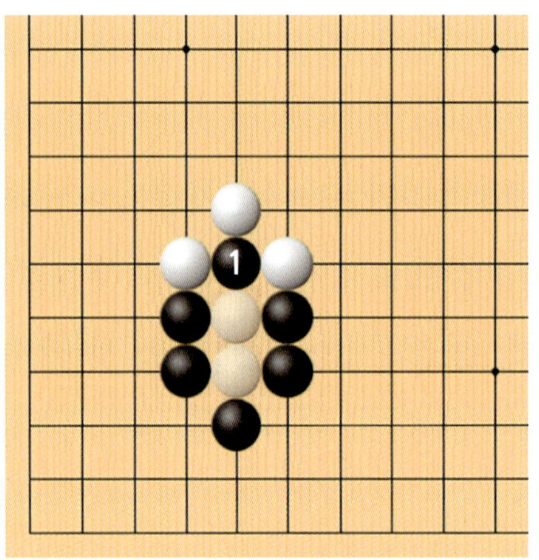

이곳은 흑에게 착수금지점이 아닙니다. 흑1로 백 두 점을 따낼 수 있기 때문입니다.

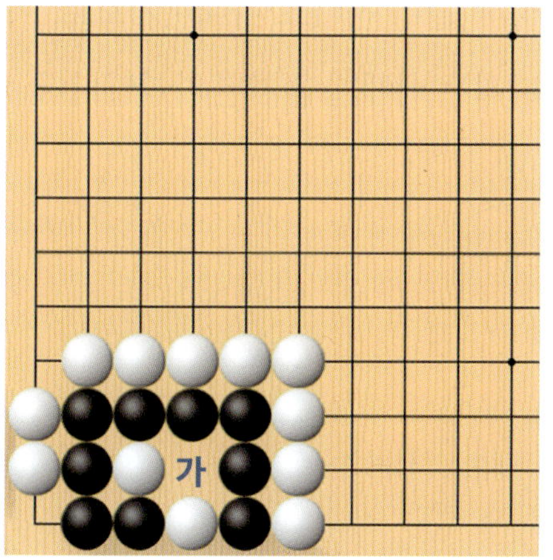

그럼 이 모양은 어떤가요? 실전에서도 자주 나올 수 있는 형태입니다. '가'의 자리는 흑과 백 중 누구에게 착수금지점일까요?

먼저 흑에게 1의 자리는 착수금지점이 아닙니다. 백 두 점을 따낼 수 있기 때문에 흑1로 착수해도 문제가 없습니다.

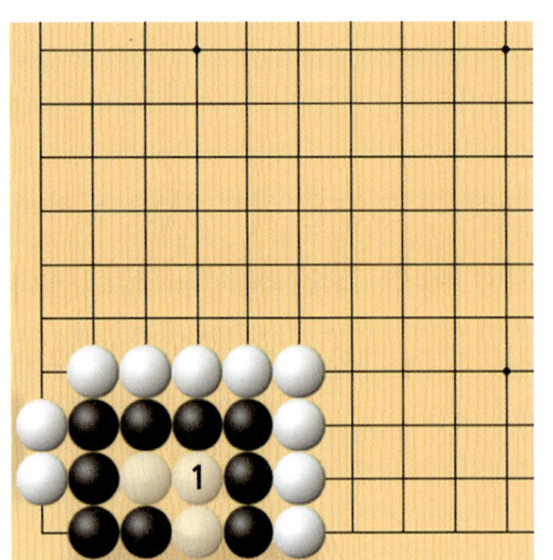

반대로 백에게 1의 자리는 착수금지점입니다. 백1로 두면 활로가 모두 막혀 돌이 곧바로 따내어지므로, 이 자리는 백에게 금지된 자리입니다.

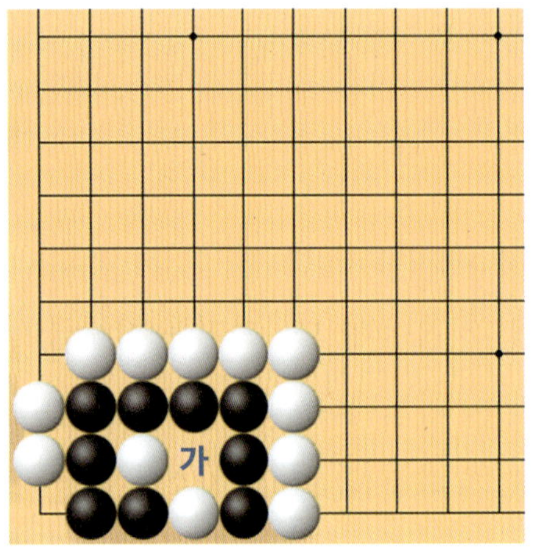

① ········ 손뺌

여기서 한 가지 더 생각해 보겠습니다. 흑은 '가'의 자리에 둘 수 있다고 했습니다. 그렇다면 과연 흑은 이 자리에 한 수를 투자할 만한 가치가 있을까요?

어차피 백은 '가'의 자리에 둘 수 없으므로, 흑은 그 수를 다른 곳에 활용하는 편이 더 좋습니다. 단순히 착수금지점인지 아닌지를 구별하는 데서 그치지 않고, 그 자리에 한 수를 두는 것이 실제로 필요한 수인지 함께 판단해야 합니다.

바둑은 한 수 한 수의 효율성을 따지는 게임입니다. 같은 한 수라도 얼마나 실질적인 이득을 가져오는지 함께 생각하는 습관을 들이면 기력이 훨씬 빠르게 향상될 겁니다.

흑으로 '가'에 둘 수 있으면 O, 없으면 X 표시하세요.

예제 01

규칙 1과 규칙 2를 차례로 떠올려 보세요.

예제 02

규칙 1을 떠올려 보세요.

→ 정답은 142쪽에서 확인하세요!

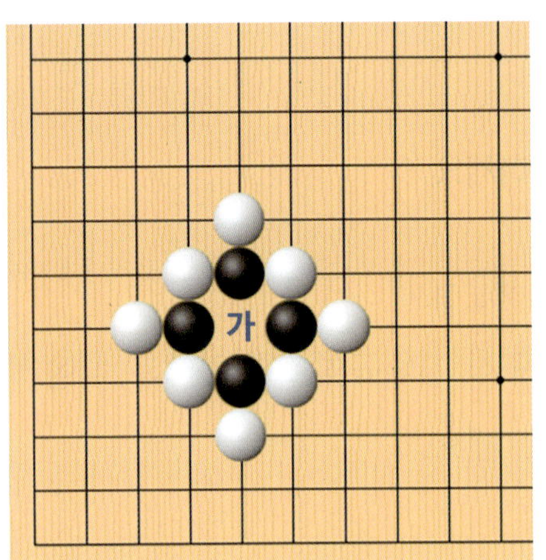

예제 03

규칙 1을 떠올려 보세요.

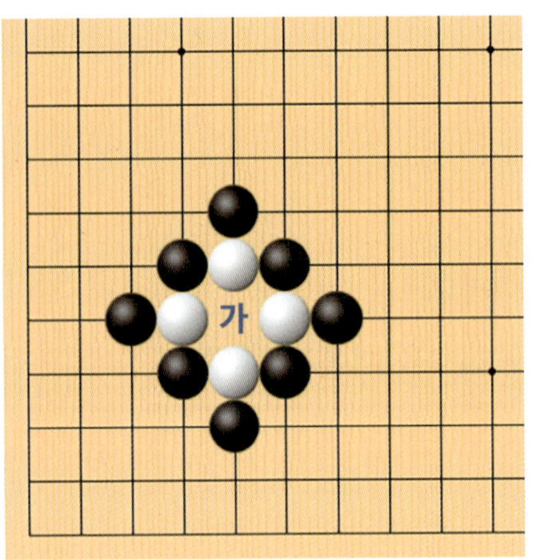

예제 04

규칙 1과 규칙 2를 차례로 떠올려

보세요

➔ 정답은 142쪽에서 확인하세요!

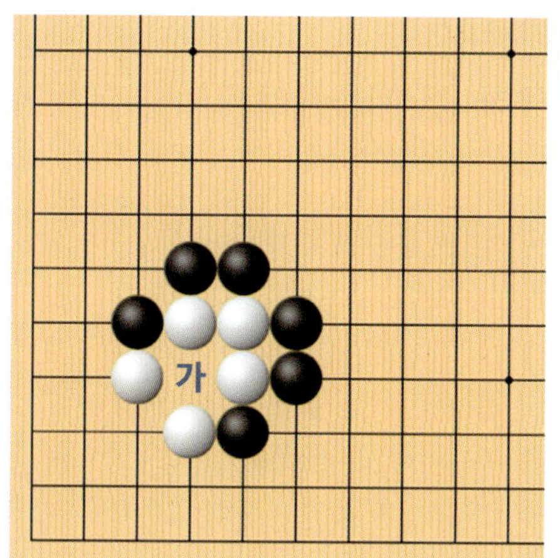

예제 05

규칙 1과 규칙 2를 차례로 떠올려
보세요.

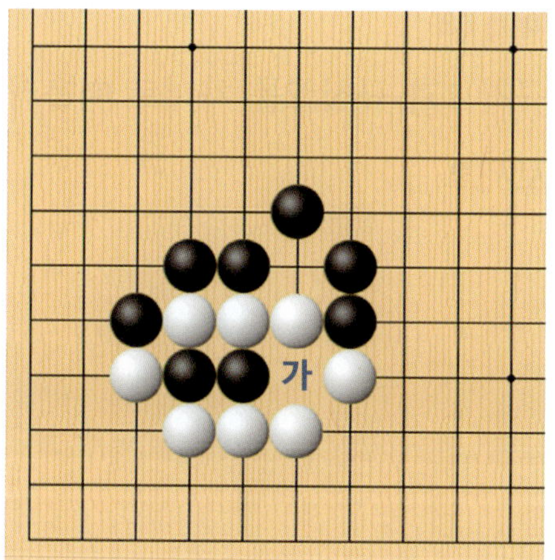

예제 06

규칙 1을 떠올려 보세요.

→ 정답은 142쪽에서 확인하세요!

규칙 1을 떠올려 보세요.

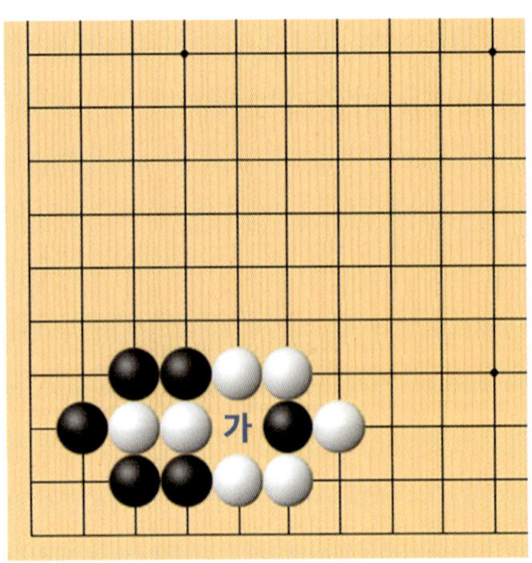

규칙 1과 규칙 2를 차례로 떠올려
보세요.

→ 정답은 142쪽에서 확인하세요!

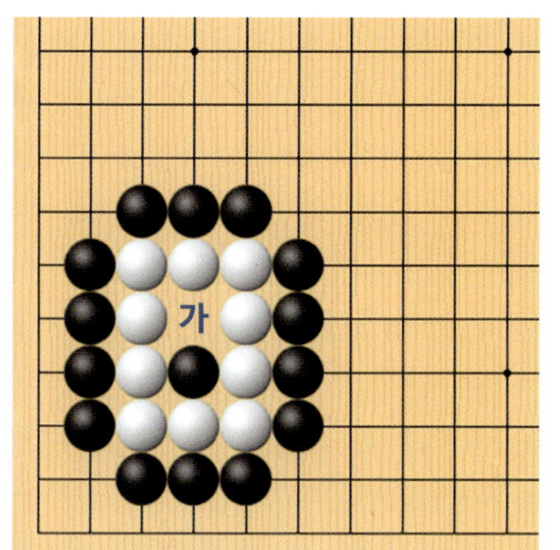

예제 09

규칙 1을 떠올려 보세요.

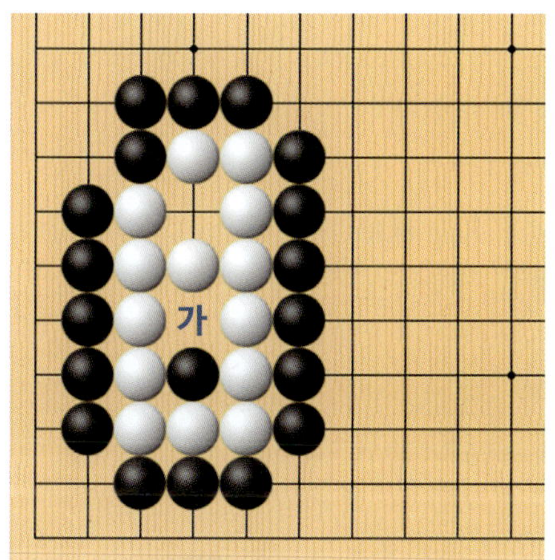

예제 10

규칙 1을 떠올려 보세요.

→ 정답은 142쪽에서 확인하세요!

찾아낸 답과 맞춰 보세요.

예제 01   O

예제 02   X

예제 03   X

예제 04   O

예제 05   O

예제 06   X

예제 07   X

예제 08   O

예제 09   O

예제 10   X

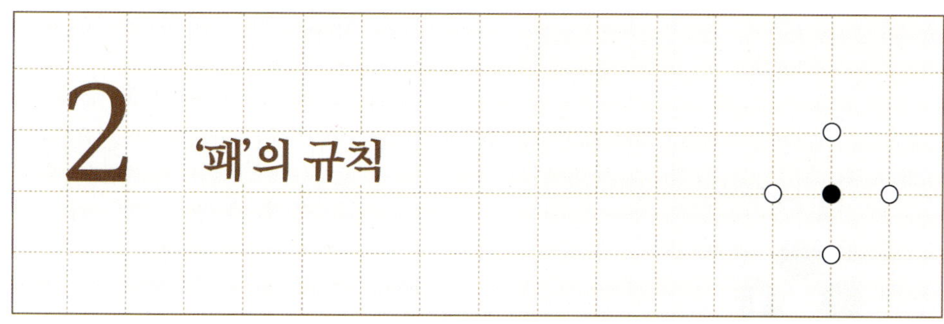

2 '패'의 규칙

다음으로 복습할 규칙은 '패'입니다. 패는 바둑에서 같은 모양이 계속 반복되는 것을 막기 위해 만든 규칙으로, '동형반복 금지의 원칙'이라고도 합니다. 실전에서 패를 직접 경험해 보셨나요? 바둑에서는 고수일수록 패를 적극적으로 활용한다고 할 만큼, 패는 어렵지만 매우 중요한 영역입니다. 이 강의에서는 패의 개념을 명확히 정리하고, 예제를 통해 패의 진행 과정을 연습해 보겠습니다.

패란 무엇인가?

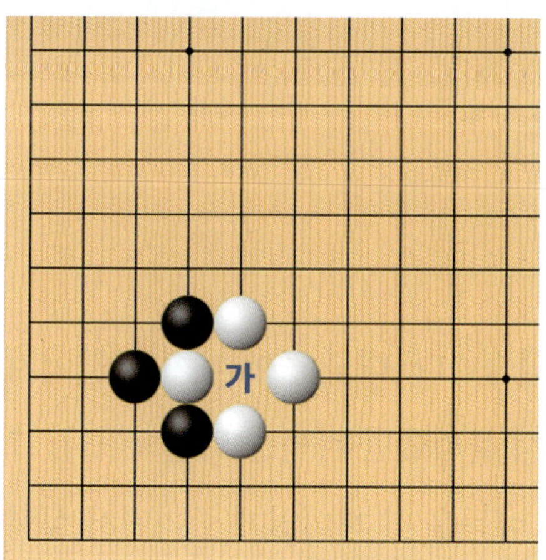

흑1은 착수금지 자리가 아니죠? 흑1에 두면 백 한 점을 따낼 수 있기 때문에, 이 수는 규칙에 어긋나지 않는 정상적인 착수입니다. 이처럼 서로 한 점씩 번갈아 따낼 수 있는 형태를 패라고 부릅니다.

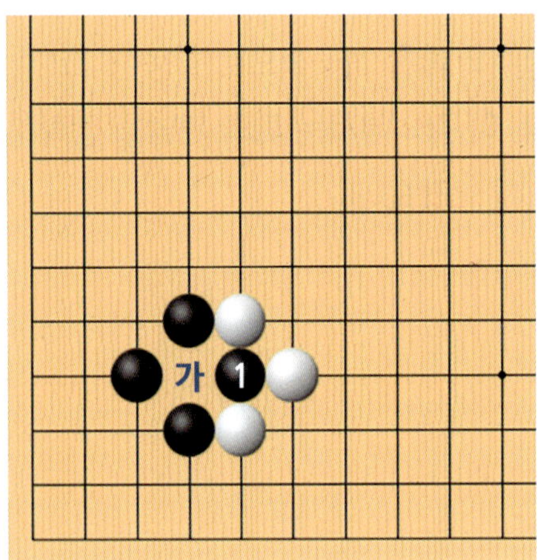

그렇다면 흑1로 백 한 점을 따낸 직후, 백은 '가'로 바로 되따낼 수 있을까요? '가'의 자리는 착수금지점은 아니지만, 백이 곧바로 다시 따내는 것은 허용되지 않습니다.

만약 즉시 되따내는 것이 가능하다면, 흑과 백이 같은 자리를 번갈아 두면서 똑같은 모양이 무한히 반복되어 바둑이 끝나지 않게 됩니다.

'패는 요술쟁이'라는 말이 있습니다. 대국 중에 패가 만들어지면 많은 변화가 생겨나면서 불리했던 바둑을 역전하거나, 그 반대의 상황이 자주 벌어지기 때문입니다. 바둑을 더 재미있게 즐기면서 실력을 키우기 위해서는 반드시 패의 개념을 익혀야 합니다.

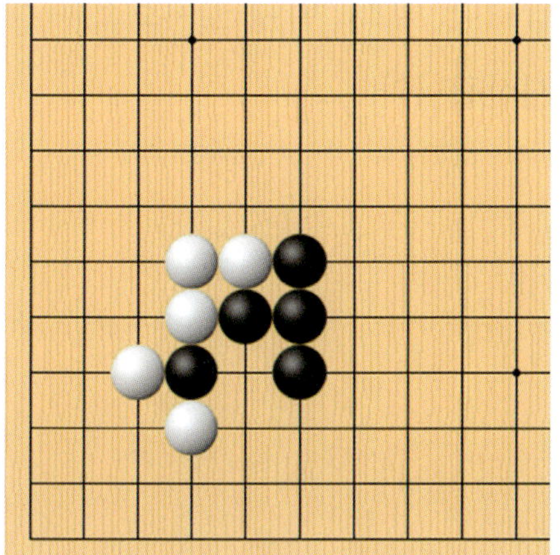

우선 패의 형태에 익숙해지는 연습이 필요합니다. 흑으로 패의 형태를 만들어 볼까요?

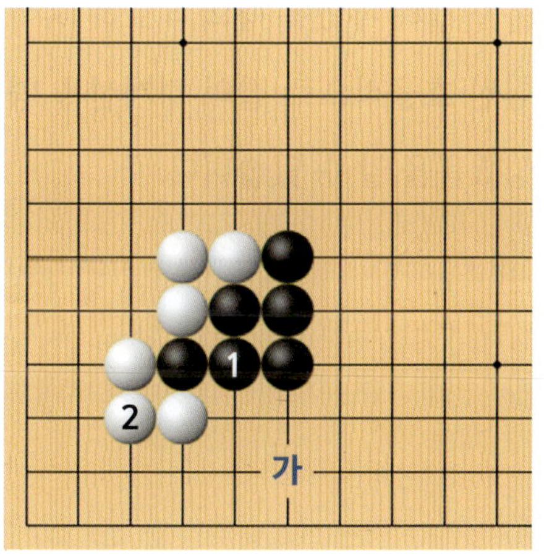

흑 한 점이 단수이긴 하지만, 흑1로 단순 연결하면 패의 형태는 만들어지지 않습니다. 백2로 튼튼하게 받아두더라도 이후 '가'의 자리가 남을 뿐만 아니라, 흑 모양이 포도송이처럼 뭉쳐져 효율이 크게 떨어집니다.

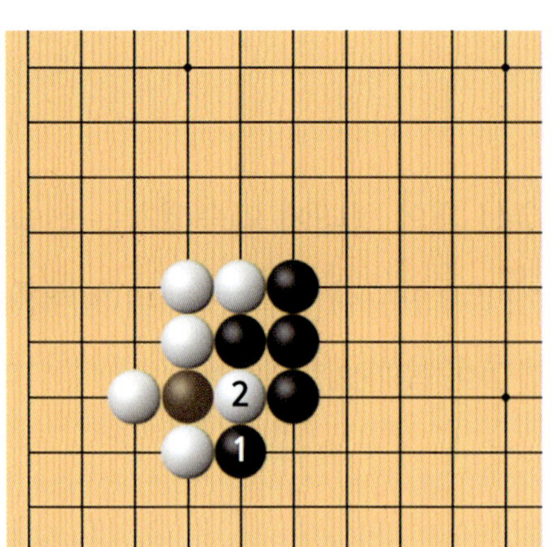

이 장면에서는 흑1처럼 호구 모양으로 두어 패의 형태를 만들 수 있습니다. 백2로 따내면 비로소 패가 시작됩니다.

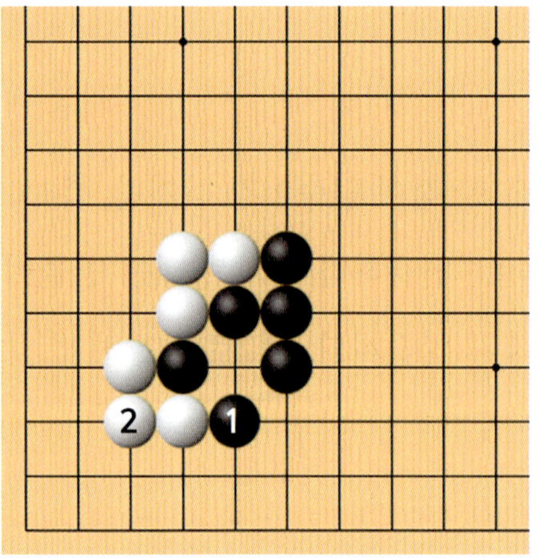

만약 백2로 따내지 않고 뒤로 굴복해 받아 준다면, 앞에서 흑이 한 점을 연결해 두었을 때와 비교해 흑이 훨씬 효율적으로 집의 경계선을 형성했음을 알 수 있습니다.

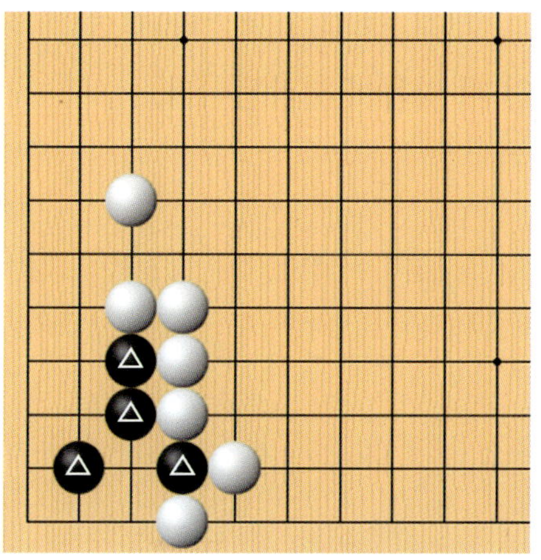

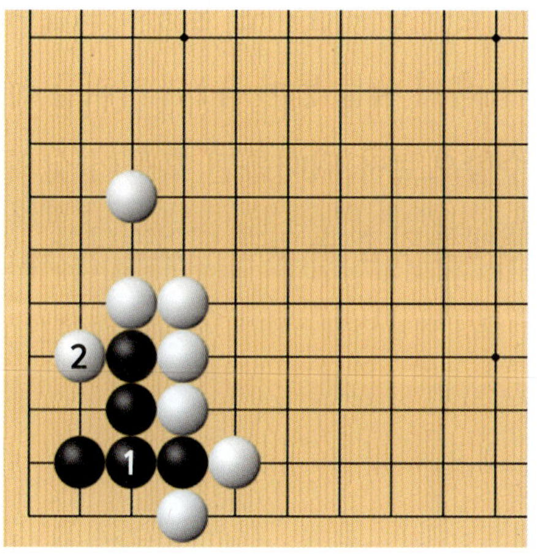

●가 위태로운 장면이지만, 패를 이용한다면 위기를 벗어날 수도 있습니다.

패는 사활이 위태로운 상황에서도 매우 유용한 수단입니다. 위기에 놓인 돌이라도 패를 활용하면 오히려 위기 탈출의 실마리를 만들 수 있습니다.

단순히 흑1로 한 점을 연결하는 것으로는 부족합니다. 백2를 당하면 흑돌 전체가 잡히게 됩니다.

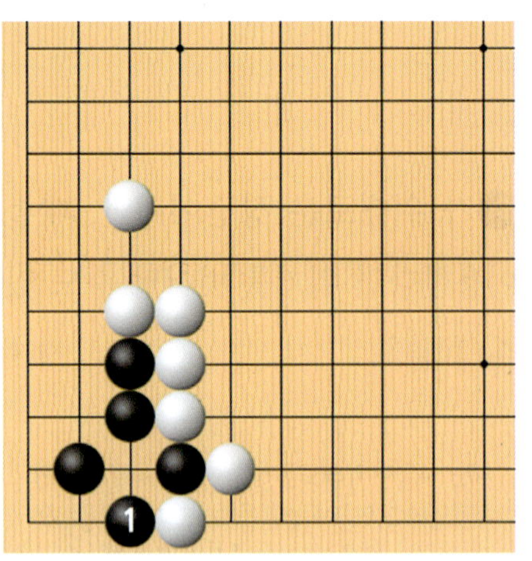

이 장면에서는 흑1로 호구 형태를 갖추면 패의 형태를 만들 수 있습니다. 백이 흑 한 점을 따내면 본격적인 패 싸움이 시작됩니다.

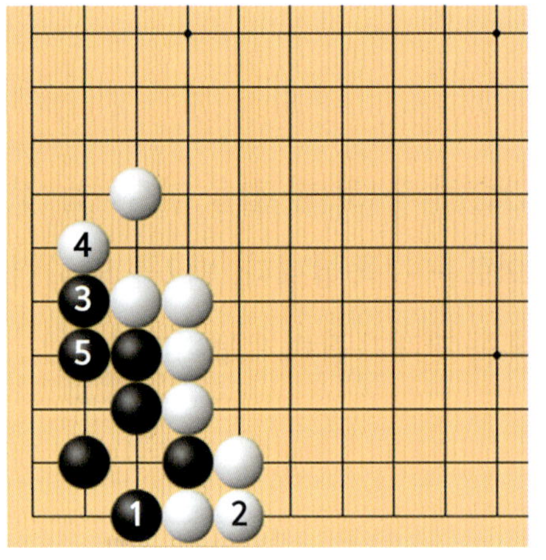

만약 흑1로 패 형태를 만들었을 때, 백이 2로 따내지 않고 뒤로 물러서서 받아 준다면 흑은 숨통이 트입니다. 흑이 패를 통해 흑1의 자리를 선수함으로써 위태롭던 흑돌이 삶의 형태를 갖출 수 있게 되었습니다.

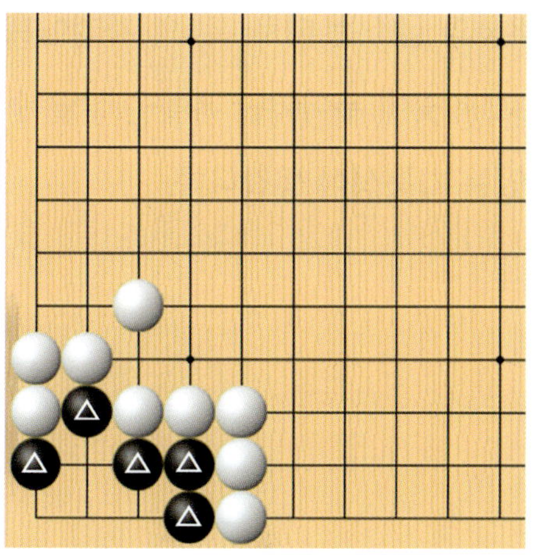

●의 사활이 위태로운 장면입니다. 패를 이용해 위기를 벗어날 방법을 찾아보세요.

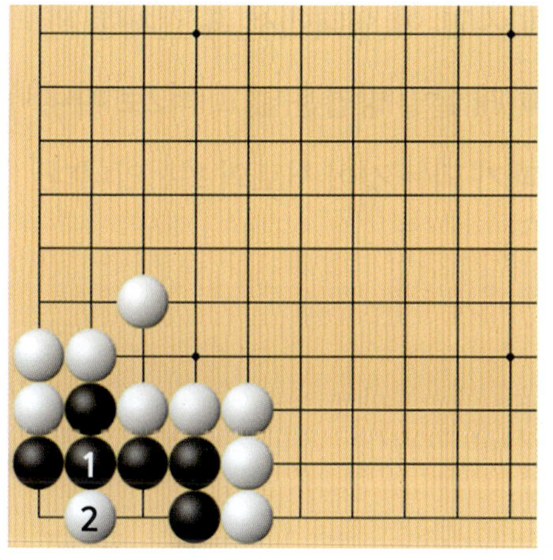

가장 먼저 떠올리기 쉬운 수는 흑1로 단수된 한 점을 연결하는 자리입니다. 흑1이면 궁도를 넓힐 수는 있지만, 백2의 급소에 치중당하는 순간 이 흑돌은 살 수 있는 방법이 없습니다.

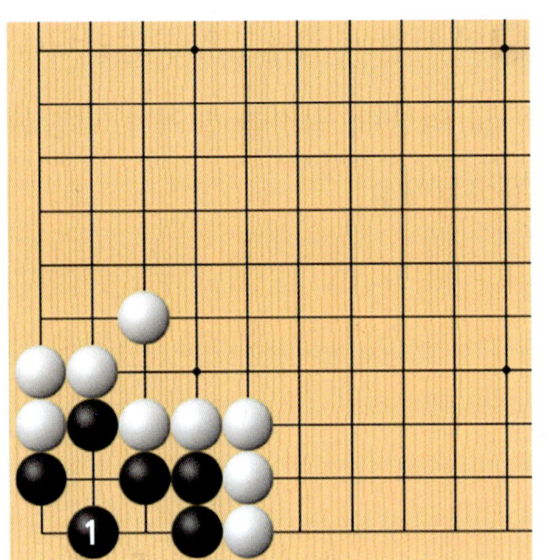

3궁의 급소는 바로 흑1의 자리이므로, 이곳에 두어야만 흑돌을 살릴 수 있는 가능성이 생깁니다.

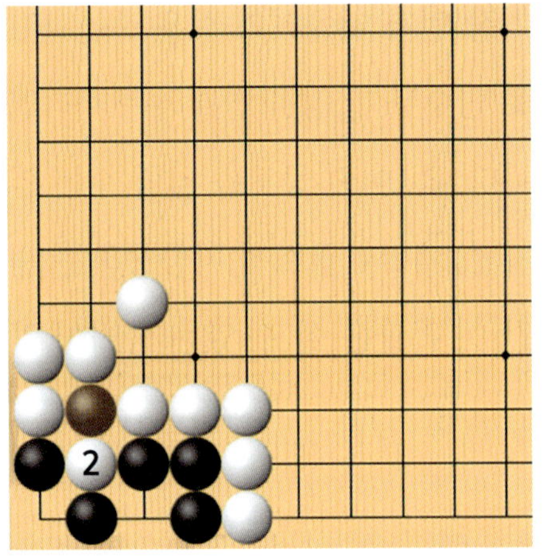

하지만 이 형태에서 흑 전체를 완벽하게 살릴 방법은 없고, 백2로 따내서 패가 되는 것이 서로의 최선입니다.

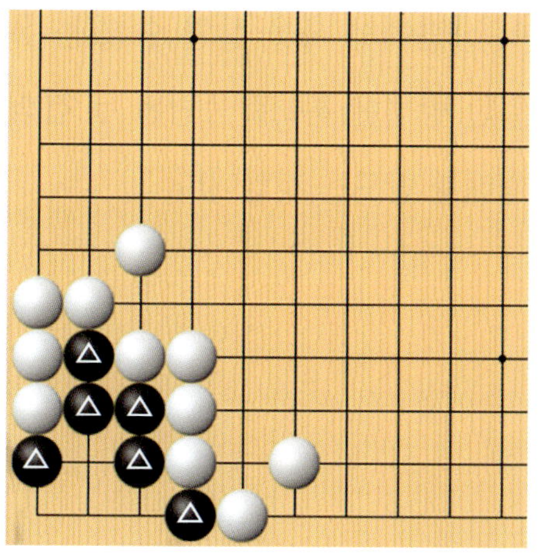

반복적인 연습을 통해 패의 형태를 눈에 익히는 것이 중요합니다. 이번에도 ⬤를 살려낼 수 있을지 살펴보겠습니다.

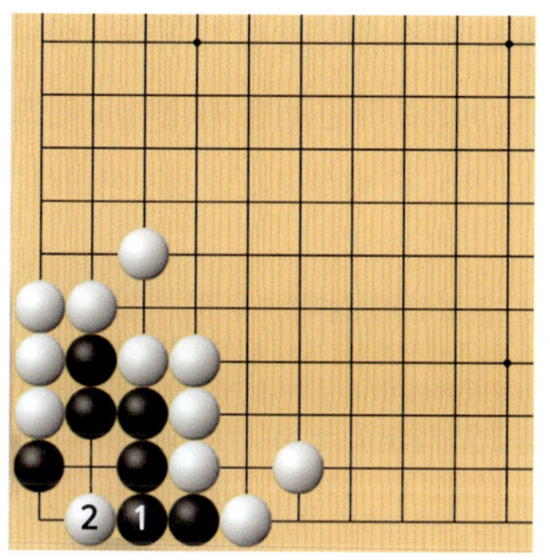

먼저 흑1로 단수된 한 점을 단순 연결하는 수를 떠올릴 수 있습니다. 궁도를 넓힐 수는 있지만, 백2의 급소를 치중당하면 이 흑을 살릴 수 있는 방법이 없습니다.

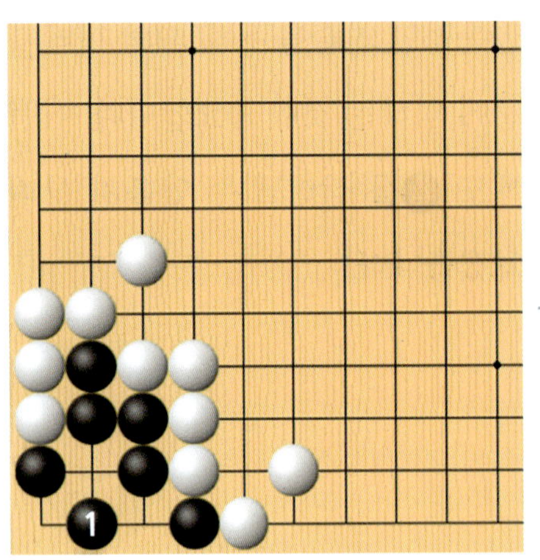

이 장면에서 흑을 살릴 수 있는 유일한 방법은 흑1로 독립된 두 집의 형태를 만드는 것입니다.

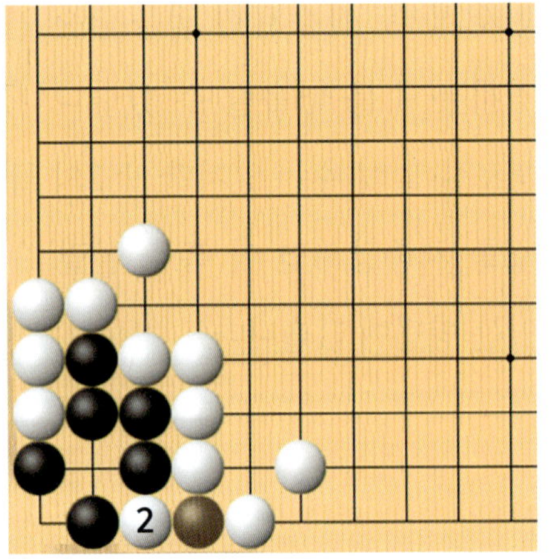

다만 아직 완전한 삶의 형태는 아니고, 백2로 흑 한 점을 따내 패를 만드는 것이 이 형태에서의 최선입니다.

이처럼 완벽한 삶의 형태를 만들 수 없을 때에는, 패를 이용하는 것이 좋은 선택이 됩니다. 패 싸움에서 이기지 못 하더라도 팻감을 통해 대가를 얻어낼 수 있다는 점이 패의 핵심입니다.

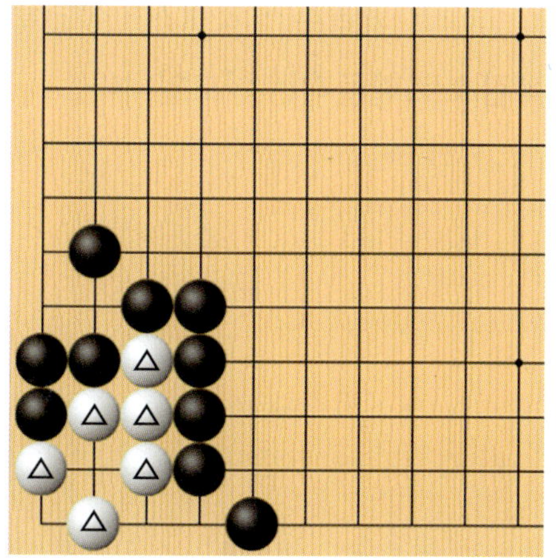

이번에는 △의 사활을 추궁해 보겠습니다. 흑이 백의 사활을 위협할 수 있는 수단을 찾아보세요.

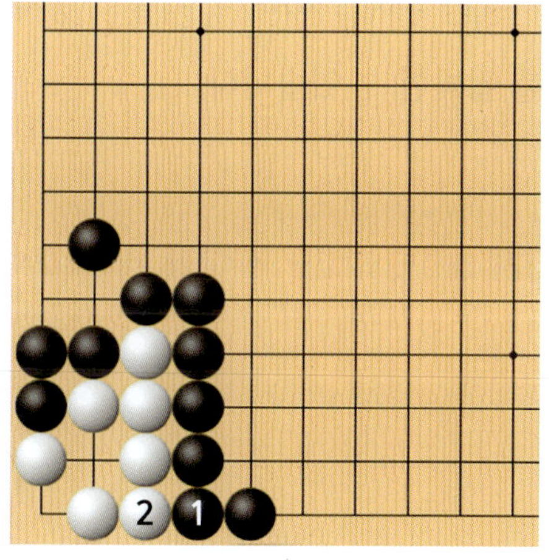

백이 독립된 두 집이 나지 않도록 옥집을 만들기 위해 흑1로 두어 볼 수 있습니다. 하지만 백2의 자리에 백돌이 놓이면, 완벽한 독립된 두 집이 형성됩니다.

백의 사활을 위협할 수 있는 유일한 자리는 흑1로 먹여치는 수입니다. 흑 한 점을 버림돌로 사용해 X의 자리를 옥집으로 만들려는 의도입니다.

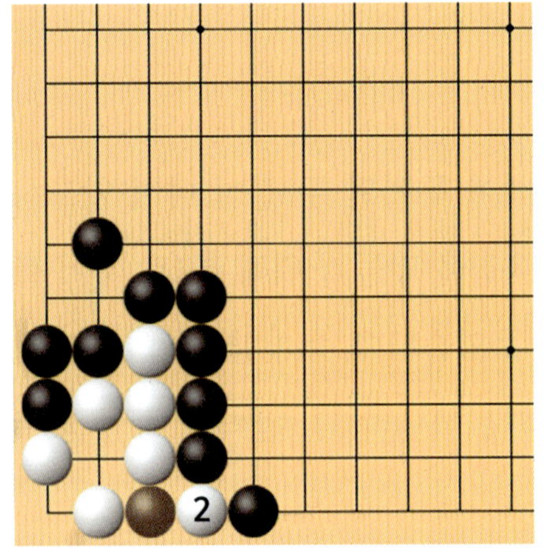

백2로 흑 한 점을 따내면 그때부터 패가 시작됩니다. 이후 흑은 팻감을 사용한 뒤에 되따내어, 백돌의 생사 를 압박할 수 있습니다.

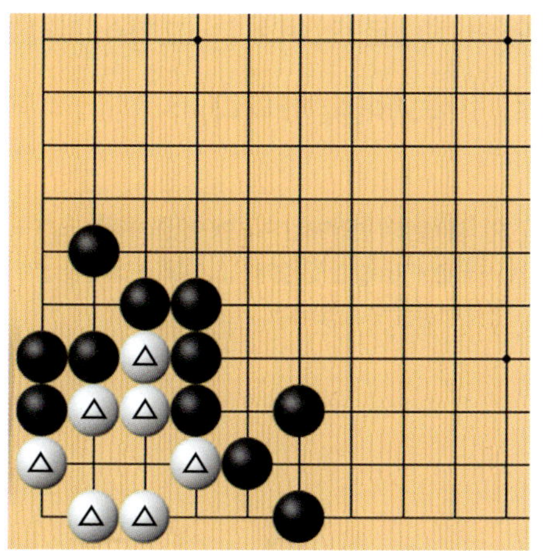

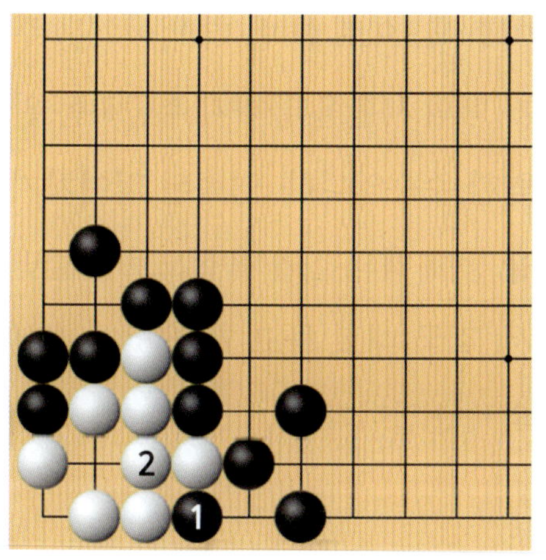

△는 아직 완전한 삶의 형태를 갖추지 못했습니다.

감각적으로 "패를 이용해야겠다"라는 생각을 떠올렸다면 방향은 좋습니다. 하지만 이 장면에서 단순히 흑1로 먹여치는 것으로는 백의 사활을 노리기 어렵습니다.

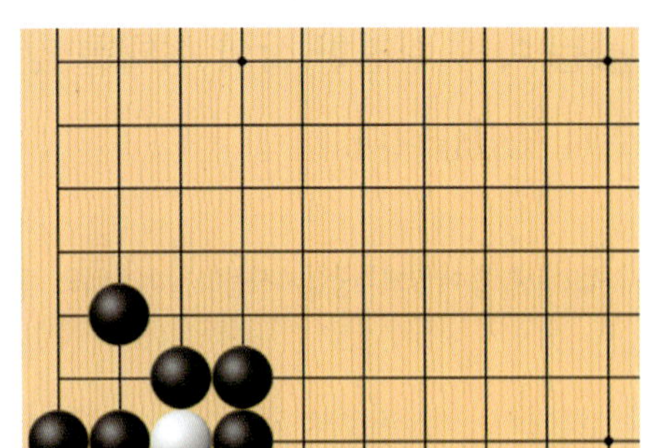

먼저 흑1로 먹여치는 교환이 반드시 선행되어야 합니다.

이 교환을 해 두어야만 이후에 어떤 자리를 노려야 하는지가 훨씬 선명해지고, 백의 눈 모양을 근본부터 흔들 수 있습니다.

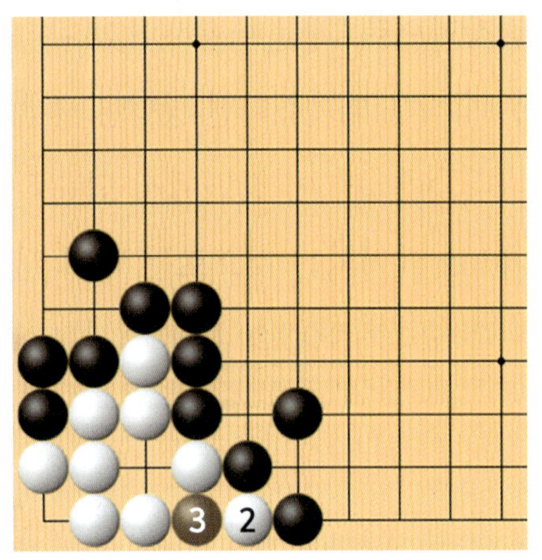

이후 흑3으로 한 번 더 먹여치는 수가 백의 사활을 끝까지 추궁하는 완벽한 수순입니다. 연속된 먹여치기를 통해 백의 집을 옥집으로 만들면서, 결국 패로 몰고 가는 것이 최선의 수순입니다.

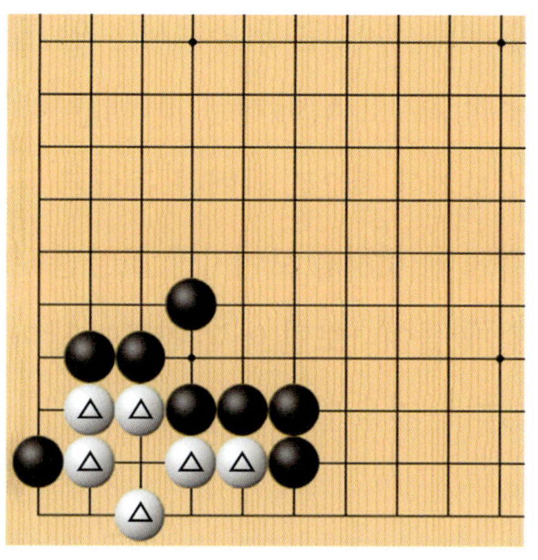

△의 사활을 정확히 추궁하려면 첫 수부터 차근차근 따라가야 합니다.

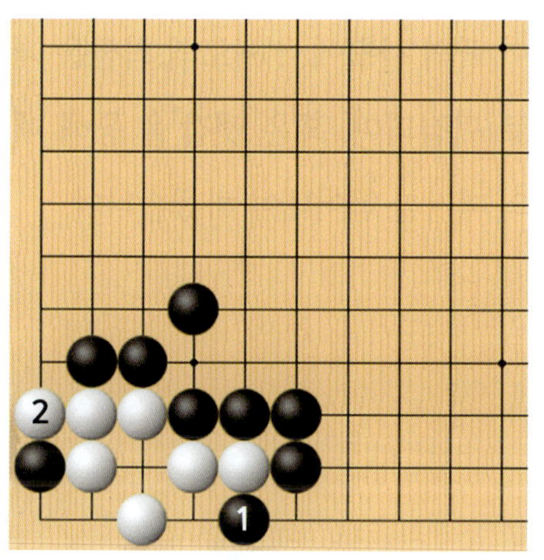

우선 흑1로 단순히 젖혀서 공격하는 수는 너무 성급합니다. 백2의 한 수면 흑 한 점을 잡으면서 동시에 완벽한 삶의 형태를 갖추기 때문에, 흑은 놓쳐서는 안 될 자리가 있습니다.

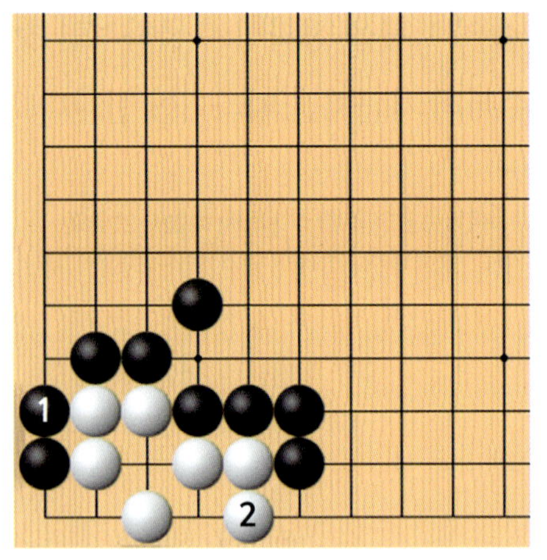

실제로 흑이 절대 놓쳐서는 안 될 곳은 흑1로 넘어가는 자리입니다. 겉보기에 백2로 완벽한 독립된 두 집이 난 것처럼 보이지만, 조금만 더 깊게 들여다보면 아직 약점이 남아 있다는 것을 알 수 있습니다.

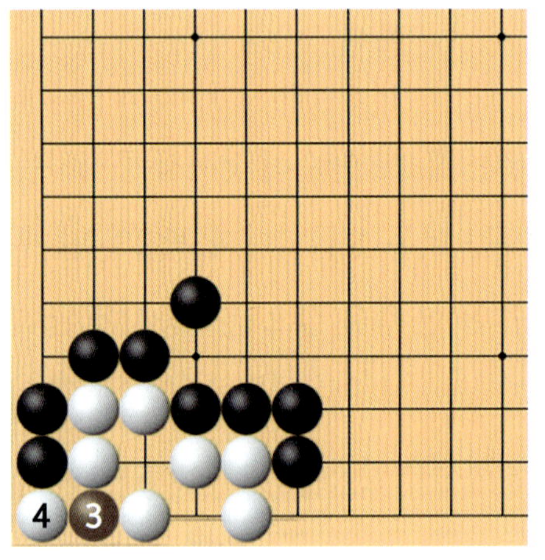

여기에서 흑3으로 먹여치면, 마침내 이 모양은 패의 형태가 됩니다. 이 백의 사활에서 서로의 최선은 패로 귀결되며, 흑은 **팻감***을 통해 패의 대가를 얻어내야 하겠습니다.

패와 맞바꾸어도 될 만큼 가치가 있는 자리, 또는 그에 준하는 조건을 팻감이라고 합니다. 상대가 패를 따냈을 때 곧바로 되따낼 수 없기 때문에, 그보다 더 큰 이득을 노릴 수 있는 곳에 두어 상대의 응수를 유도한 뒤 다시 패를 따내게 됩니다. 일반적으로 팻감은 가능한 한 작은 것부터 사용하는 것이 좋으며, 패를 만들기 전에 팻감의 개수와 크기를 미리 헤아려 두는 것이 패싸움에서 이기기 위한 기본 전략입니다.

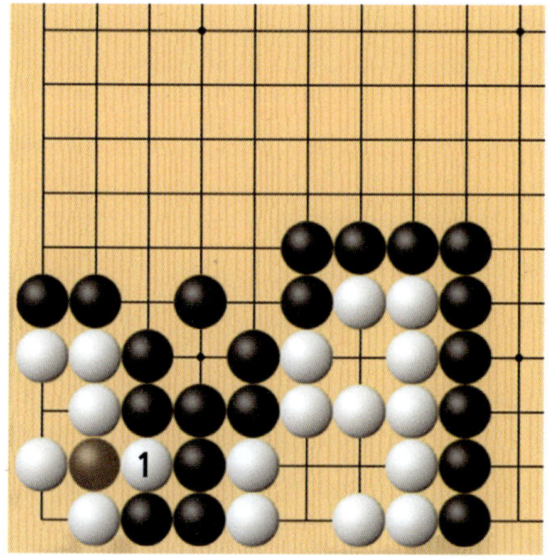

백1로 따낸 장면입니다. 이번 문제의 핵심은 흑의 팻감을 찾아 패를 진행하는 것입니다.

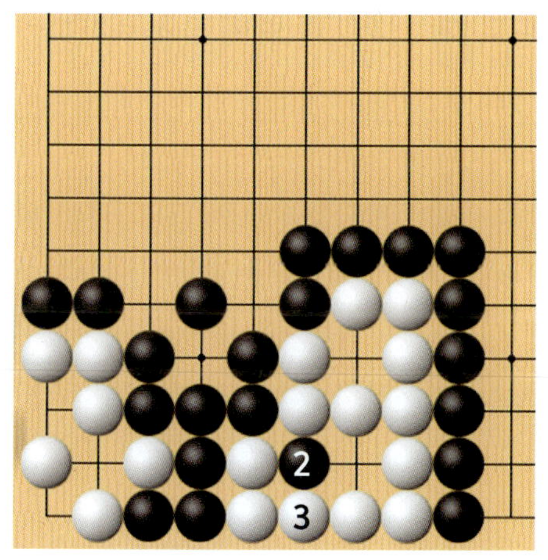

팻감을 찾을 때에는 먼저 그 자리가 완전한 선수가 되는지부터 따져봐야 합니다. 이 형태에서는 흑2로 끊는 수가 좋은 팻감이 되며, 백3의 자리를 팻감으로 사용하는 것도 결과는 같습니다.

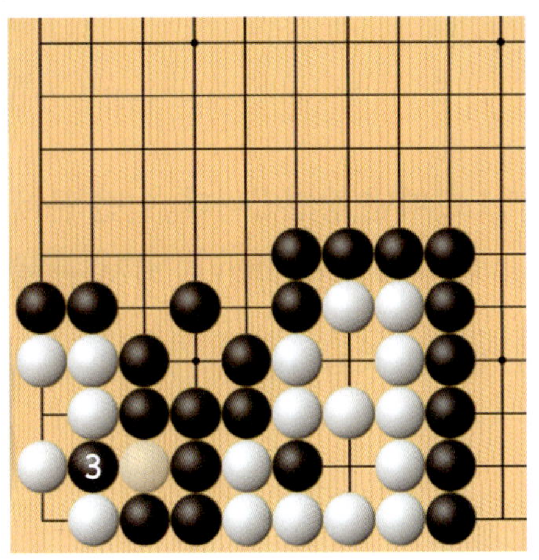

백이 팻감을 받아 준다면, 흑3으로 다시 따내 패를 계속 진행하면 됩니다.

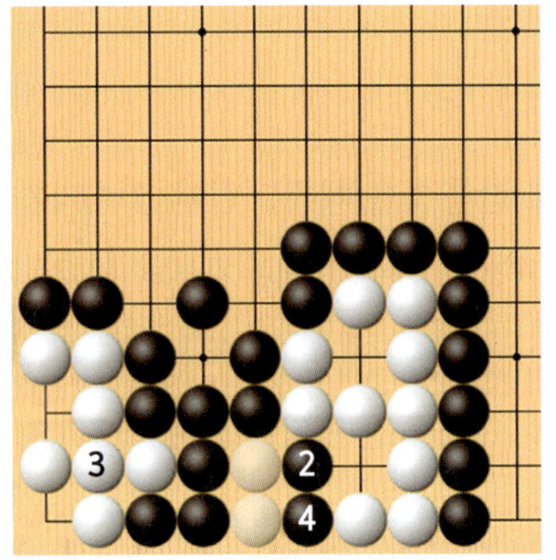

반대로 흑2의 팻감을 무시하고 백3으로 패를 해소한다면, 흑4로 두어 충분한 패의 대가를 얻을 수 있습니다.

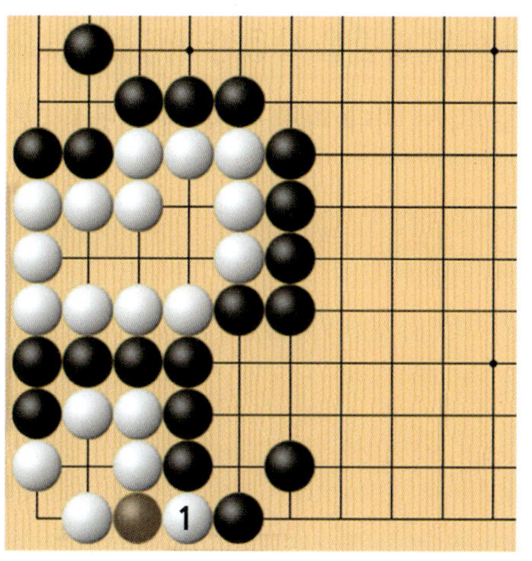

백1로 따낸 장면입니다. 흑의 팻감을 찾아 패를 진행해 보겠습니다.

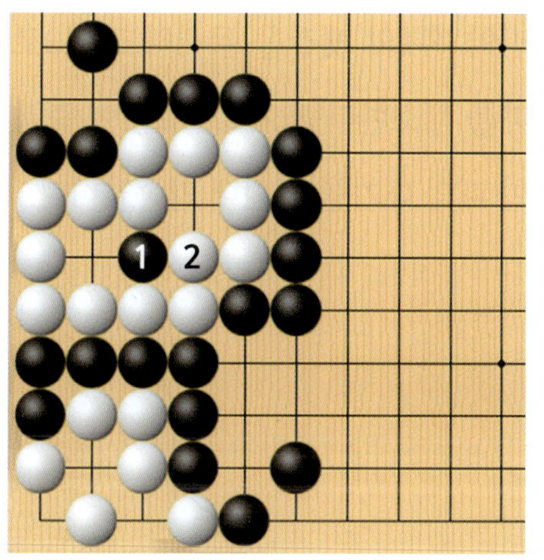

흑1로 치중해 백의 사활을 위협하는 수가 좋은 팻감입니다. 백이 이 돌을 살리려면 반드시 백2로 받아야 하므로, 흑1은 확실한 선수가 되며, 이때 흑과 백의 수순이 바뀌어도 의미는 같습니다.

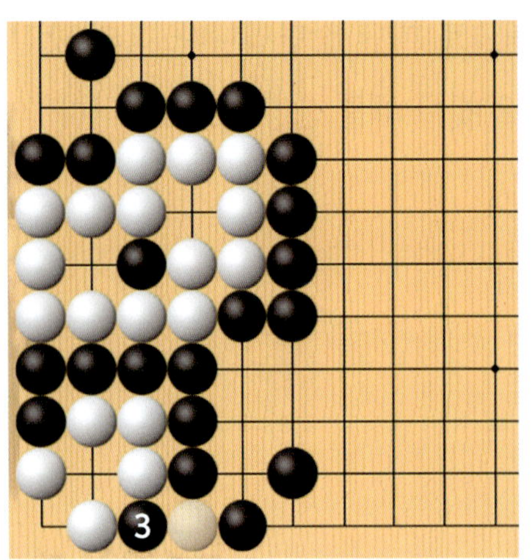

이처럼 팻감을 사용한 뒤에는 흑3으로 다시 따내 패를 이어가면 됩니다.

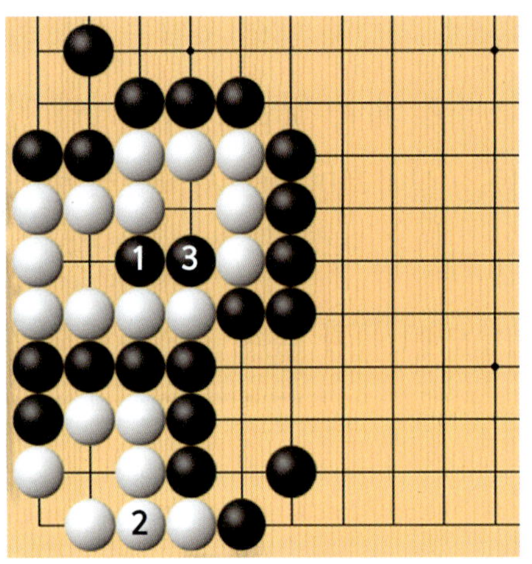

만약 흑1의 팻감을 무시하고 백2로 패를 해소한다면, 흑3으로 두어 충분한 패의 대가를 얻어내 만족입니다.

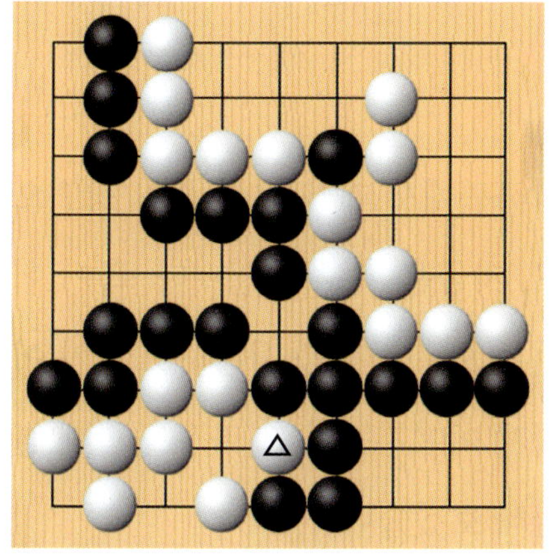

⬤로 따낸 장면입니다. 흑의 팻감을 찾아 패를 어떻게 진행해야 할지 생각해 보세요.

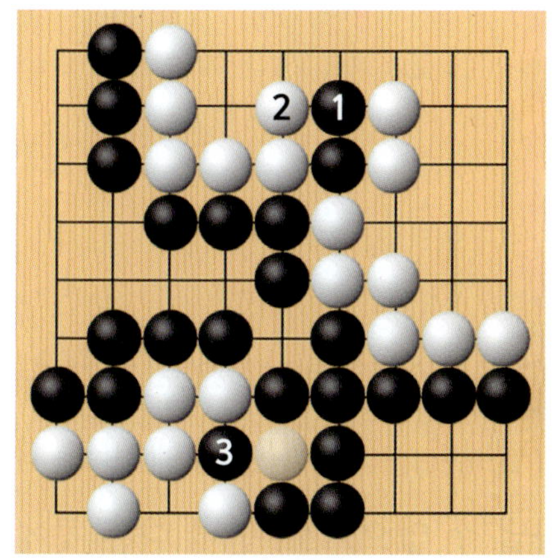

이 장면에서는 흑1이 올바른 팻감입니다. 백2로 응수할 수밖에 없을 때, 흑은 다시 돌아와 흑3으로 패를 되따내는 것이 정답입니다.

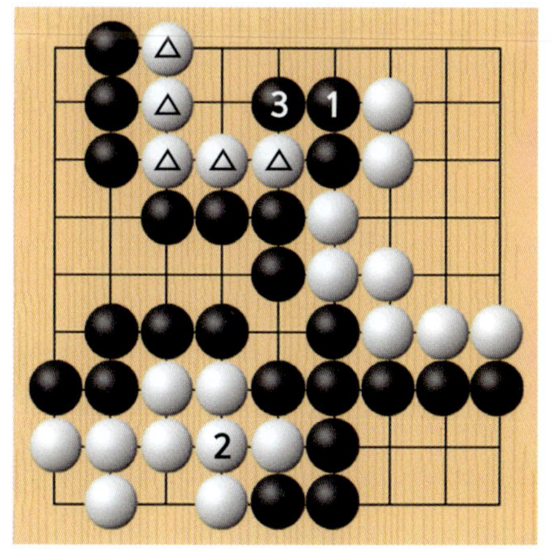

만약 백이 2로 팻감을 받지 않고 패를 해소하는 쪽을 선택한다면 어떨까요? 이 경우에는 흑3으로 두어 ⬤를 잡을 수 있습니다. 팻감을 통해 충분한 대가를 얻어낸 만큼, 이 결과는 흑의 성공입니다.

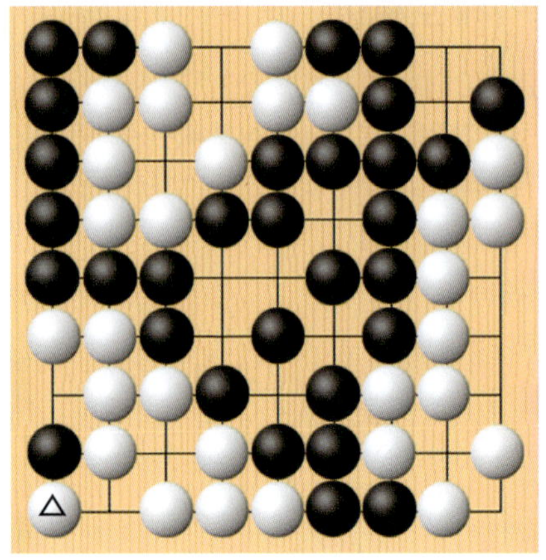

좌하귀에서 패가 진행 중인 장면으로, 지금은 흑 차례입니다. 흑이 어떤 식으로 팻감을 사용하고 패가 어떻게 이어지는지 그 과정을 함께 연습해 보겠습니다.

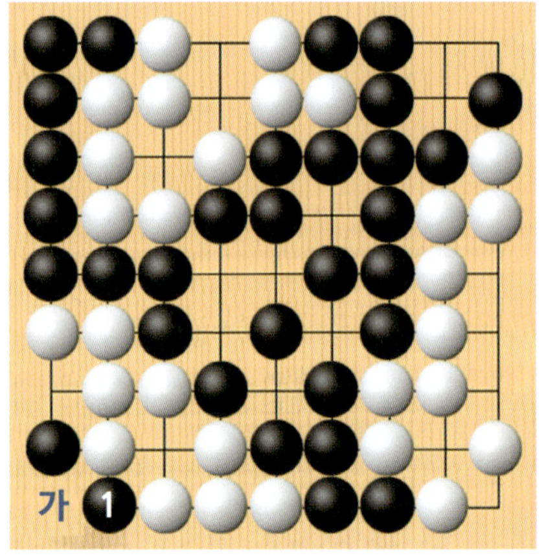

흑1로 따내면 본격적으로 패가 시작됩니다. 이때 백은 '가'에 바로 되따낼 수 없으므로, 먼저 다른 곳에 팻감을 사용해야 합니다.

백의 입장에서 팻감을 찾아볼까요?

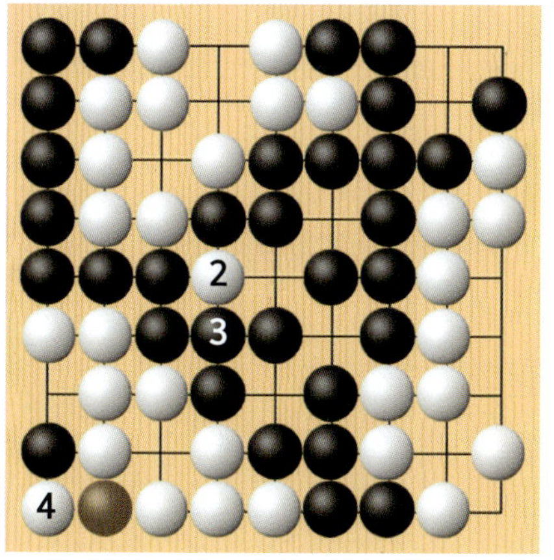

이 장면에서는 백2로 단수치는 수가 좋은 팻감입니다. 흑이 이를 무시하면 바로 돌이 잡히기 때문에, 흑은 백2에 응수해 두어야 합니다. 여기서 중요한 점은 백이 상대의 응수를 강하게 요구할 수 있는 자리를 팻감으로 선택했다는 것입니다. 이번에는 흑이 팻감을 찾아야 합니다.

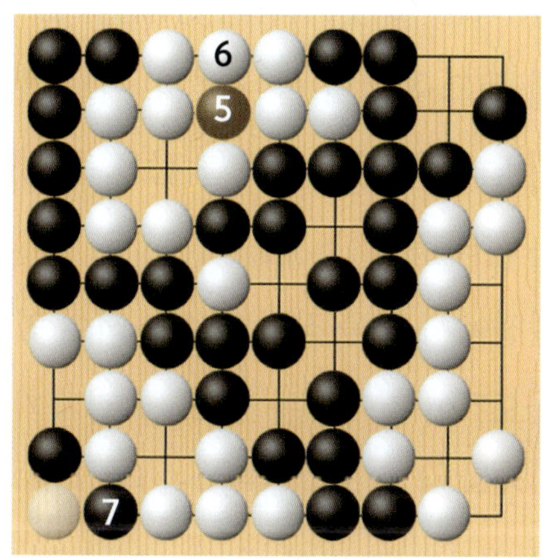

흑5의 자리가 정확한 팻감입니다. 흑이 백6의 자리로 팻감을 사용하는 것도 같은 효과를 냅니다. 흑이 적절한 팻감을 사용하여 백의 응수를 이끌어낸 뒤, 흑7로 다시 패를 따내는 것이 올바른 진행입니다.

패싸움에서는 이처럼 상대가 패를 따내면 팻감을 사용하고, 상대가 팻감을 받아주면 다시 패를 따내는 흐름이 반복된다는 점을 몸에 익히는 것이 중요합니다.

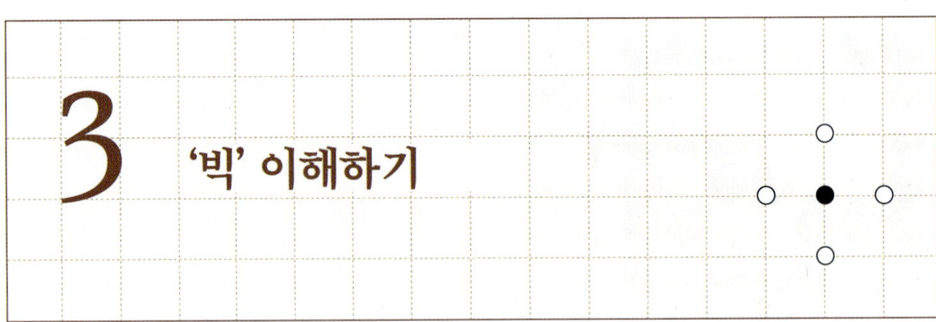

3 '빅' 이해하기

마지막으로 복습할 규칙은 '빅'입니다. 빅은 두 곳 이상의 공배를 사이에 두고 흑백의 돌이 얽혀, 어느 쪽이 먼저 두어도 서로를 잡을 수 없는 상태를 말합니다.

실전에서 빅을 직접 마주한 적이 있나요? 이 강에서는 어느 날 갑자기 실전에서 빅이 등장하더라도 당황하지 않도록, 빅의 개념을 정리하고 연습해 보는 시간을 갖겠습니다.

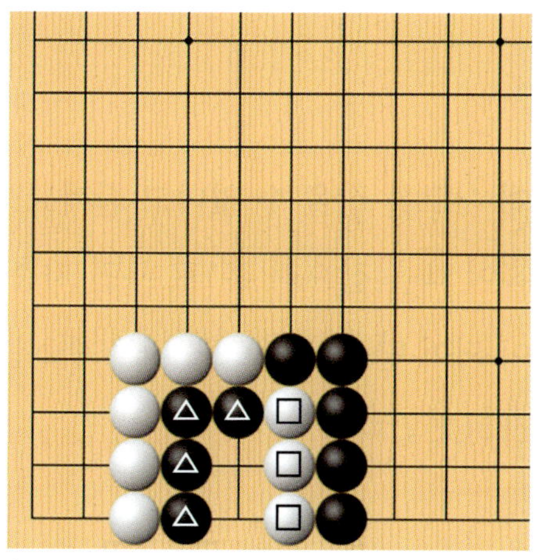

흑백의 돌이 끊겨 싸우는 수상전에서는 보통 둘 중 한쪽이 죽어야 다른 한쪽이 사는 경우가 대부분입니다. 그런데 이 경우에 해당하지 않으면서도 양쪽 모두 살아 있는 것으로 인정하는 예외적인 규칙이 있습니다. 이를 가리켜 '빅'이라고 합니다. ●와 □는 각자 독립된 집을 갖고 있지도, 상대를 완전히 잡은 형태도 아니지만, 흑백 모두 서로를 잡을 수 없기 때문에 양쪽 모두 살아 있다고 봅니다.

왜 서로를 잡을 수 없다고 할까요?
흑이 백을 잡으려 흑1로 두면 자충
이 되어 단수가 되므로, 바로 백2에
잡히고 맙니다.

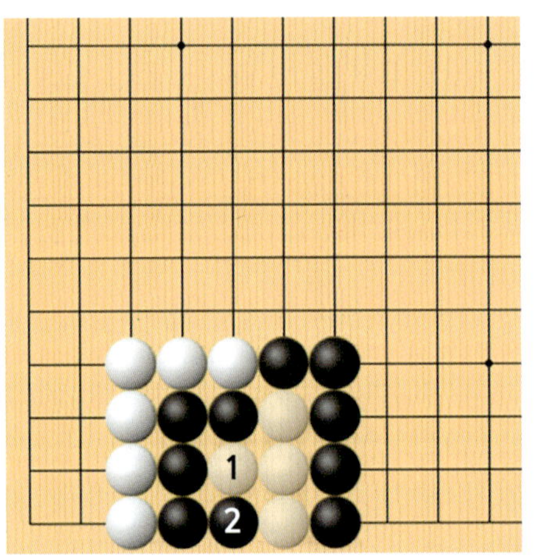

반대로 백이 흑을 잡으려 백1로 두
어도 마찬가지로 자충이 되어 단수
가 되고, 곧바로 흑2로 잡히게 됩니
다. 그렇기 때문에 흑도 백도 서로
를 잡으러 갈 수 없습니다.

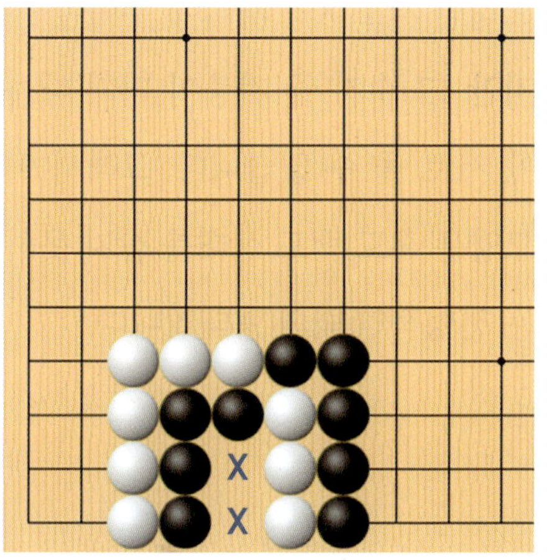

X의 자리 두 곳은 흑과 백의 공통 공배이므로, 이 자리는 누구의 집으로도 계산하지 않습니다. 바둑에서는 빅에 관계된 빈 점은 집으로 인정하지 않습니다. 다만, 빅 상태에서 상대의 돌을 실제로 따내면 그 돌은 사석으로 처리되어 집으로 인정됩니다.

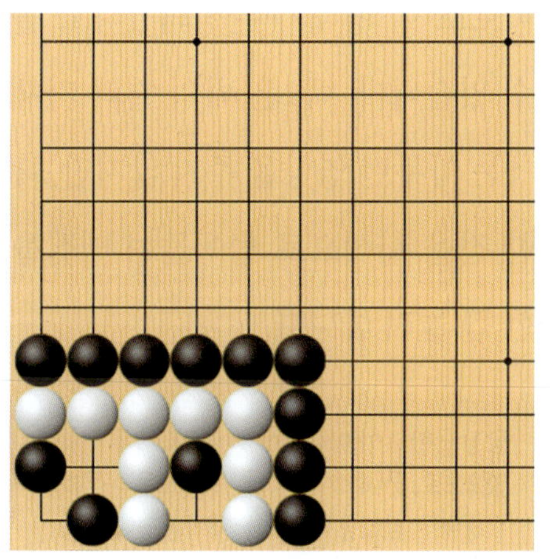

'빅 상태에서 상대의 돌을 따내면 사석은 집으로 인정된다'는 말이 다소 추상적으로 느껴질 수 있습니다. 예제를 통해 직접 확인해 보겠습니다.

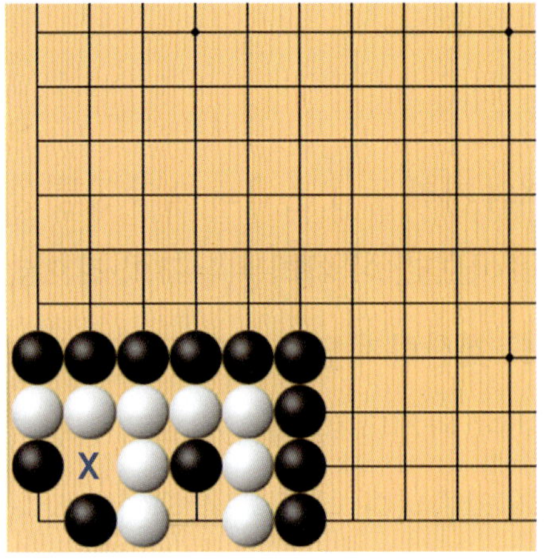

귀에서 빅의 형태가 만들어져 있다고 가정해 봅시다. 상대의 돌을 잡으려면 서로 X의 자리에 두어야 하지만, 그 수가 곧 자충이 되기 때문에 서로 둘 수 없습니다. 그래서 이 모양은 흑도 백도 상대를 잡지 못하는 전형적인 빅의 형태입니다.

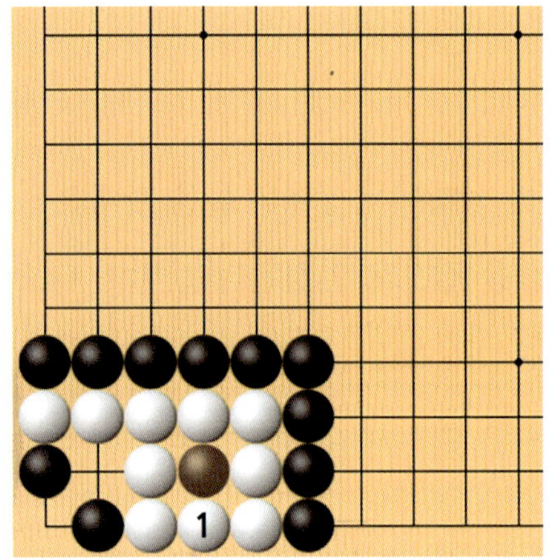

하지만 이 형태는 아직 완성된 것이 아닙니다. 백1로 흑 한 점을 따내야 비로소 이 형태가 완성되었다고 볼 수 있습니다. 백1은 빅의 결과 자체에는 아무런 영향을 주지 않지만, 흑 한 점을 사석으로 벌어들여 백집을 한 집 늘려 줍니다.

당장 급한 수가 아니고 상대에게도 아무 영향이 없으므로, 끝내기까지 다른 곳을 모두 마무리한 뒤 공배만 남았을 때 두어도 늦지 않습니다.

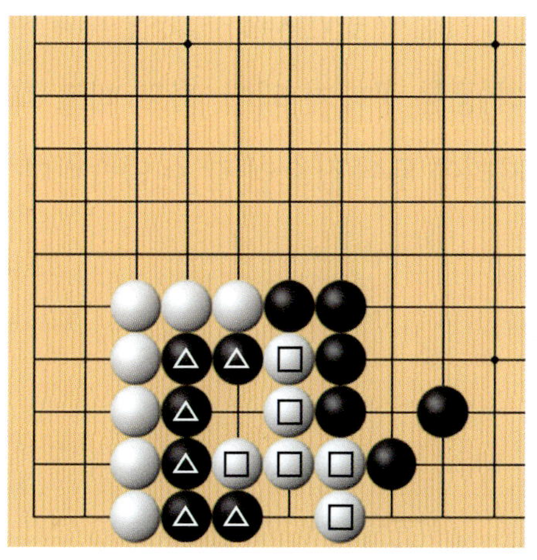

●와 □가 수상전을 벌이고 있습니다. 이때 흑이 빅을 만들기 위해서는 방향에 유의해서 수를 줄여가야 합니다.

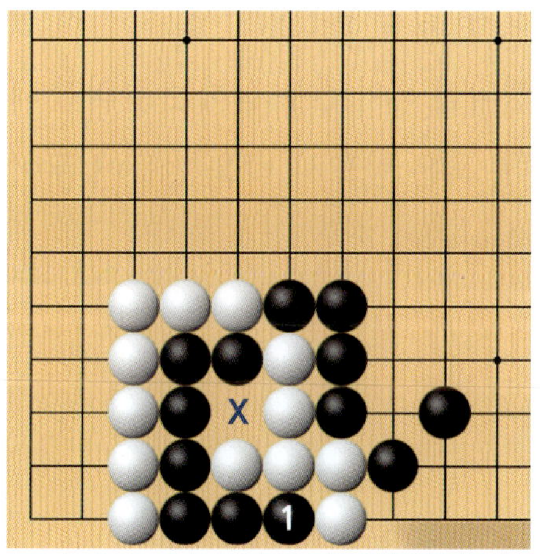

먼저, 흑1로 안쪽 공통 공배부터 메우는 것은 좋지 않습니다. 흑1을 두는 순간 단수가 되어, 오히려 흑이 바로 잡히고 맙니다. X의 자리에 두어도 상황은 같아서, 결과는 달라지지 않습니다.

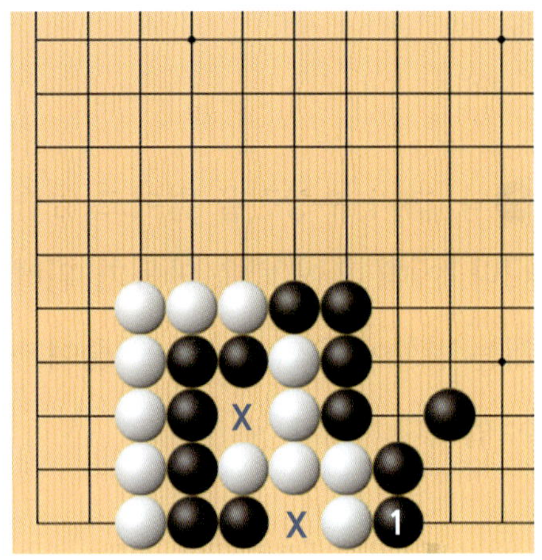

흑이 빅을 만들기 위해서는 반드시 흑1로 바깥쪽부터 수를 메워야 합니다. 이렇게 두면 X의 두 곳이 흑과 백의 공통 공배가 되어, 흑도 백도 그 자리에 두어 잡으러 갈 수 없습니다.

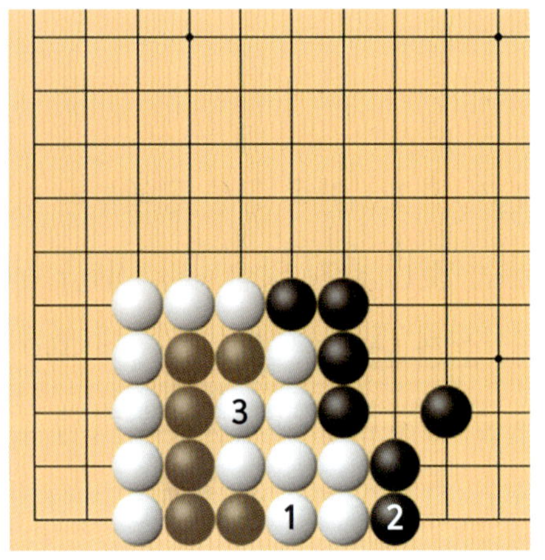

만약 흑이 빅을 만드는 데 소홀하면, 백이 먼저 백1로 들어와 수를 줄일 수 있습니다. 이어서 백3까지 진행되면 흑이 전부 잡히는 결과가 되니, 흑은 반드시 빅을 만들어 두어야 합니다.

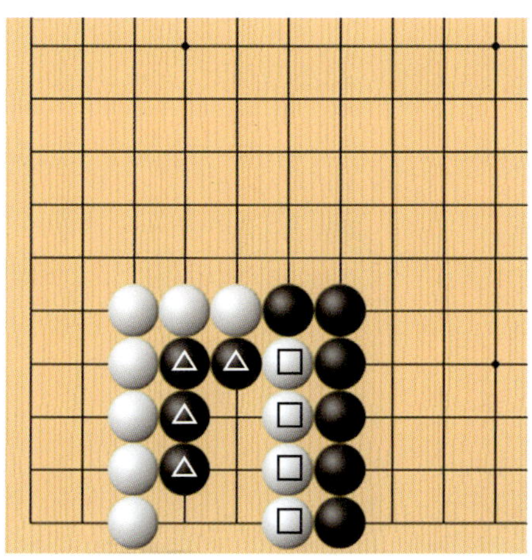

⬤와 ☐가 수상전을 벌이고 있습니다. 흑이 빅을 만들기 위해서는 정확한 수읽기가 필수입니다.

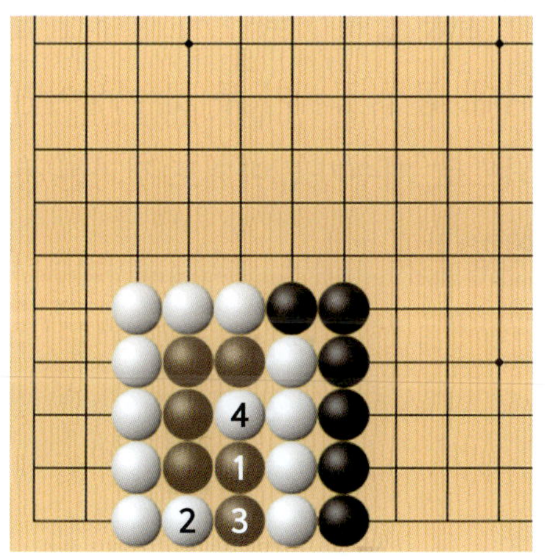

흑1로 백의 활로를 직접 줄이는 수는 좋지 않습니다. 백이 백2로 응수하면 흑이 자충이 되어 잡히기 때문입니다.

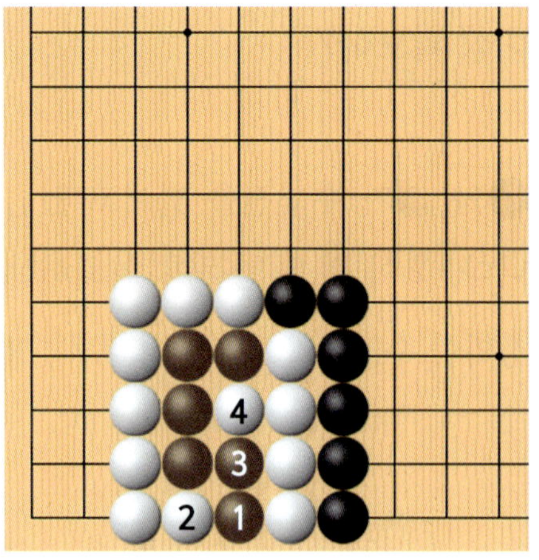

흑1의 경우도 마찬가지의 결과가
됩니다.

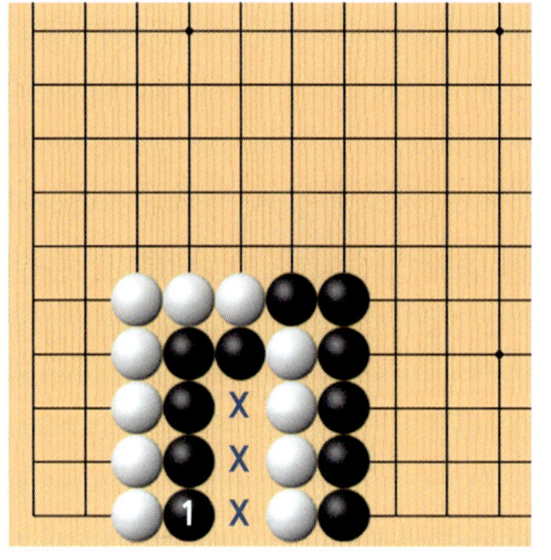

지금은 흑1이 빅을 만드는 유일한
수입니다. 이렇게 두면 X의 세 자리
가 공통 공배가 되어 빅 상태가 됩
니다. 공통 공배가 두 곳 이상이면
되므로, 개수가 많아져도 결과는 동
일합니다.

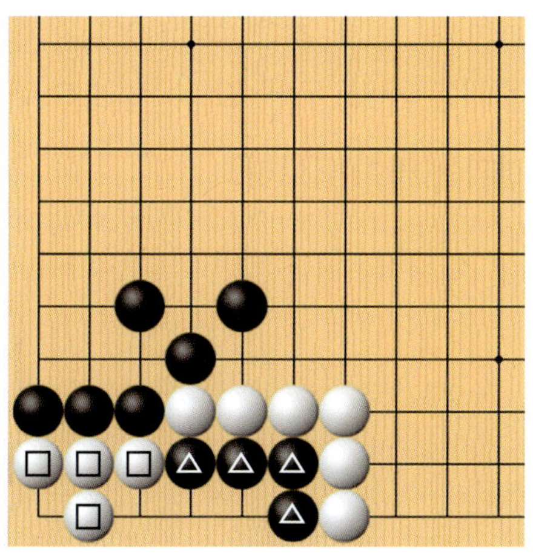

⬤와 ☐의 수상전에서 빅의 결과를 만들 수 있을까요?

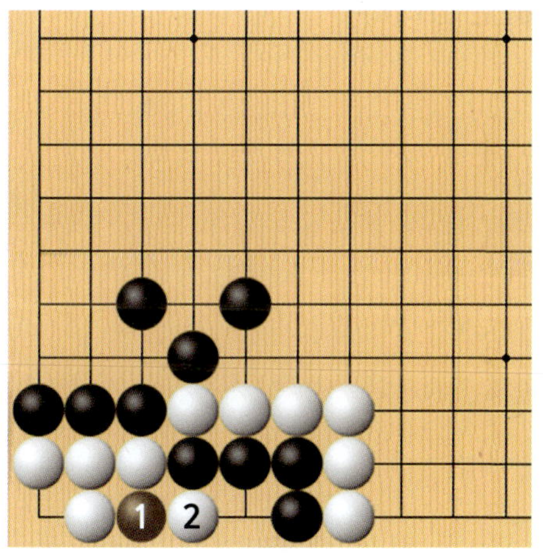

흑1로 성급하게 백의 수를 줄이려 들면, 백2로 흑 한 점이 따내져 안 좋은 결과를 초래합니다.

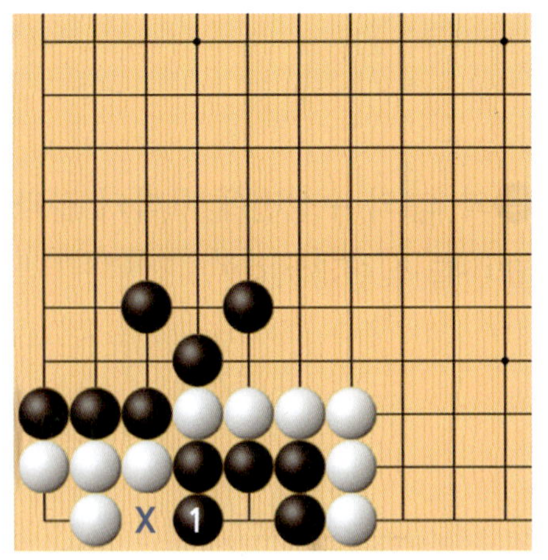

이 장면에서는 흑1로 눈 모양을 만
드는 것이 정답입니다. 흑과 백이
각각 한 눈을 갖게 되고, X의 공통
공배는 서로 두어 갈 수 없으므로
결과는 빅이 됩니다.

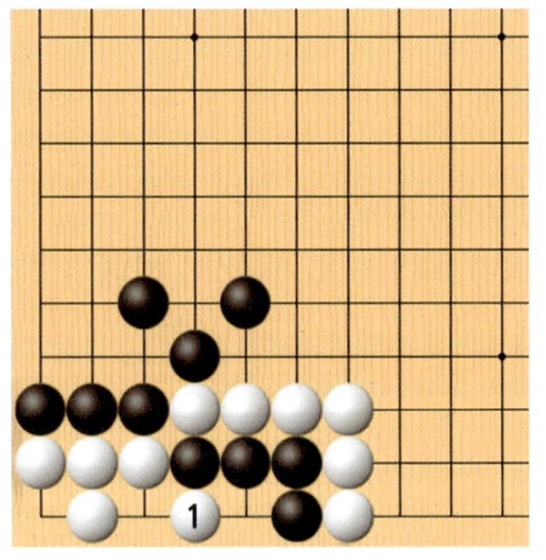

흑이 빅을 만드는 것을 소홀히 하
면, 백1로 눈 모양을 파호해 흑이 잡
히고 맙니다.

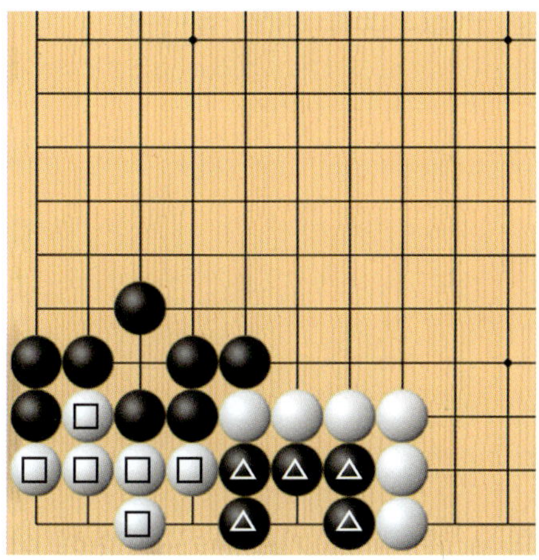

●와 □가 빅의 형태일까요? 흑이 더 진행하지 않아도 될지 생각해 보세요.

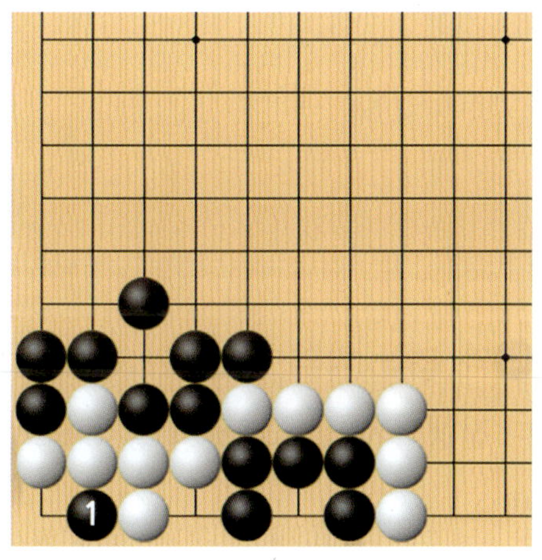

흑1로 한 수 더 투자해야만 완벽한 빅 형태를 만들 수 있습니다. 흑1로 한 칸 왼쪽에 두어도 결과는 동일합니다.

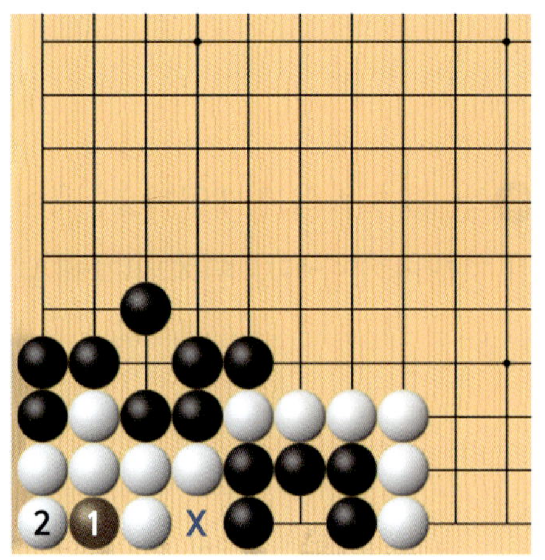

궁극적으로 백2로 흑 한 점을 따내는 형태가 되면, X 자리는 서로 두어 갈 수 없으므로 빅이 됩니다.

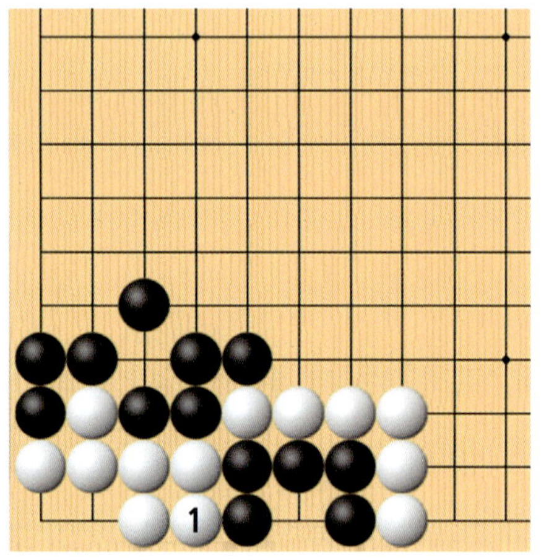

흑이 한 수 더 가일수가 필요한 이유는 간단합니다. 백이 먼저 백1로 두면 흑이 잡히기 때문입니다.

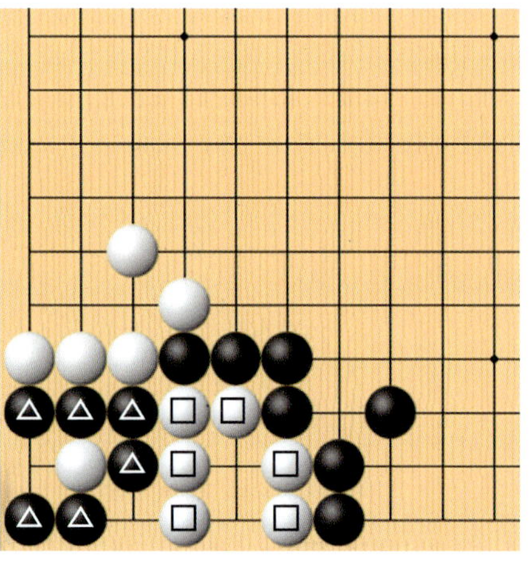

⬤와 ☐는 빅의 형태일까요? 흑이 더 진행하지 않아도 될지 생각해 보세요.

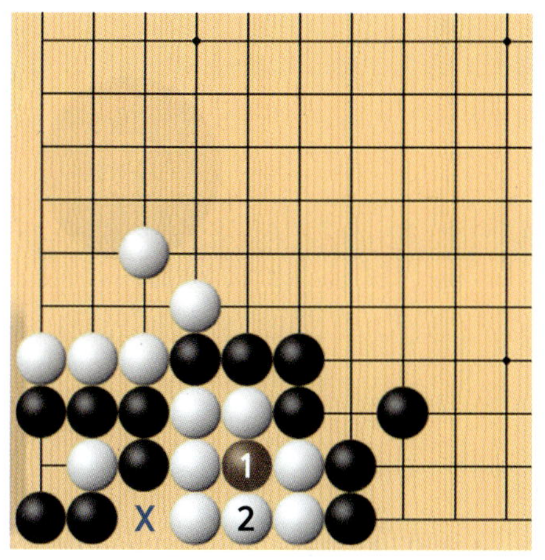

흑1로 먹여치는 교환을 해두어야만 빅 형태가 완성됩니다. 이 교환이 이루어지면 X의 자리는 서로 둘 수 없는 상태가 됩니다. 흑1로 백2의 자리에 두어도 결과는 동일합니다.

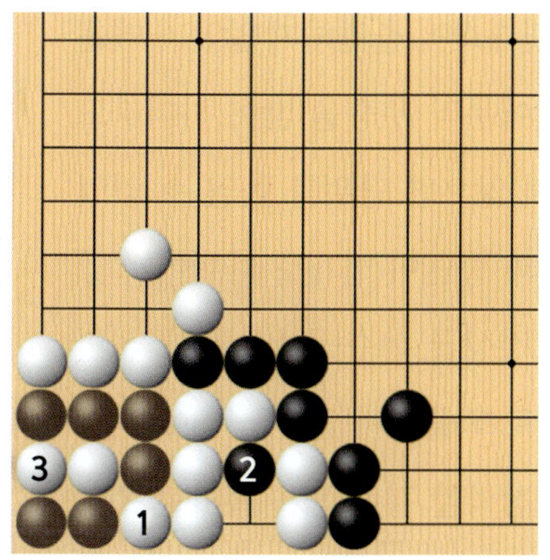

만약 흑이 이 교환을 게을리하면, 백1로 흑의 수를 줄이는 것이 가능해집니다. 흑2로 같이 수를 줄이면 괜찮을 것 같아 보여도 실제로는 그렇지 않습니다.

앞의 백3이면 백은 흑 여섯 점을 따낼 수 있고, 뒤늦게 흑4로 백 두 점을 잡더라도 백이 잡은 돌이 훨씬 많아 흑의 손해가 큽니다.

승단대회 폐지 후
5개월 만에 9단 등극

폭발적인 32연승을 기록하면서 4년 동안 각종 국내외 대회에서 우승을 했지만 저는 여전히 3단에 머물렀습니다. 승단대회에 출전하지 않았기 때문입니다. 당시에는 아무리 우승을 많이 하더라도 승단대회를 거치지 않으면 단위를 높일 수 없었습니다. 대회 성적과 승단이 별개로 나뉘어져 있었기 때문입니다. 정상급 선수들일수록 대국 횟수가 많습니다. 피로가 풀리지 않은 상태에서 승단을 위한 대회에 참석할 경우 몸을 혹사할 수밖에 없었습니다.

저는 이러한 제도에 처음 공개적으로 문제를 제기했습니다. 3단에 불과했던 제가 최우수기사로 선정되고 메이저 세계대회 우승컵까지 들어 올리는 상황이 이어지면서 저의 문제 제기는 공론화되었습니다. 제도 개선 요구는 물론 승단대회 무용론까지 나왔습니다. 2002년 제15회 후지쓰배 결승에서 제가 유창혁 9단에게 승리하며 세계대회 최저단 우승 기록을 세운 것이 결정적 변화를 일으켰습니다. 결국 한국기원은 2003년부터 기존의 승단대회를 폐지하고, 우승·준우승 성적을 승단에 반영하는 새로운 승단 규정을 마련합니다. 세계대회 우승 시 3단 승단, 준우승 시 1단 승

단, 국내대회 우승 시 최대 2단까지의 특별 승단을 인정하는 내용이 추가
되었습니다.

승단 규정이 바뀐 뒤, 저는 불과 5개월 만에 3단에서 9단으로 오르게 됩
니다. 이창호 9단을 꺾고 제7회 LG배 세계기왕전에서 우승, 제2기 KT배
준우승, 제16회 후지쓰배 등에서 잇따라 우승을 차지한 덕분입니다. 9단
이 된 소감을 묻는 질문에 "너무 늦게 받은 것 아닌가요"라며 저는 웃음으
로 답했습니다. 저에게는 세계대회 우승은 곧 입신(入神)의 기량을 의미
한다는 믿음이 있었습니다. 이미 2002년 후지쓰배 때 우승했기 때문에
다소 장난 섞인 대답을 했던 것입니다. 저는 프로는 실력으로 자신을 증
명해야 한다고 믿습니다. 파격적이고 공개적인 제도 비판과 승단대회 보
이콧은 이러한 저의 생각이 담긴 행동입니다. 이것이 저를 한국 바둑계의
관행을 바꾼 '풍운아'로 기억하는 배경이기도 합니다.

돌의 삶과 죽음

『이세돌의 바둑 첫걸음』에서

돌이 살고 죽는 기본 조건을 살펴보았다면,

이제는 실전에서 자주 등장하는 삶과 죽음의 형태를

눈에 익히고 비슷한 모양이 나왔을 때

바로 활용할 수 있도록 하는 것이 목표입니다.

삶과 죽음의 핵심 개념인 눈모양을 정확히 이해하고,

생사를 가르는 급소를 찾아내는 힘을 길러 보겠습니다.

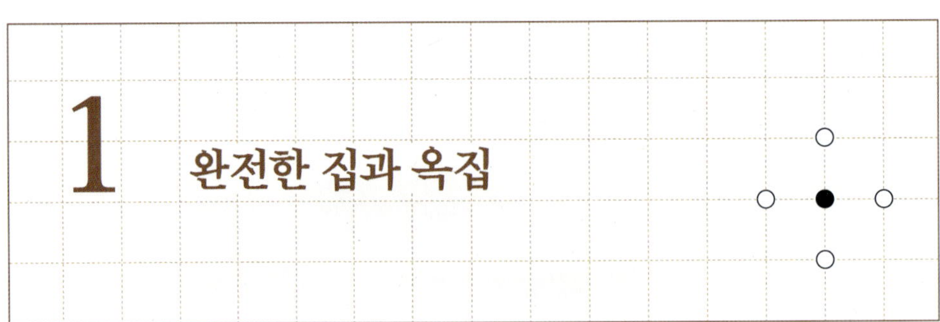

1 완전한 집과 옥집

"바둑에서 완전히 살아 있는 돌이란 무엇일까요?" 『이세돌의 바둑 첫걸음』에서는 이 질문에 대해 상대가 결코 따낼 수 없는 모양을 하고 있는 돌이 완전히 살아 있는 돌이라고 정의했습니다. 그렇다면 **상대가 결코 따낼 수 없는 모양**이란 어떤 형태인지, 머릿속에 떠오르시나요?

절대 죽지 않는 완전한 집

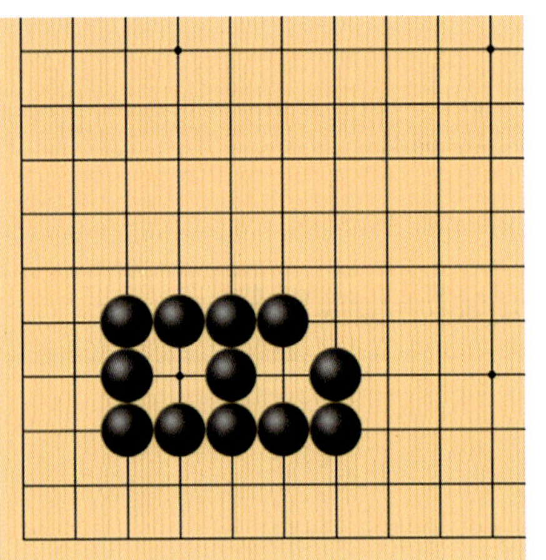

이와 같은 형태가 바로 떠오른다면, 삶의 개념을 정확하게 이해하고 있는 것입니다. 이 흑은 독립된 두 집(눈)을 만들었기 때문에, 완전히 살아 있는 형태입니다.

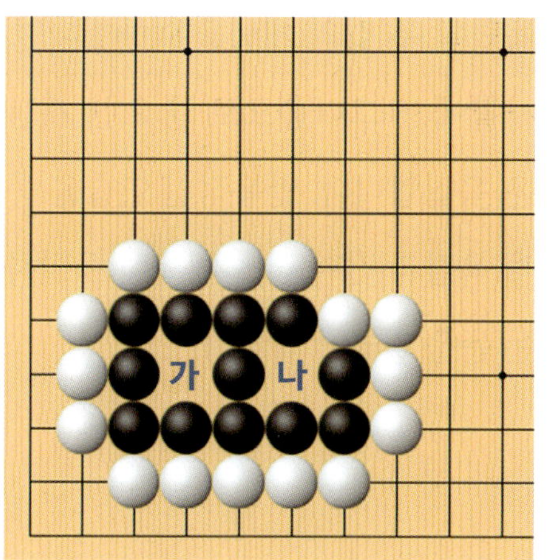

흑돌 전체가 백에게 완전히 둘러싸여 있다고 가정해 보면 이해가 더 쉽습니다. '가'와 '나' 두 곳 모두 백에게는 착수금지점이 되어 둘 수 없으므로, 결국 백은 흑을 결코 따낼 수 없습니다.

완전한 집으로 착각하기 쉬운 옥집

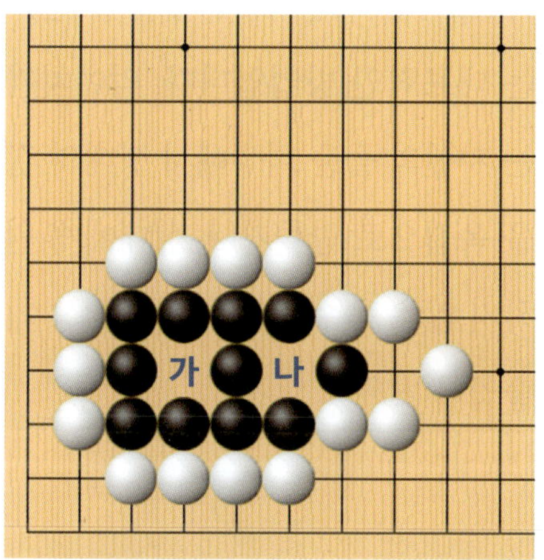

다음 형태는 무엇이 다를까요? '가'는 완전한 한 집이지만, '나'는 옥집의 형태이기 때문에 이 흑은 살아 있지 못합니다. 완전한 집과 옥집의 차이를 눈에 익혀 두는 것이 중요합니다.

안형(眼形)은 눈 모양의 한자어로 같은 의미를 가진 단어입니다. 두 단어 모두 같은 의미를 지니며 통용됩니다. 안형(눈 모양)은 조금 더 삶에 직결되는 개념의 좁은 단위, 집은 삶의 요소부터 조금 더 포괄적인 의미까지 더 넓은 개념으로 사용됩니다.

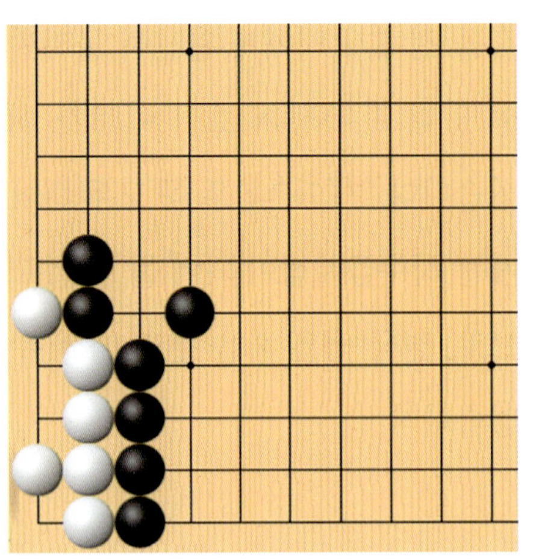

독립된 두 집의 개념을 이해했다면, 사활에서 그다음으로 중요한 개념은 옥집입니다. 반복적인 연습을 통해 옥집과 진짜 집을 정확히 구별하는 눈을 길러야 합니다.

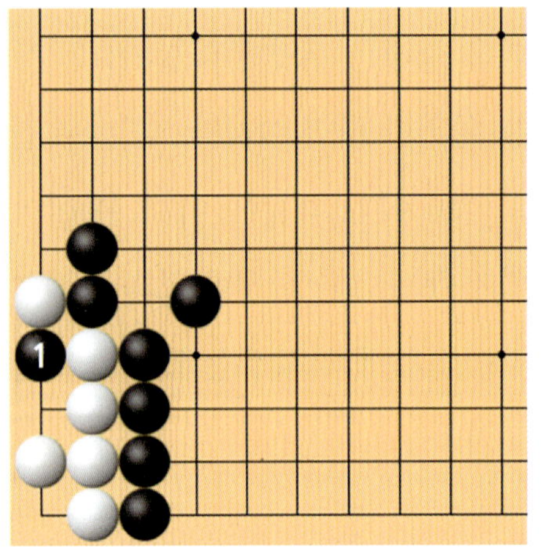

흑1로 먹여치는 것이 **옥집***을 만드는 대표적인 방법입니다. 먹여치기는 자신의 돌을 희생해서 상대의 집을 옥집으로 만들거나, 상대에게 원하지 않는 응수를 강요하는 핵심 기술입니다.

---

* 승부사의 용어 풀이 | **옥집**

겉보기에는 집의 모양을 하고 있지만, 나중에 단수를 당해 메워지는 곳으로, 실제 집으로 인정되지 않는 가짜 집을 옥집이라고 부릅니다.

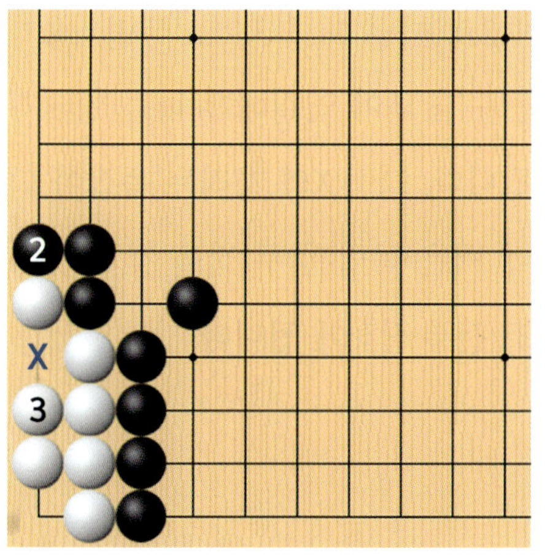

백2로 따내더라도, 흑3으로 백 한 점을 단수치면 결국 이어야 하는 모양이 되어 X의 자리가 진짜 집이 아니라 옥집이라는 것을 확인할 수 있습니다.

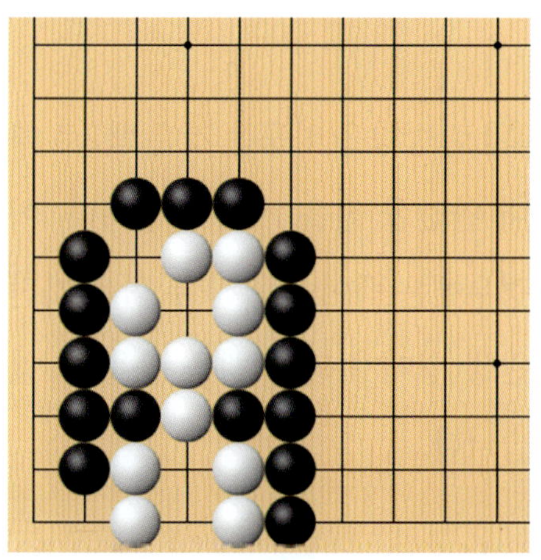

옥집을 만드는 방법을 찾아 백을 잡아 보세요.

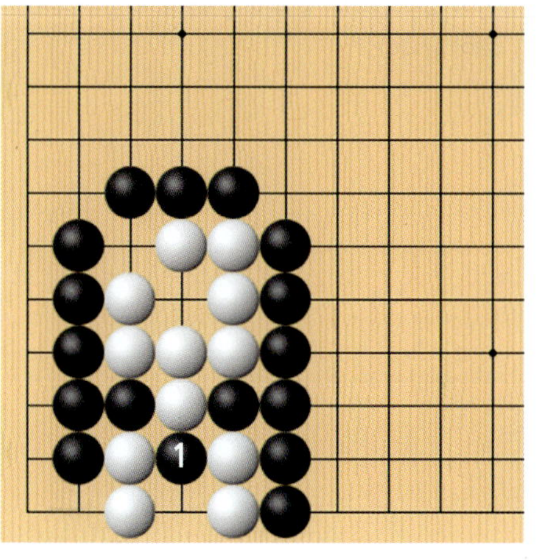

흑1로 먹여치는 것이 옥집을 만드는 유일한 방법입니다.

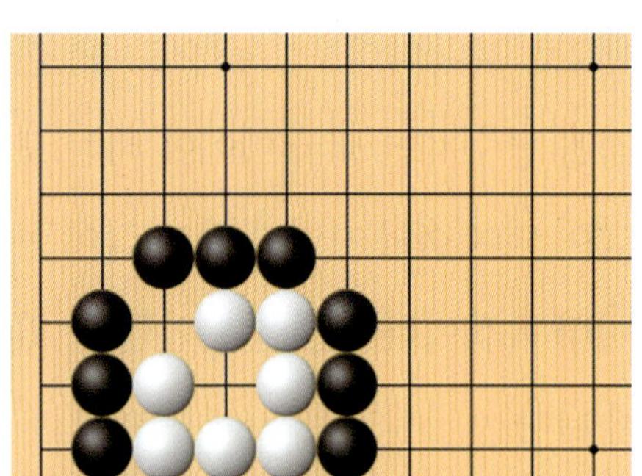

백2로 따낼 때 흑3으로 두면, △가 단수가 되어 연결해야 하는 형태가 됩니다. 그럼 X의 자리는 옥집이 되어 백은 독립된 두 집을 갖지 못하고 전부 잡히게 됩니다.

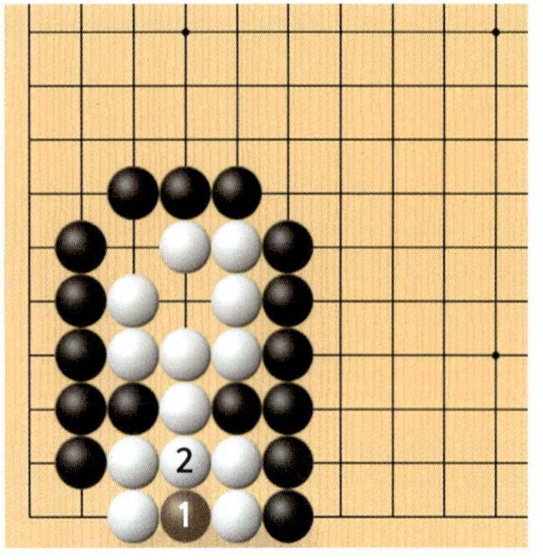

흑1로 방향을 바꾸는 것은 백2로 따내 완전한 집을 가지게 됩니다. 이 경우에는 백이 독립된 두 집을 가진 완생 형태가 되어 백을 잡을 수 없습니다.

> 같은 먹여치기라도 "어느 방향에서 집 모양을 무너뜨리느냐"에 따라 옥집이 되기도 하고, 오히려 진짜 집을 만들어 줄 수도 있으므로 방향에 주의해야 합니다.

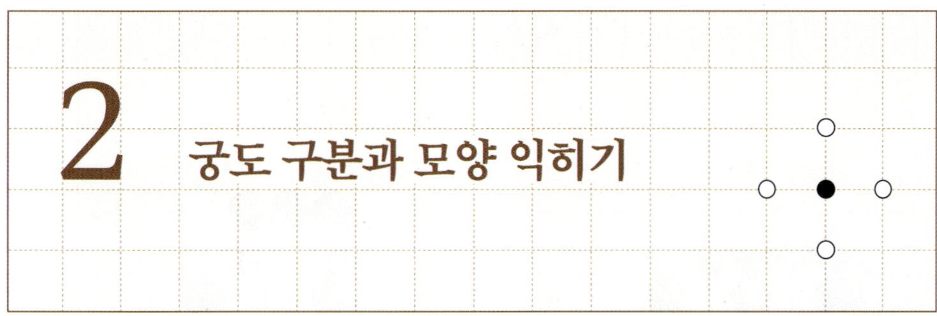

2 궁도 구분과 모양 익히기

이 개념을 충분히 이해했다면, 이제 궁도로 넘어가 보겠습니다. 궁도는 대표적인 **사는 궁도**와 **죽는 궁도**처럼 실전에서 매우 자주 등장하는 형태를 다루는 만큼, 반드시 익혀 두어야 할 중요한 내용입니다. 『이세돌의 바둑 첫걸음』에서 궁도의 기본 종류를 살펴보았다면, 이 강에서는 살아 있는 궁도와 잡힌 궁도를 구별하고 모양을 눈에 익히는 데 초점을 맞추겠습니다.

3궁도의 삶과 죽음

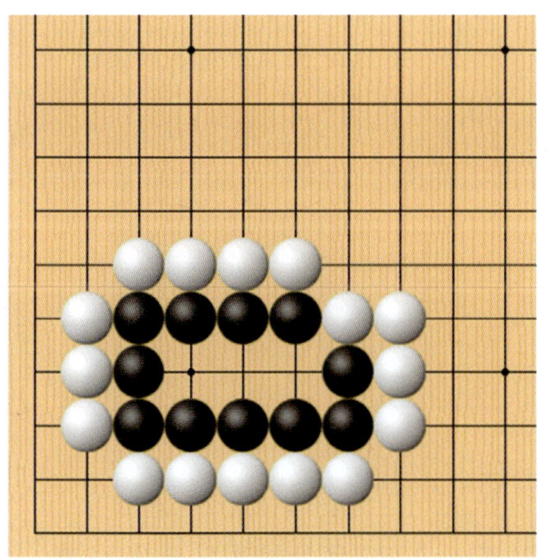 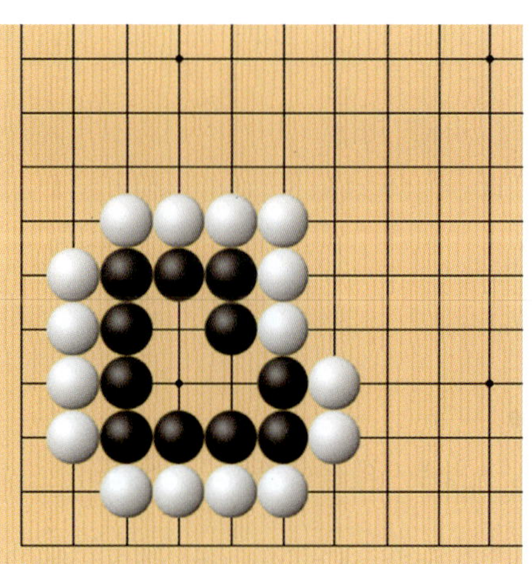

궁도*의 기초는 3궁부터 시작됩니다. 3궁은 살아 있는 형태일까요, 아니면 잡혀 있는 형태일까요?

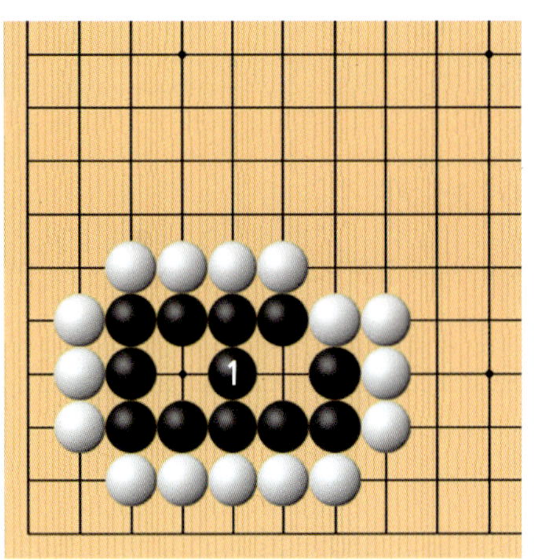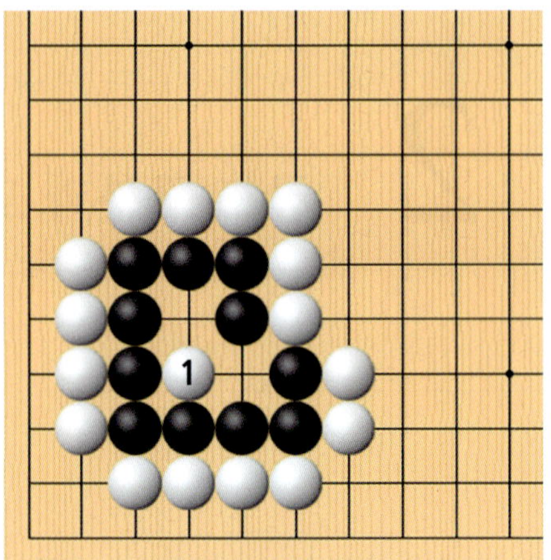

3궁은 완전히 살아 있지도, 완전히 잡혀 있지도 않은 형태로 양쪽 모두 정답이 아닙니다. 흑이 먼저 두면 살고 백이 먼저 두면 잡히는 모양으로, 먼저 두는 쪽이 삶과 죽음을 결정하게 됩니다.

---

* 승부사의 용어 풀이 | **궁도**

상대의 돌에 둘러싸인 돌이 가지고 있는 집의 크기 또는 그 모양을 뜻하며 집 크기가 3개면 3궁, 4개면 4궁 등으로 부릅니다. 일반적으로 3궁부터 6궁까지의 특징적인 형태를 말하며, 집의 개수와 조건에 따라 사는 모양과 죽는 모양으로 나뉩니다. 7궁 이상일 경우 어떤 모양을 하고 있든 그 돌은 살아 있습니다.

이번에는 조금 더 넓혀서 4궁의 대표적인 형태를 살펴보겠습니다. 네 가지 4궁의 형태 중 세 가지는 완전히 살아 있는 궁도이고, 아직 완전히 살아 있지 않은 궁도가 한 개 숨어 있습니다. 독립된 두 집을 만들 수 있는지 살펴보고 어느 것이 예외일지 골라 보세요.

다음 네 개의 사궁 형태 중 아직 사활이 완벽하지 않은 궁도는 무엇일까요?

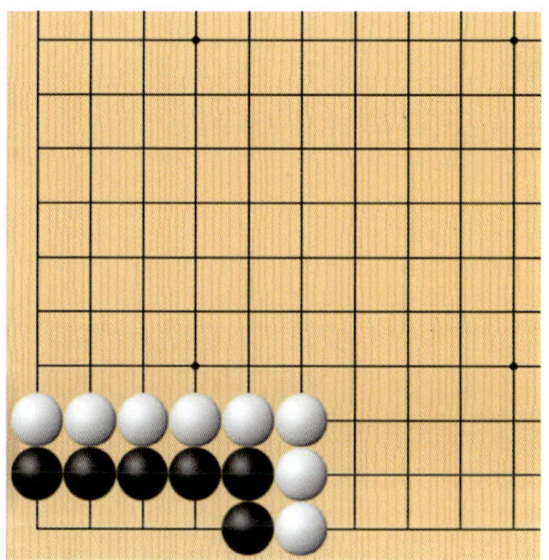

❶
직사궁(일직선 모양의 사궁)

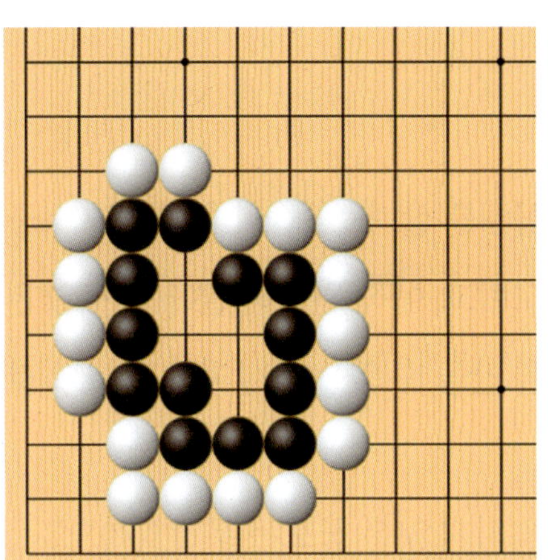

❷

번개사궁(번개 모양의 사궁)

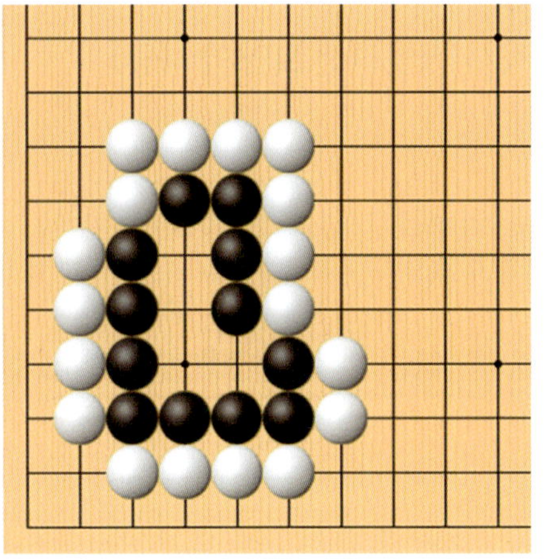

❸

곡사궁(구부러진 사궁)

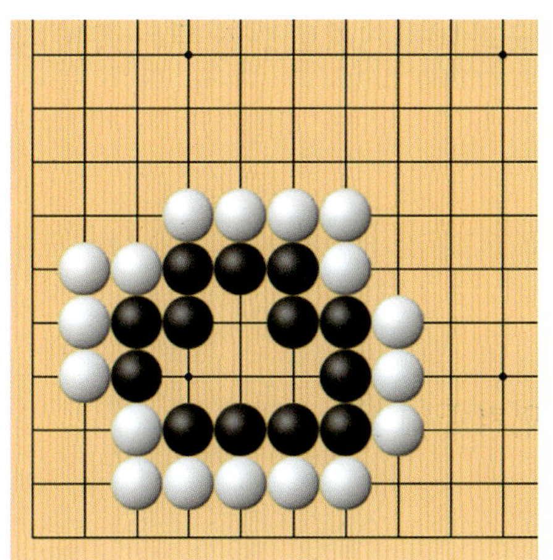

❹

삿갓사궁(삿갓을 닮아 붙인 이름으로 모자사궁이라고도 함.)

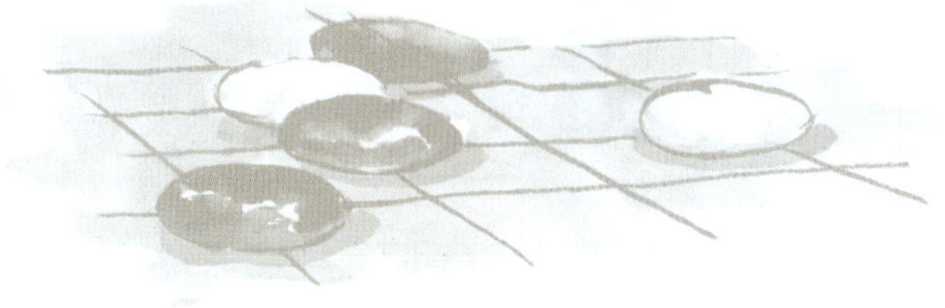

정답은 '❹ 삿갓사궁'입니다. 삿갓사궁은 3궁과 마찬가지로 먼저 두는 쪽에 따라 살 수도, 잡힐 수도 있는 궁도입니다.

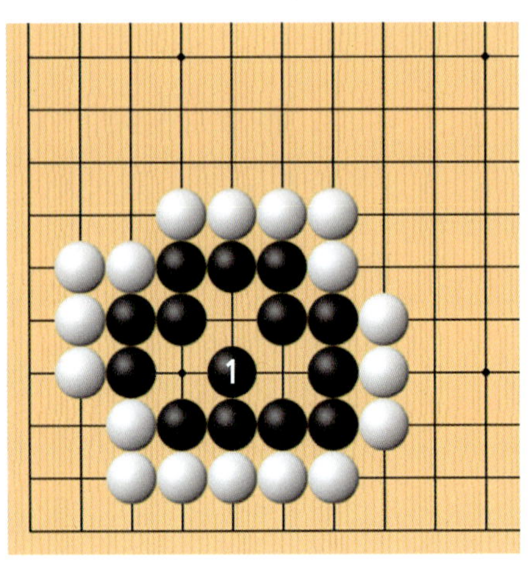

먼저 두면 살고,

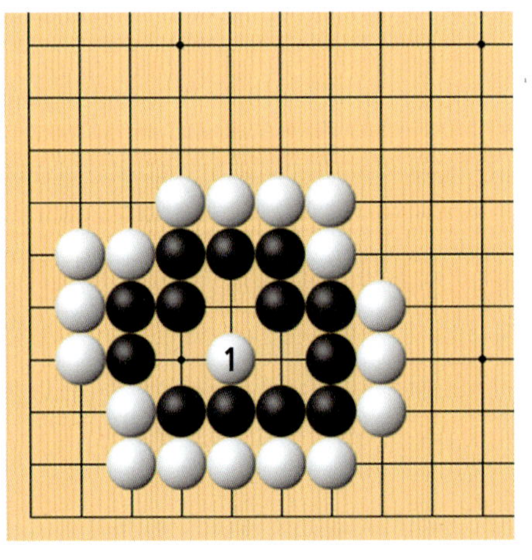

상대가 먼저 두면 잡힙니다.

나머지 세 개의 궁도는 모두 살아 있는 완생형 궁도입니다. 이 세 가지 모양에서 흑은 굳이 가일수를 하지 않아도 되며, 백이 어디에 두어 눈 모양을 없애려 해도 흑은 독립된 두 집을 만들 수 있습니다.

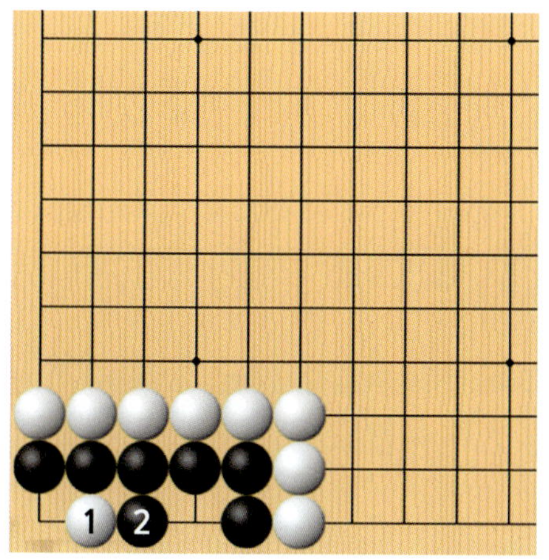

직사궁은 살아 있는 궁도

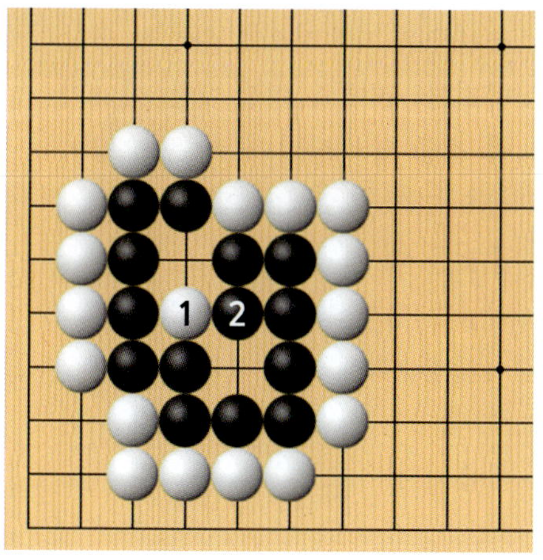

번개사궁은 살아 있는 궁도

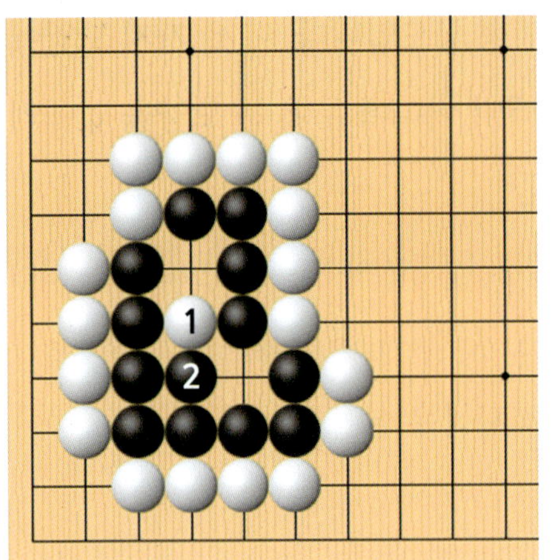

곡사궁은 살아 있는 궁도

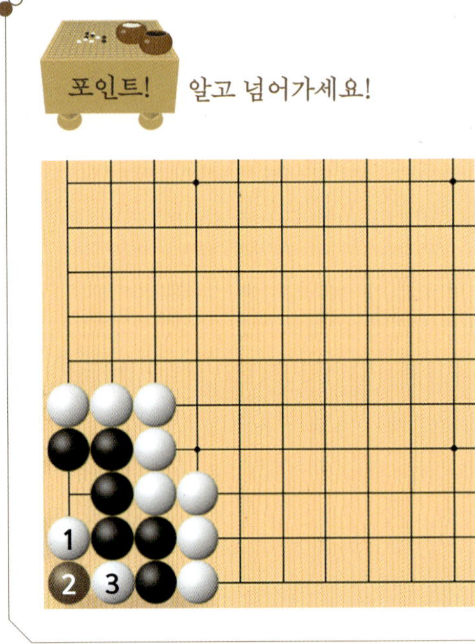

곡사궁은 기본적으로 완생형 궁도이지만, 귀에 위치할 때는 이야기가 조금 달라집니다. 같은 모양이라도 귀의 특수성에 의해 백1로 치중했을 때 결과는 패가 됩니다. 곡사궁은 원칙적으로 살아 있는 궁도이지만, 귀에서는 결과가 달라질 수 있다는 점을 함께 기억해 두면 좋습니다.

마지막으로 알아두어야 할 4궁은 정사궁입니다. 멍텅구리사궁 혹은 바보사궁 등 다양한 이름으로 불리기도 합니다. 4궁의 여러 형태 중 가장 효율이 떨어지는 모양으로, 흑이 먼저 두더라도 살 수 없습니다. 이미 잡혀 있는 최악의 궁도로 기억해 두기 바랍니다.

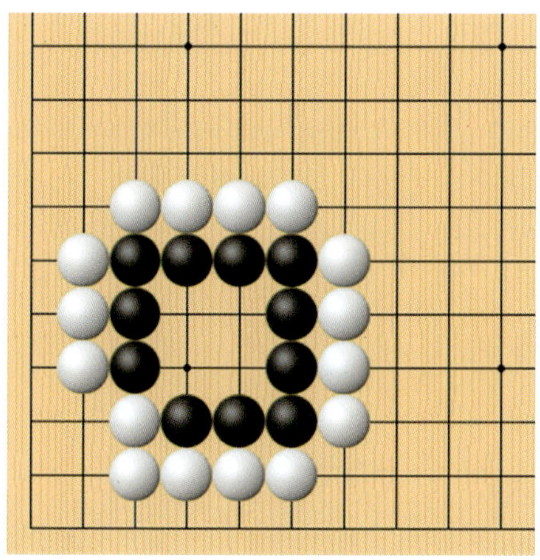

정사궁(바보사궁)

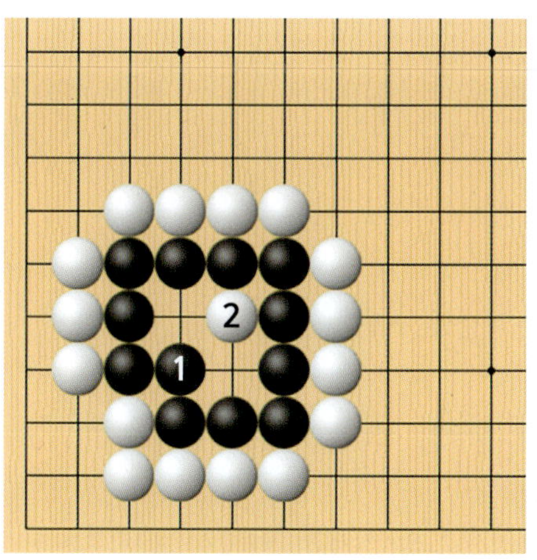

정사궁은 잡혀 있는 궁도

그렇다면 5궁은 어떨까요? 크기가 커진 만큼 삶의 조건을 갖추기 쉬워졌지만, 그중에서도 특징적인 형태는 따로 익혀 두는 것이 좋습니다. 자동차오궁, 십자오궁 등이 있습니다. 이름이 꽤 직관적이지요?

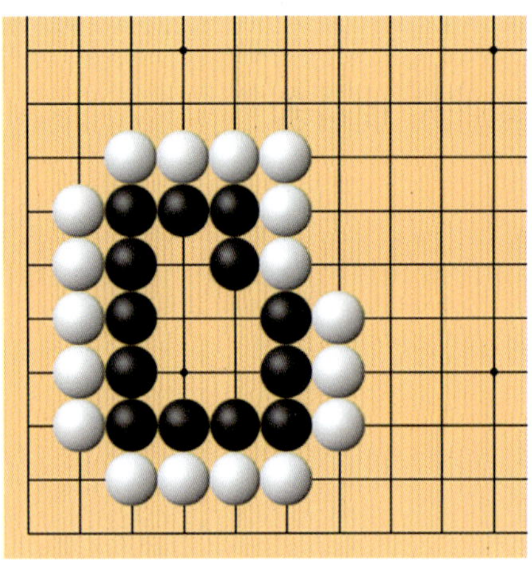

자동차오궁

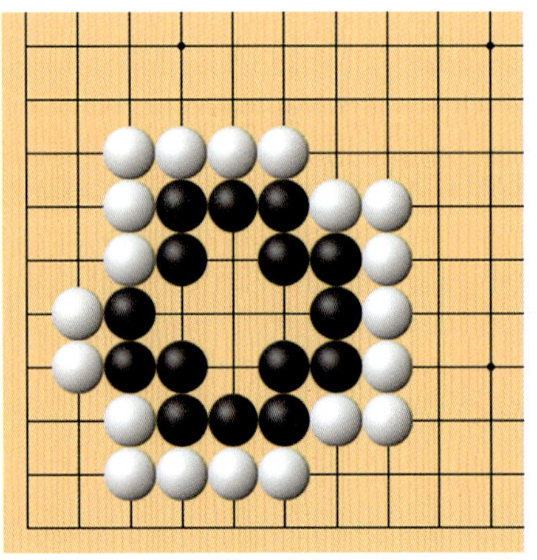

십자오궁

아래 두 궁도의 공통점은 무엇일까요? 자동차오궁과 십자오궁은 공통적으로 급소가 존재한다는 점입니다. 흑1과 백1 양쪽 모두 삶과 죽음을 가르는 급소로, 이 두 궁도는 먼저 급소를 차지하는 쪽이 살거나 잡는 형태가 됩니다.

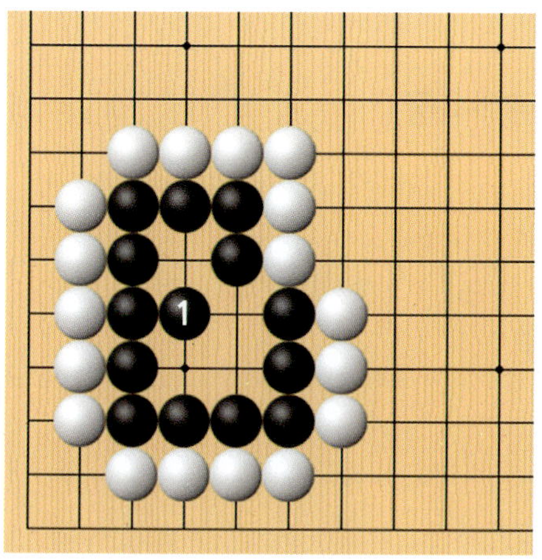

흑1로 먼저 두면 살고, 그 자리를 백이 먼저 두면 잡힙니다.

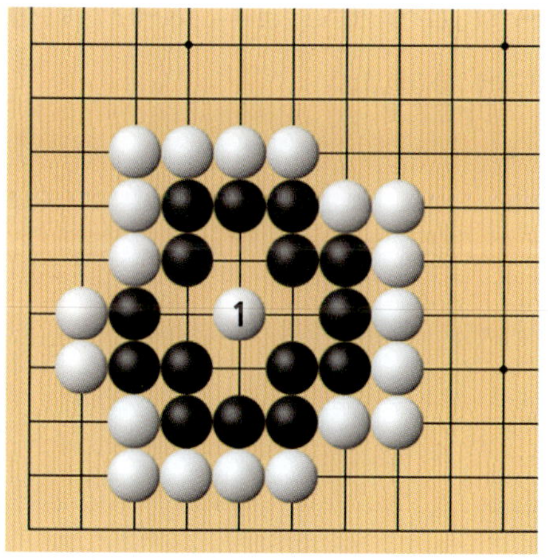

백1로 먼저 두면 잡히고, 그 자리를 흑이 먼저 두면 삽니다.

6궁도일 경우 살아 있는 모양이지만, 매화육궁만은 예외입니다. 매화꽃 모양을 닮아 매화육궁이라는 이름이 붙었으며, 무려 6궁이나 되는데도 살아 있지 못한 억울한 궁도로 반드시 기억해 두어야 하는 모양입니다.

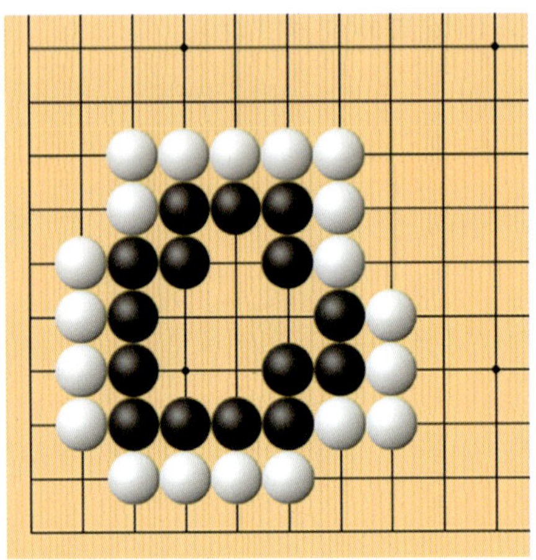

매화육궁

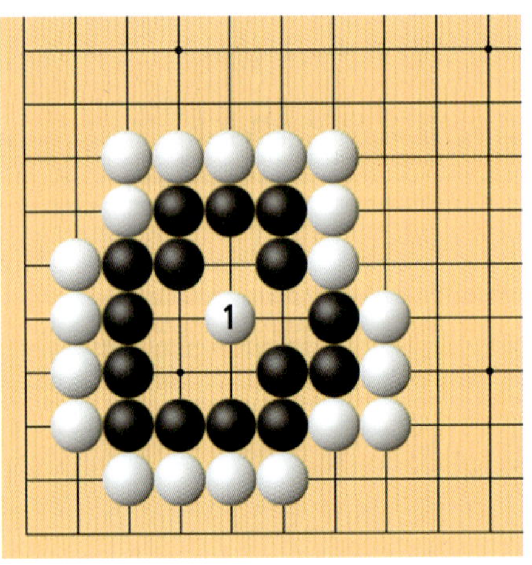

흑이 먼저 두면 살고, 상대가 먼저 두면 잡힙니다.

흑이 가일수를 소홀히 하면 백1의 급소 치중 한 번에 그대로 잡히게 됩니다. 궁도가 이렇게 넓어도 급소를 빼앗기면 독립된 두 집을 만들 수 없다는 점에서, 매화육궁은 반드시 가일수가 필요한 6궁으로 기억해 두세요.

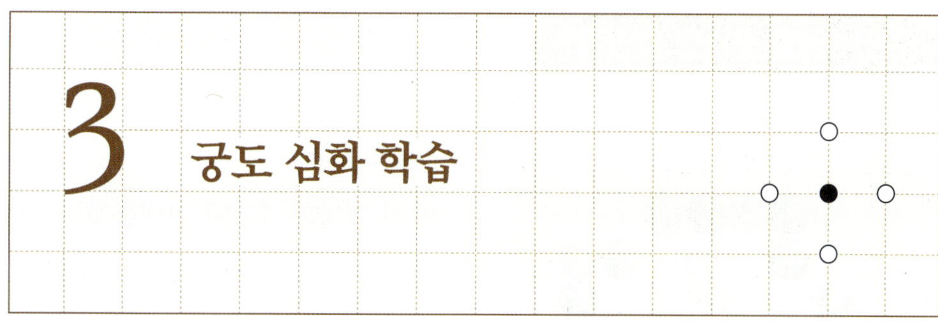

귀곡사

바둑의 규칙 가운데 '귀곡사'라는 특별한 규칙이 있습니다. 귀에 생긴 곡사궁 모양의 돌을 귀곡사라고 부르며, 이 형태(△)의 돌은 약속에 따라 죽은 돌로 간주하는 것이 원칙입니다. 그 이유를 설명하겠습니다.

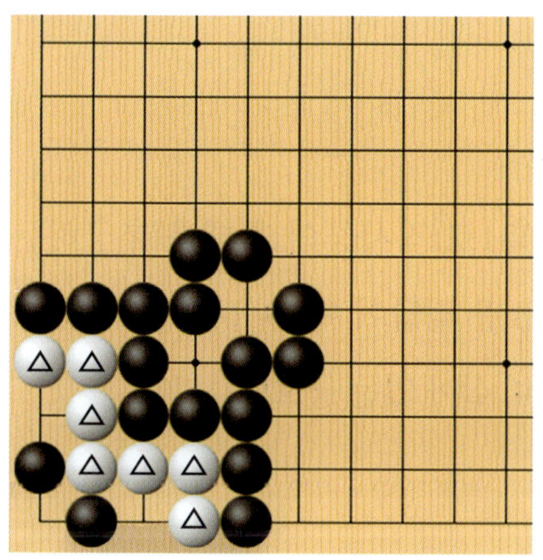

귀곡사는 한쪽만 잡으러 갈 수 있는 구조입니다. 예를 들어 그림의 모양에서, 백은 안쪽 흑돌을 잡으러 갈 수 없지만 흑은 백을 잡으러 가면 패를 만들 수 있습니다.

이론적으로 흑은 반상의 팻감을 모두 소진한 뒤에 패를 시작할 수 있으므로, 잡을 수 있는 권리가 흑에게만 있다고 하여 이 모양은 백이 죽은 것으로 규정합니다.

> 귀곡사의 규칙은 다소 복잡하고 어렵습니다. 지금 당장 귀곡사를 완벽히 이해하려 하기보다는, "이 형태는 약속에 의해 죽은 돌로 처리한다."는 정도만 알고 넘어가면 충분합니다.

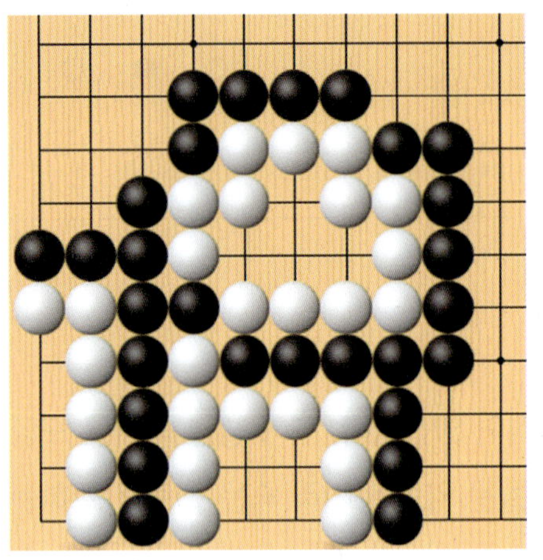

예제 01

백이 다양한 4궁의 형태를 하고 있습니다. 흑은 어떤 모양의 궁도를 추궁해야 할까요?

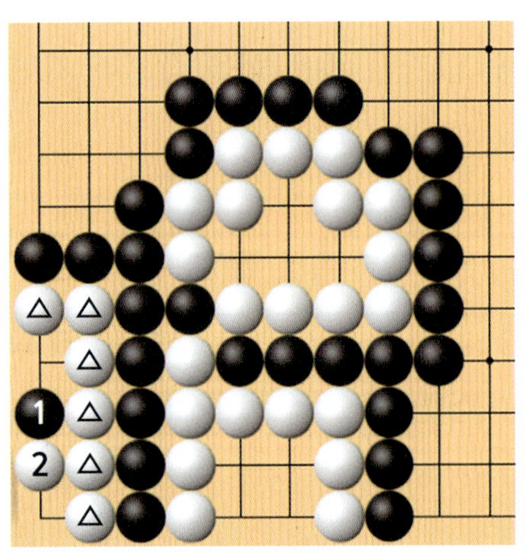

흑1로 직사궁의 형태를 추궁하는 것은 정답이 아닙니다. 직사궁은 이미 살아 있는 궁도입니다.

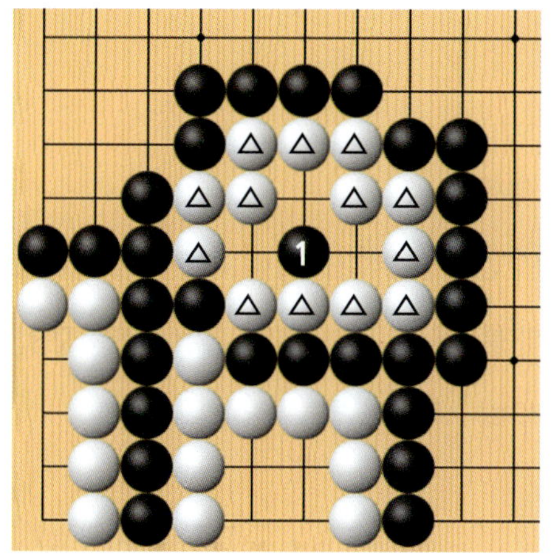

이 장면의 정답은 흑1로 삿갓사궁을 공략하는 것입니다. 삿갓사궁은 먼저 두는 쪽이 생사를 결정하는 형태이기 때문에, 흑이 선제공격하면 백을 잡을 수 있습니다.

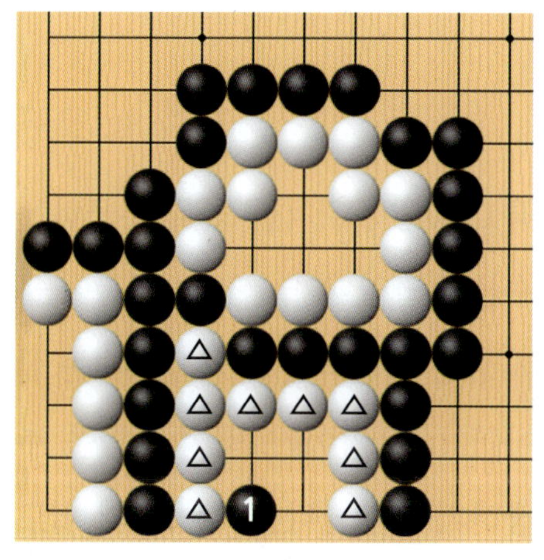

반면 흑1로 정사궁 형태를 잡으려 하는 것은 나쁜 선택입니다. 정사궁은 공격하지 않아도 잡혀 있는 궁도로, 흑1이 아니더라도 이미 잡힌 모양입니다.

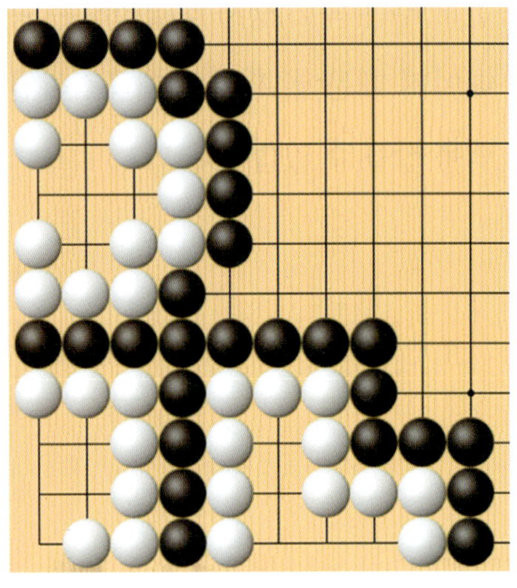

예제 02

이번에는 백이 여러 가지 5궁의 형태를 하고 있습니다. 흑은 어떤 모양부터 사활을 추궁해야 할까요?

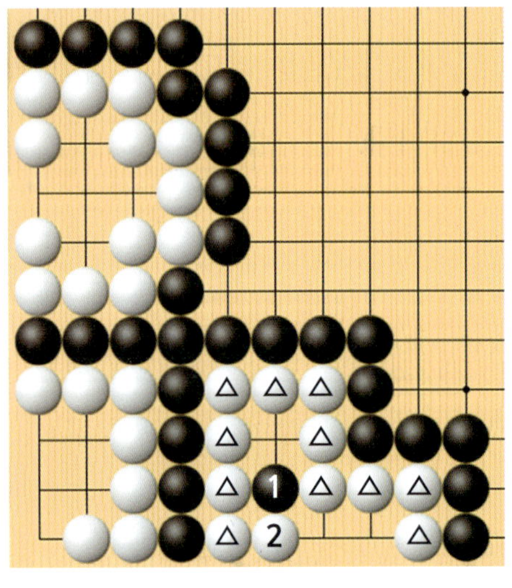

흑1로 변에 위치한 백을 추궁하는 수는 오답입니다. 특별한 이름이 붙지 않은 일반적인 오궁의 형태는 살아 있는 모양이라, 백이 사활을 추궁하기 어렵습니다. 알아보기 쉽도록 백2로 받아두었으나, 백이 응수하지 않더라도 흑이 백을 잡을 수 있는 방법이 없습니다.

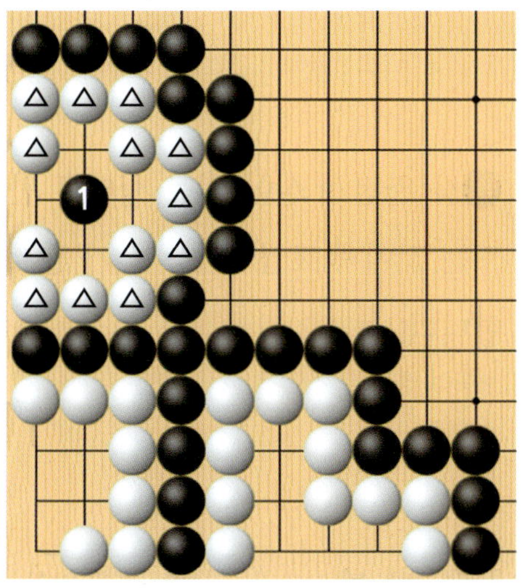

정답은 흑1로 십자오궁을 공략하는 것입니다. 흑1의 한 번의 치중만으로 백돌을 몽땅 잡을 수 있는 통렬한 급소입니다.

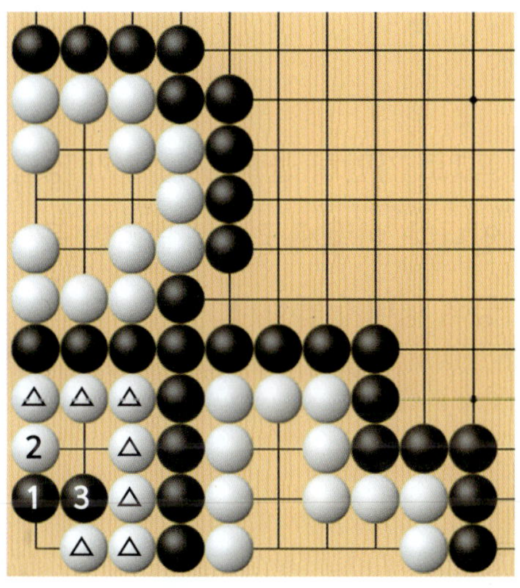

흑1로 자동차오궁의 형태를 추궁하는 선택은 최선은 아니지만 차선에 해당합니다. 급소에 치중하면 귀 쪽의 백은 잡을 수 있지만, 여러 곳 중에서 잡을 수 있는 백돌의 수가 가장 많은 십자오궁을 공략하는 것이 가장 좋은 선택입니다.

십자오궁에서는 백 13개를, 자동차오궁에서는 백 8개를 잡을 수 있습니다. 똑같이 백돌을 잡을 수 없지만 지금은 십자오궁을 공략하는 것이 더 효율적입니다.

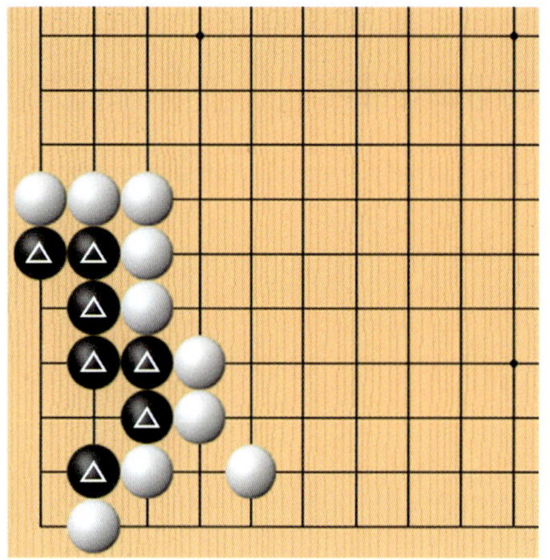

●를 완전히 살아 있는 형태로 만
드는 것이 목표입니다. 주의가 필요
합니다.

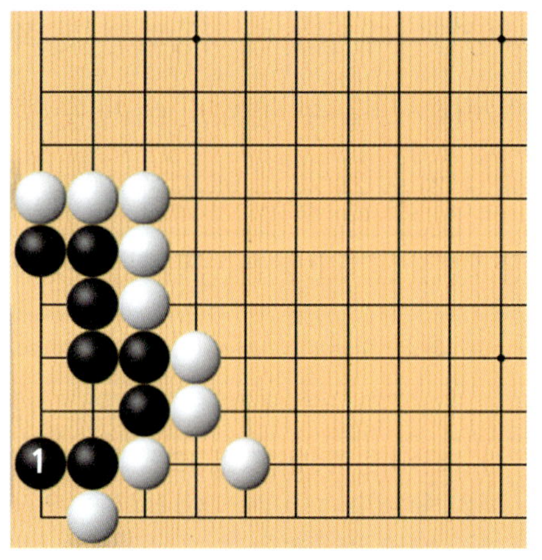

흑1로 가만히 늘어 두는 수가 정답
입니다. 이렇게 궁도를 넓히면 곡사
궁의 형태가 됩니다.

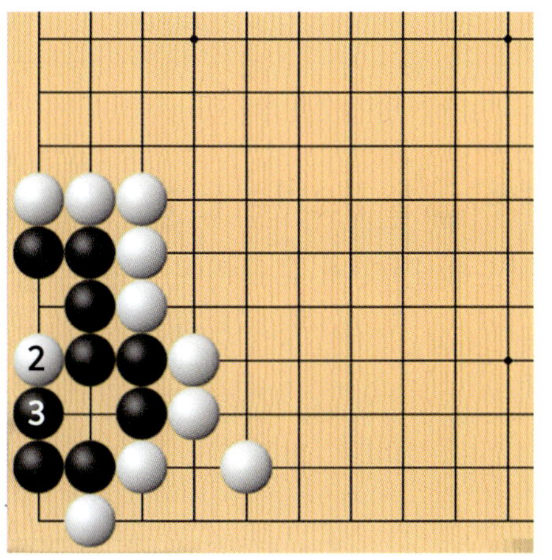

곡사궁은 사궁의 종류 중 하나로 살아 있는 궁도로 분류됩니다. 아직 헷갈린다면 앞으로 돌아가 복습해 보세요.

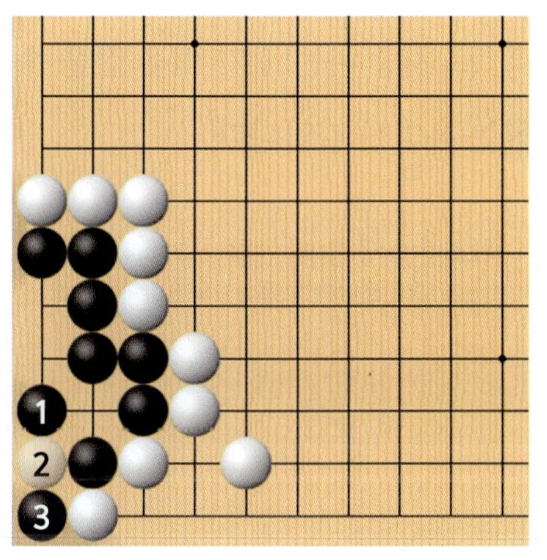

겉보기에는 흑1로 독립된 두 집의 형태를 만드는 편이 더 안전해 보일 수 있습니다. 그러나 이 경우 백2로 먹여치면, 완생이 아니라 패의 결과가 되어 실패입니다.

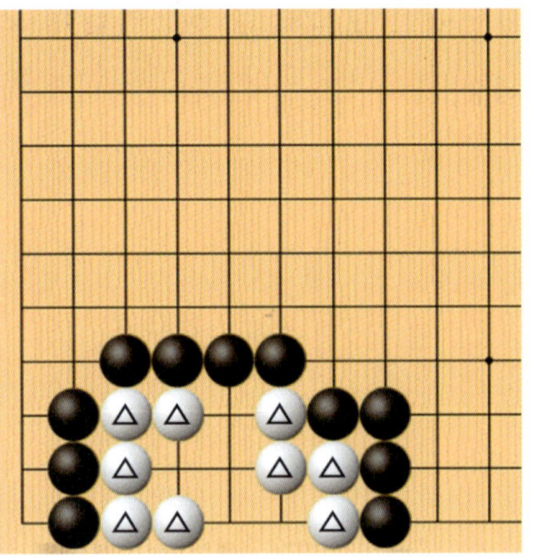

흑이 △를 잡으러 가는 상황입니다. 궁도의 형태에 유의하여 백을 추궁해 보세요.

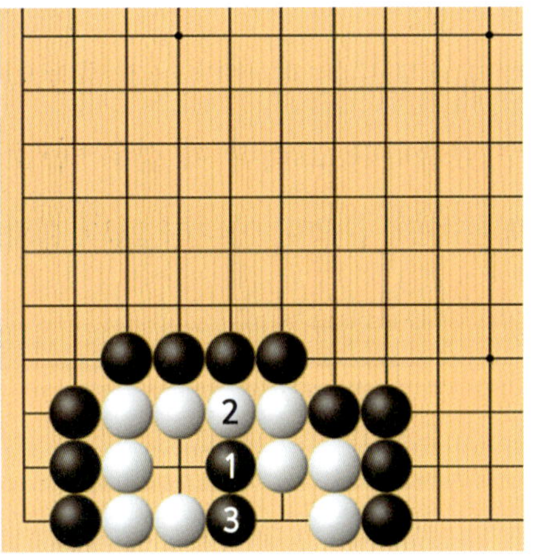

흑1로 **치중***하는 수가 백을 잡을 수 있는 유일한 길입니다.

백2로 번개사궁 형태를 만들더라도 이미 흑1이 자리 잡고 있어, 흑3이면 백돌이 모두 잡히게 됩니다.

---

* 승부사의 용어 풀이 | **치중(置中)**

궁도의 급소에 두어 눈 모양을 없애는 사활의 기본 기법으로, 상대의 돌을 잡으려 할 때 반드시 익혀야 하는 중요한 개념입니다.

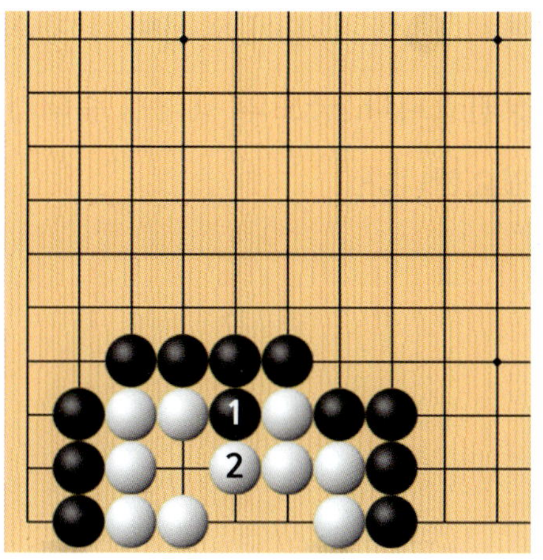

단순히 흑1로 궁도를 줄이는 것은 어떨까요?

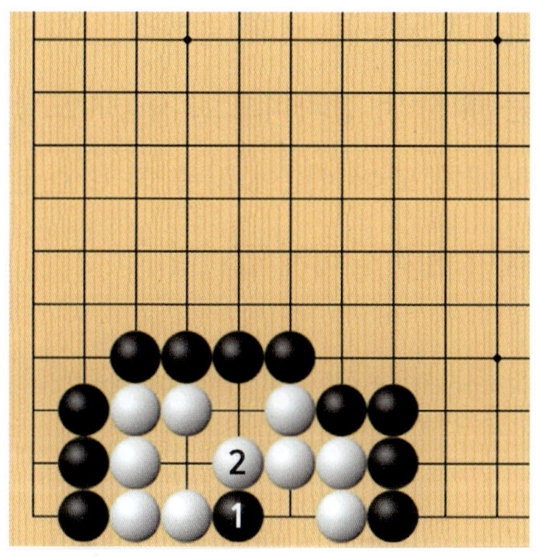

또 다른 수로, 흑1의 치중 위치를 잘못 선택하는 경우도 있습니다. 이때는 백2의 자리가 눈 모양의 급소가 되어, 오히려 백이 쉽게 살아 버립니다.

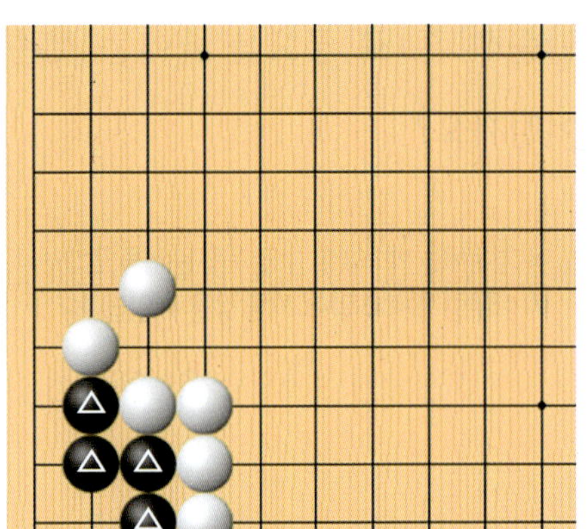

역시 ⬤의 사활이 완성되지 않은 장면입니다. 궁도의 형태에 주의가 필요합니다.

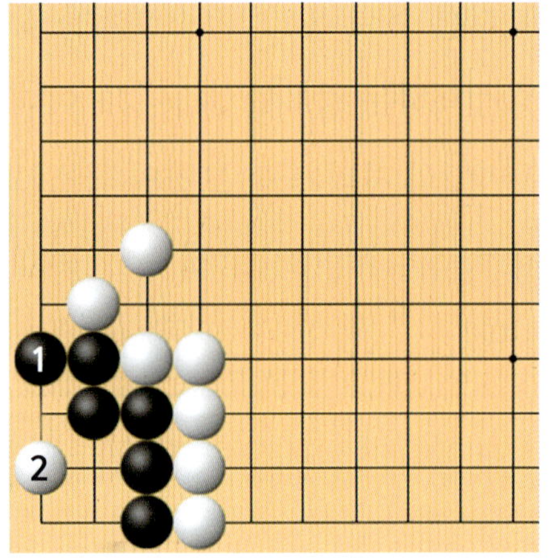

흑1로 궁도를 크게 넓히려는 시도는 좋지만, 결과적으로 자동차오궁 형태가 되어 백2의 치중 한 방으로 흑이 전부 잡히게 됩니다.

궁도가 넓다고 해서 항상 좋은 것은 아니라는 점을 보여주는 예입니다.

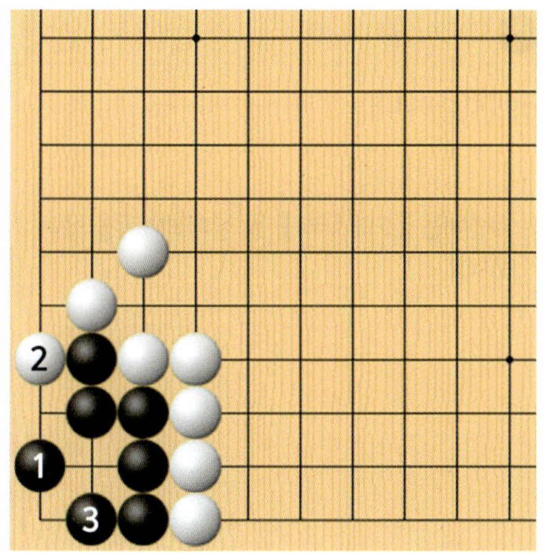

이 형태에서는 흑1의 자리가 눈 모양의 급소입니다. 백2로 눈 모양을 없애더라도 흑3이면 독립된 두 집을 만들 수 있습니다.

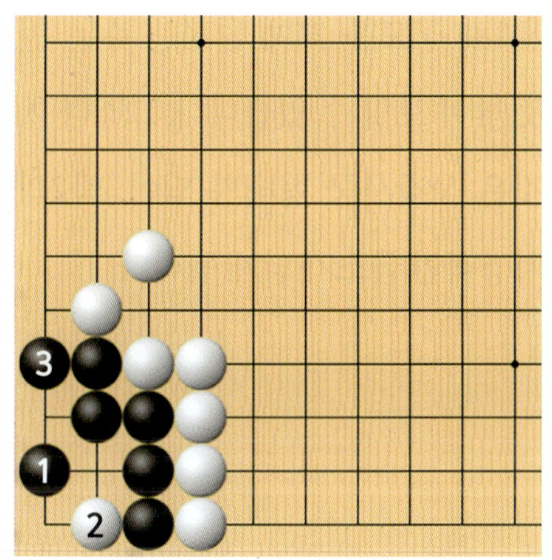

만약 흑1에 대해 백2로 곧장 추궁해 온다면, 흑3으로 역시 독립된 두 집을 완성하는 데 아무런 문제가 없습니다.

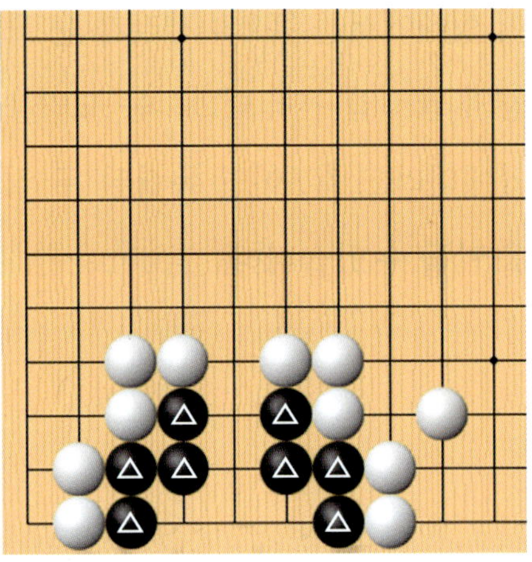

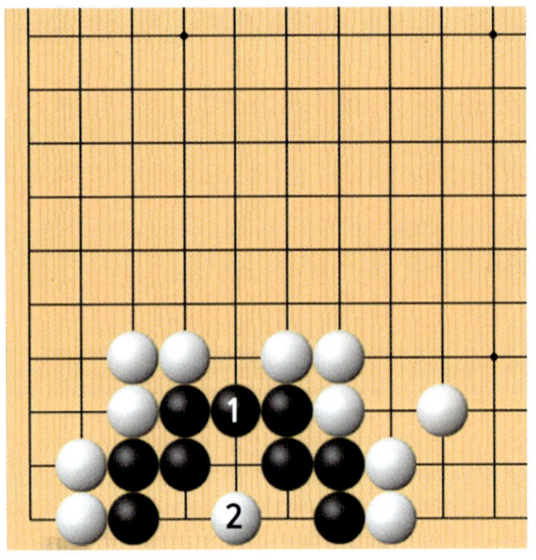

⚫의 사활이 아직 완전하지 않은 장면입니다.

흑1로 궁도를 크게 넓히는 수는 언뜻 좋아 보일 수 있습니다. 그러나 이것은 삿갓사궁 형태가 되어, 백2의 치명적인 급소가 남게 됩니다.

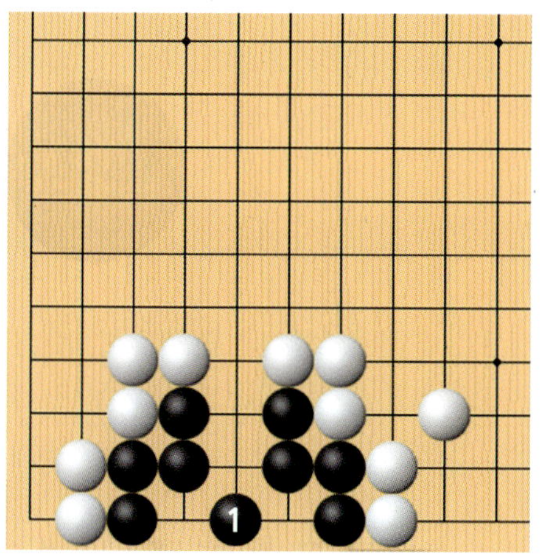

이 모양에서는 흑1의 자리가 눈 모양의 급소입니다. 지금은 궁도를 넓히기보다 이 급소를 선점하는 것이 좋은 방법입니다.

중국갑조리그
진출과 19연승

우리나라의 한국바둑리그, 중국의 중국갑조리그는 현재 세계 바둑 팀 리그의 양대 축을 이루고 있습니다. 가장 핵심적인 무대인 만큼 중국 선수들이 한국 바둑리그에 출전하기도 하고, 한국을 비롯한 외국 선수들이 중국갑조리그에 합류해 실력을 겨루기도 합니다.

한국바둑리그나 중국갑조리그는 출전하고 싶다고 해서 아무나 설 수 있는 무대는 아닙니다. 특히 외국인 선수의 경우 각국 최정상급 기사들만이 러브콜을 받습니다. 저는 중국갑조리그에 처음 진출한 한국 선수로, 2004년 구이저우 팀의 부름을 받아 중국갑조리그에 데뷔했습니다. 2000년대 초 중국 바둑계에서 저의 기량을 세계 최정상급이라고 평가했기에 가능한 일이었습니다. 뿐만 아니라 전투적 기풍 때문인지 중국에서 저의 인기가 높았던 점도 작용한 듯합니다.

영입 조건은 상당히 파격적이었습니다. 출전 제안을 받은 저는 구단 측에 'All or Nothing' 방식의 대국료를 지급해달라는 역제안을 했습니다. 이기면 10만 위안, 지면 대국료를 전혀 받지 않겠다고 한 것입니다. 중국 구단이 저의 제안을 받아들이면서 더 큰 화제가 되었습니다. 당시 환율을 감안하면 한 판을 이겼을 때 우리 돈으로 약 1,900만 원의 거액을 받는 조건에 합의한 것입니다. 이 돈은 당시 소규모 기전 우승 상금에 맞먹는 규모였으니 초미의 관심을 끄는 것은 당연했습니다.

저는 갑조리그 진출 첫해에 11전 전승이라는 압도적 성적을 거두었고, '승리 수당' 조건에 힘입어 한 시즌에 약 2억 원대의 수입을 올릴 수 있었습니다. 이후 중국갑조리그에 진출한 많은 한국 기사들이 저처럼 성과 연동형 계약 방식을 참고해서 계약을 하게 됩니다. 이른바 '이세돌 대국료'라고 불리는 계약 방식입니다.

이후에도 저는 중국갑조리그에서 좋은 성과를 냈습니다. 2007년 8월 25일에 열린 2007 중국갑조리그 11라운드를 시작으로, 2009시즌 9라운드까지 숨 가쁘게 승리를 쌓으며 중국갑조리그에서 19연승을 달성한 것입니다. 이 연승은 상대 팀의 주장만 상대하는 주장전에서 이룬 기록이었기에, 그 의미와 상징성은 더욱 컸습니다.

아쉽게도 2009년 7월 9일, 2009 중국갑조리그 10라운드에서 쓰촨팀의 젊은 주장 구링이 5단에게 패하면서 저의 19연승 행진이 멈추게 됩니다. 20연승 도전이 좌절되긴 했지만, 중국갑조리그에서 주장전 기준 19연승 달성은 지금까지도 깨지지 않은 채 상징적인 기록으로 남아 있습니다.

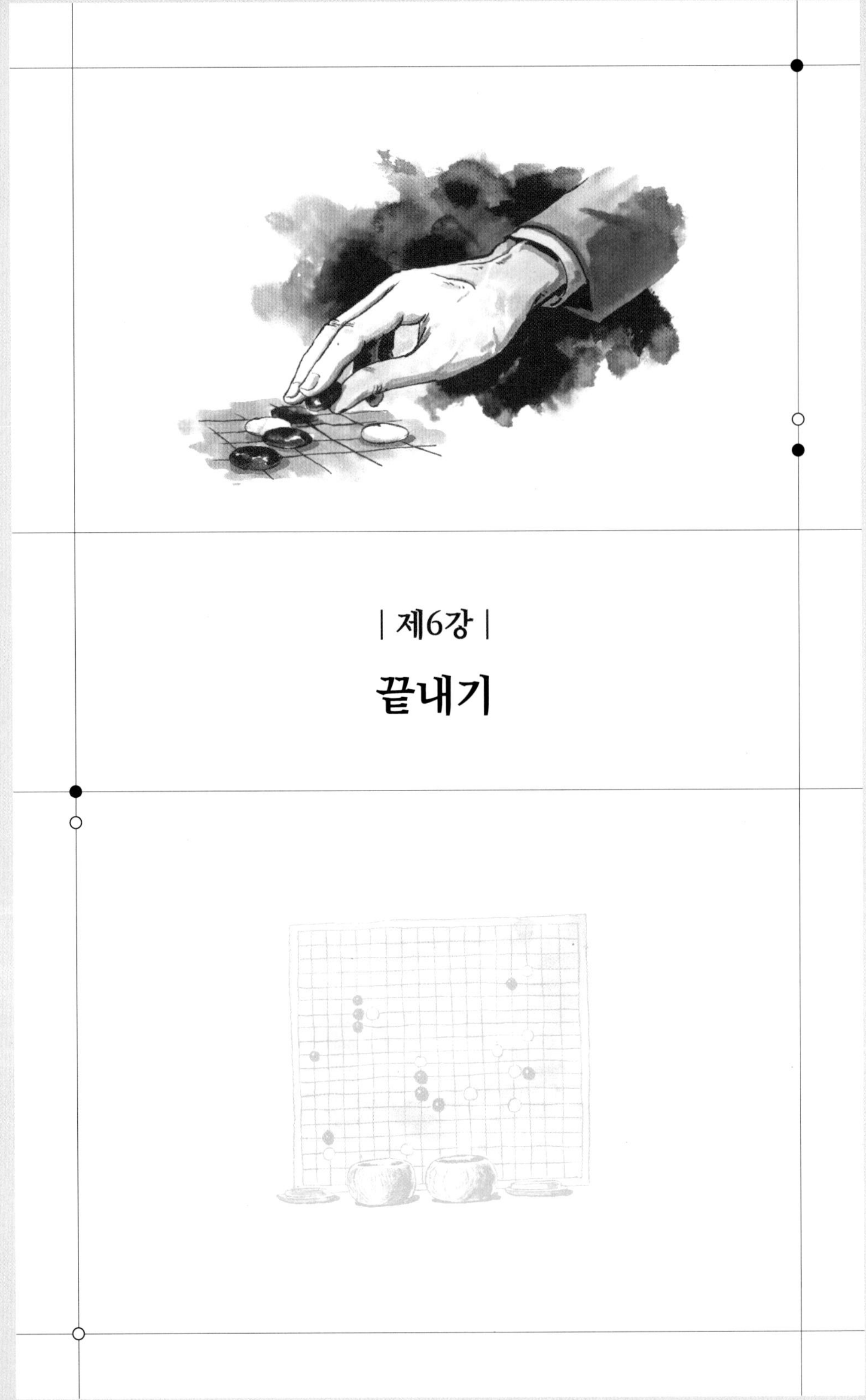

끝내기

바둑 한 판을 마무리 짓는 마지막 단계가

바로 종반, 즉 끝내기입니다.

바둑의 전설적 기사인 이창호 9단은

탁월한 형세 판단과 계산 능력, 흔들림 없는 마무리 실력으로

높은 승률을 보였기에 '끝내기의 신', '신산(神算, 계산의 신)'이라는

별명을 얻었습니다. 이 사례에서 보듯이 끝내기는 현대 바둑에서

가장 중요한 영역 중 하나로 평가받습니다.

실제로 기력이 높아질수록 미세한 집 차이의 접전이 잦아지고,

승부가 끝내기에서 갈리는 경우가 많기 때문에 그 중요성을

더욱 절실히 느끼게 됩니다.

『이세돌의 바둑 첫걸음』에서 배운 내용을 바탕으로,

초반과 중반을 지나 종반 마무리까지 학습해 보셨나요?

이번 강에서는 내 집의 경계선은 넓히고

상대 집의 경계선은 좁히는 기본 끝내기 기술뿐 아니라,

끝내기의 가치 개념과 함께 선수, 후수,

양선수 끝내기의 개념을 정리하고,

실전형 예제를 통해 실전 끝내기 감각을 길러 보겠습니다.

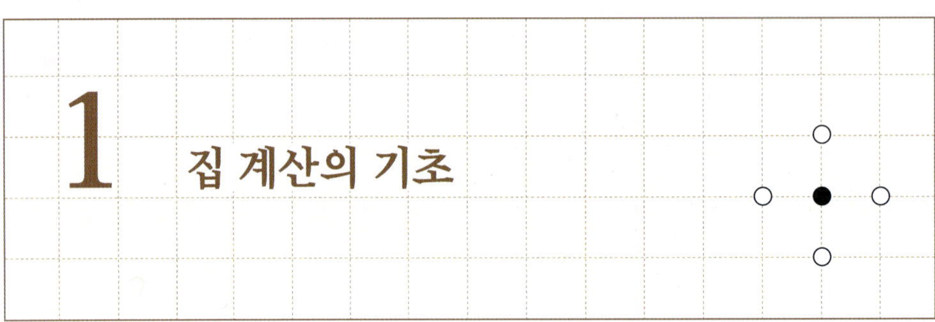

1 집 계산의 기초

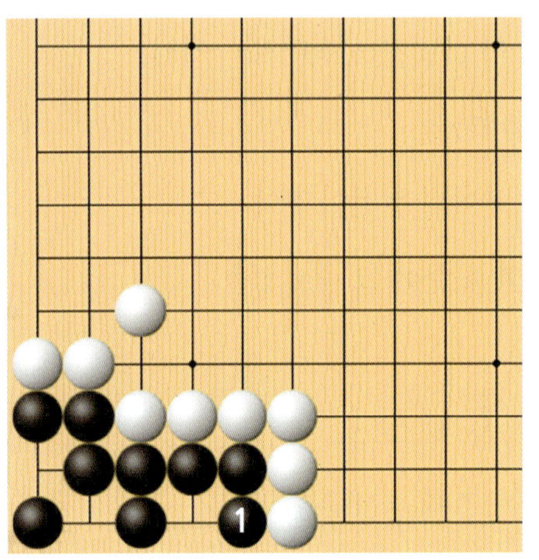

끝내기 단계에서 어떤 자리에 둘지 선택하려면, 각 끝내기가 몇 집의 가치를 가지는지부터 알아야 합니다. 이제 간단한 예를 통해 흑1의 끝내기가 몇 집짜리인지 계산하는 방법을 익혀 보겠습니다.

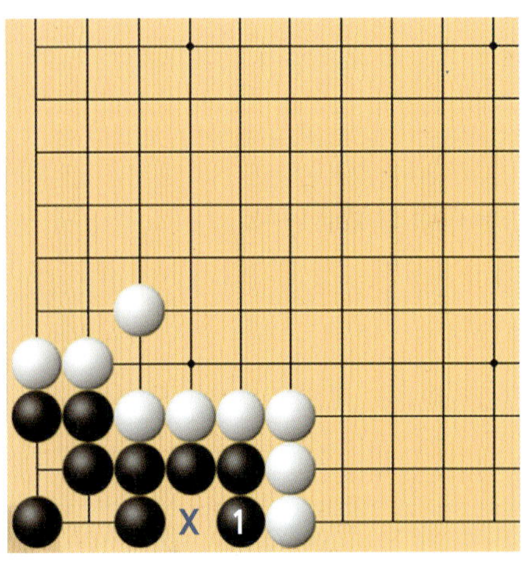

흑1로 두면 흑은 X의 자리에 집이 하나 생깁니다. 그럼 흑1은 1집 끝내기일까요?

이것만 보고 끝내기의 가치를 1집이라고 단정할 수는 없습니다.

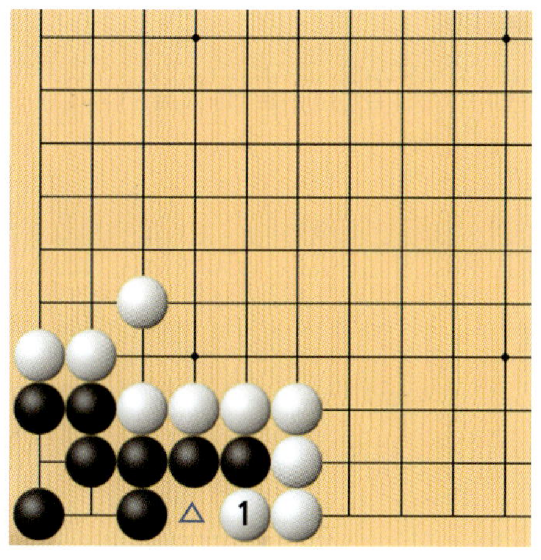

끝내기의 정확한 가치를 알려면, 반대로 백이 그 자리에 두었을 때는 몇 집이 나는지도 함께 계산해야 합니다. 백1로 두면 백의 집이 늘어나지는 않고, △의 자리는 누구의 집도 아닌 **공배**[*]로 남습니다. 결과적으로 흑이 두면 흑이 1집을 얻고, 백은 두어도 얻는 것이 없으므로, 이 끝내기의 가치는 1집짜리 끝내기가 됩니다.

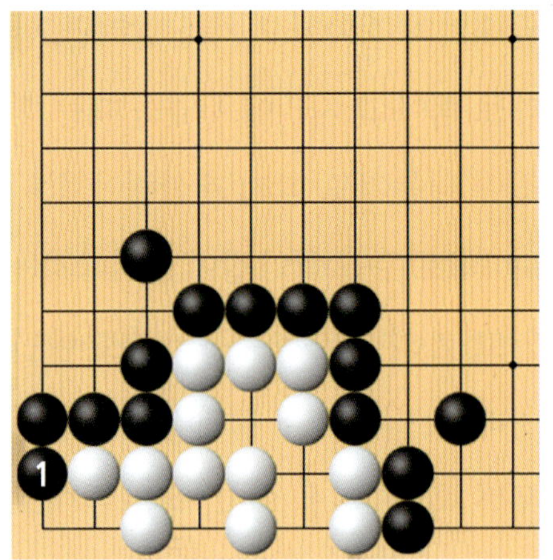

예제 01

흑1은 몇 집짜리 끝내기일까요?

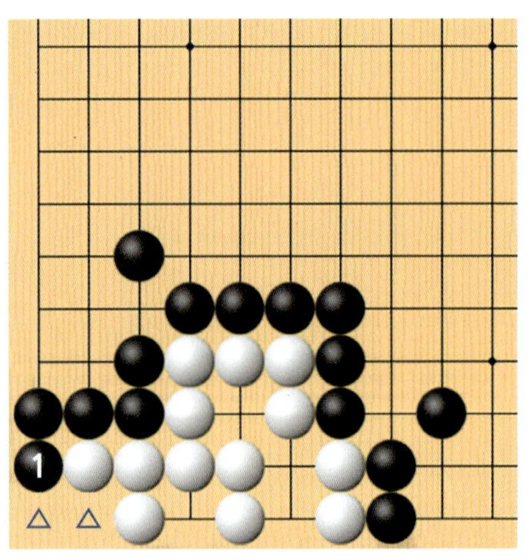

흑1에 두었을 때 늘어나는 흑집은 없습니다. △의 자리는 여전히 누구의 집도 아닌 공배로 남습니다.

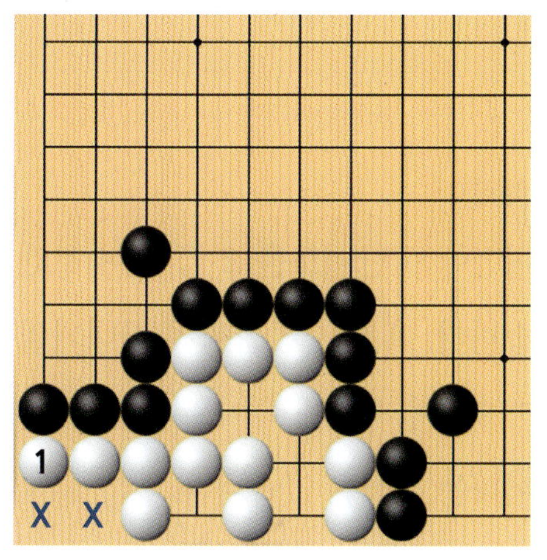

반대로 백이 이곳에 두면, X로 표시
된 두 칸이 모두 백의 집이 됩니다.

정리하면 흑이 두었을 때는 늘어난
집이 없고, 백이 두었을 때는 백집이
2집 늘어나므로, 이 끝내기의 가치
는 2집짜리 끝내기가 됩니다.

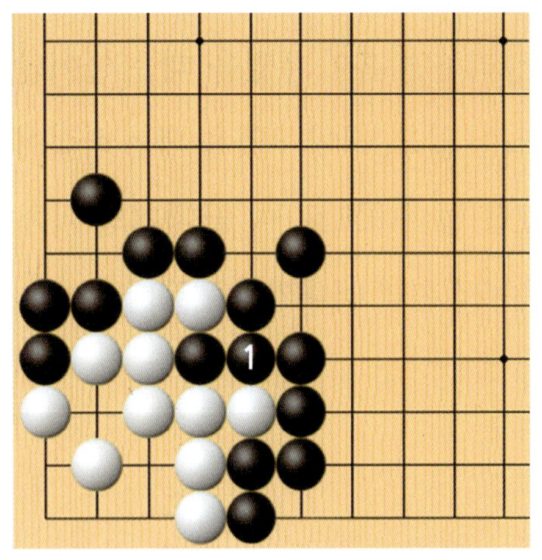

예제 02

이번에는 난이도를 조금 높여 보겠습니다. 흑1은 몇 집짜리 끝내기일까요? 이 자리에 흑이 두었을 때 늘어나는 흑집은 없습니다.

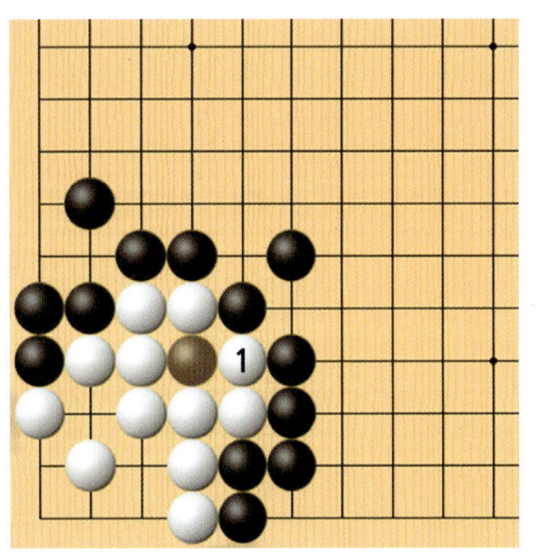

반대로 백1에 두면 상황이 달라집니다. 백집이 몇 집 늘어나는지 계산이 되나요? 이번에는 계산이 조금 어려워집니다.

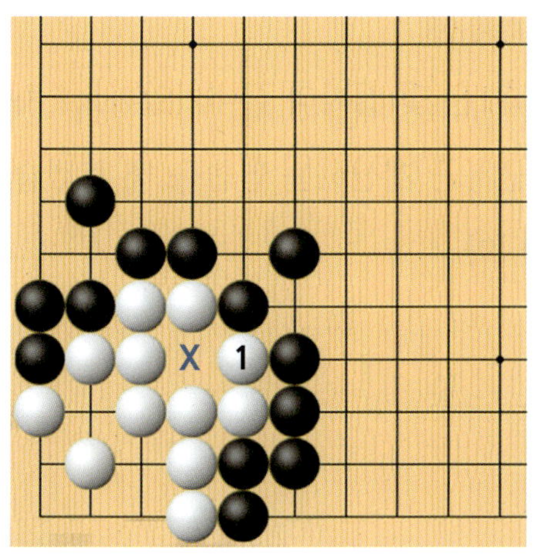

백1에 두어 흑 한 점을 따내면, 이 돌은 잡힌 돌이 되어 사석통으로 옮겨집니다. 동시에 X의 자리에 백집 1집이 생기므로, 늘어난 1집과 사석 1개를 합쳐 총 2집을 얻는 셈입니다.

결과적으로 흑이 두었을 때는 늘어난 집이 없고, 백이 두었을 때는 백이 2집이 생기기 때문에, 이 끝내기의 가치는 2집짜리 끝내기가 됩니다.

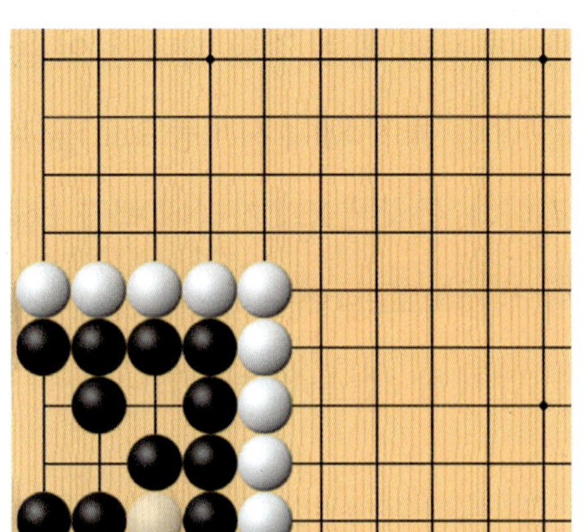

흑1은 몇 집짜리 끝내기일까요? 차근차근 계산하는 연습을 해 보겠습니다.

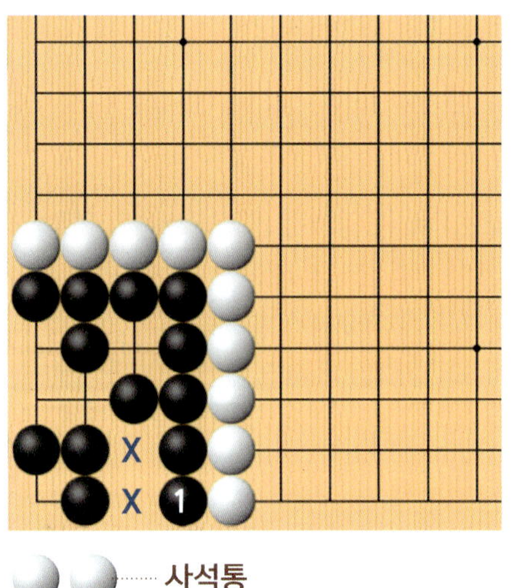

흑1에 두면 백 두 점을 따낼 수 있습니다. 그러면 이 두 점은 사석통으로 옮겨지고, 동시에 X의 두 곳이 모두 흑집이 되므로, 늘어난 2집과 사석 2개를 합쳐 흑은 총 4집이 생기게 됩니다.

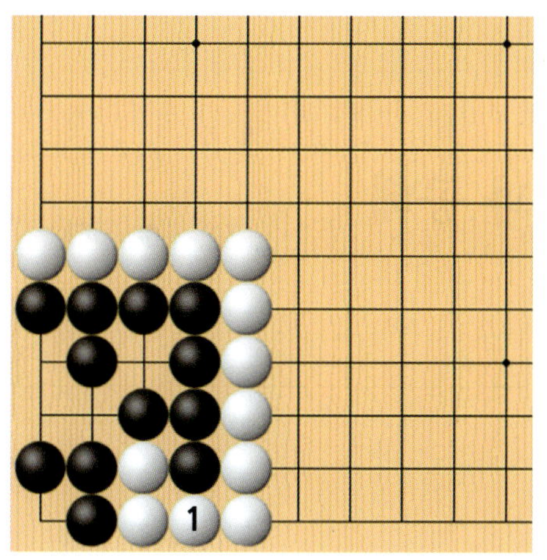

반대로 백1에 두었을 때는 새로 늘어나는 백집은 없지만, 백 두 점을 연결해 잡히는 것을 방지할 수 있습니다.

혹이 두면 4집을 얻고, 백이 두면 생기는 집이 없으므로, 이 끝내기의 가치는 4집짜리 끝내기가 됩니다.

포인트! 결국 잡은 돌(사석) 1개는 바둑판 위의 늘어난 1집과 따낸돌 1개를 합쳐 2집의 가치를 지니므로, '사석 1개＝2집'의 공식을 외워 두면 끝내기 계산이 한결 쉬워질 겁니다.

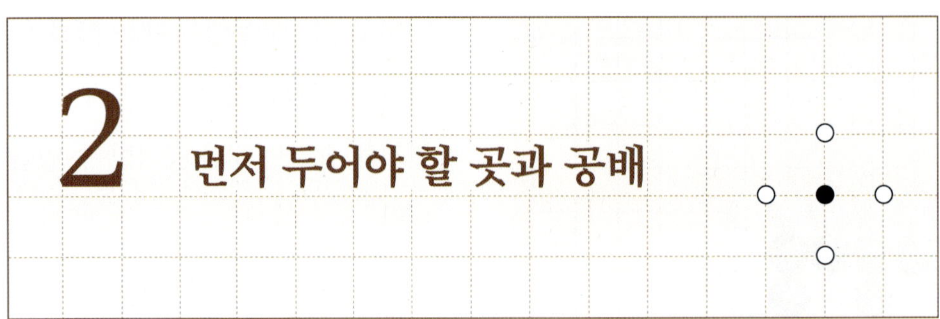

2 먼저 두어야 할 곳과 공배

집과 공배 구별하기

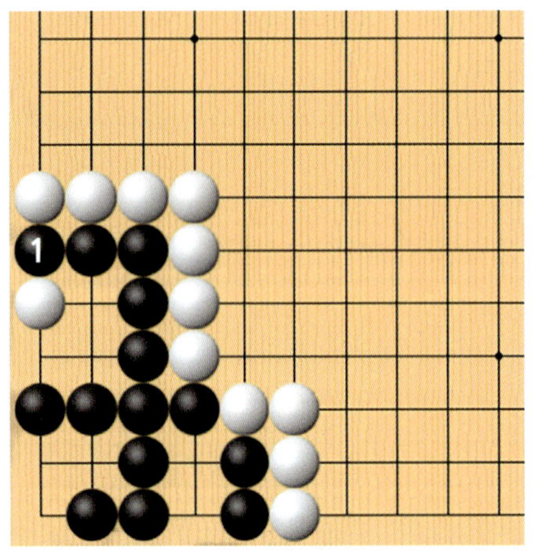

예제 04

흑1은 몇 집짜리 끝내기일까요? 차근차근 계산하는 연습을 해 보겠습니다.

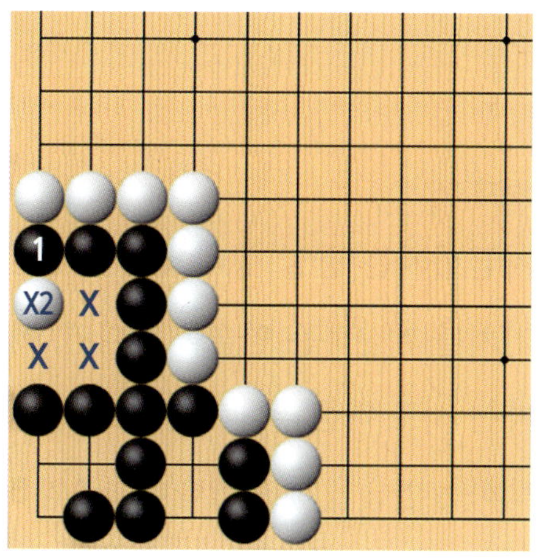

흑1에 두면 백 한 점을 수중에 넣을 수 있습니다. X의 곳들이 모두 흑집이 되어 5집이 생기고, 백 한 점은 비록 당장 따내지는 않더라도 이미 잡힌 돌이므로 종국 시에는 사석통으로 옮겨지게 됩니다.

> 이런 경우 바둑판 위에 있는 잡힌 돌은 늘어난 1집과 사석 1집을 합쳐 두 배의 가치를 가진 것으로 계산하면 됩니다.

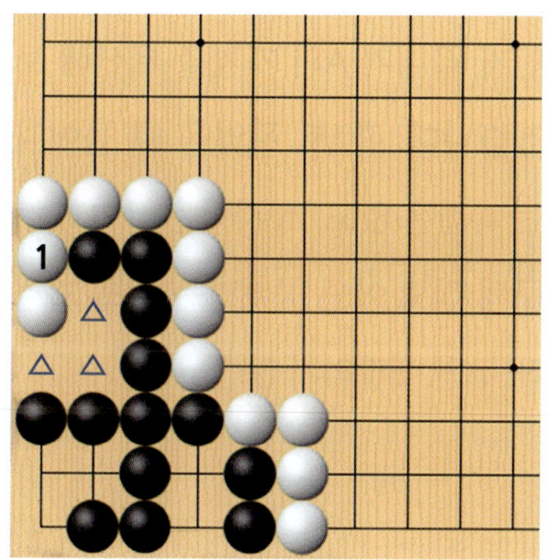

반대로 백이 이 끝내기를 차지하면 어떨까요? 백이 두었을 때 만들어지는 백집은 없지만, 백 한 점을 연결해 살릴 수 있습니다. △의 자리는 누구의 집도 아닌 공배로 남습니다.

> 정리하면 흑이 두면 5집이 생기고, 백이 두면 집이 늘어나지 않으므로, 이 끝내기의 가치는 5집짜리 끝내기가 됩니다.

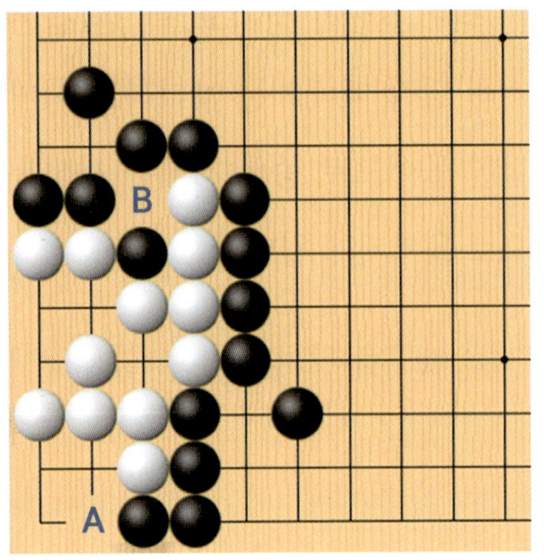

예제 05

지금까지는 단일 형태에서 끝내기 가치를 계산하는 연습을 했다면, 이제는 서로 다른 끝내기를 비교해 선택하는 연습을 해 보겠습니다. A와 B 두 개의 끝내기가 남아 있을 때, 흑은 어느 쪽을 먼저 두어야 할까요?

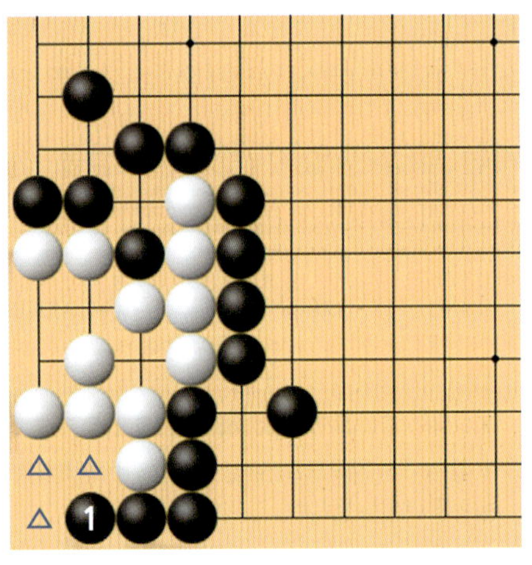

먼저 끝내기 A의 가치를 계산해 보겠습니다. 흑1로 두었을 때 늘어나는 흑집은 없고, △ 자리는 끝까지 누구의 집도 아닌 공배라는 점을 기억해 두면 헷갈리지 않습니다.

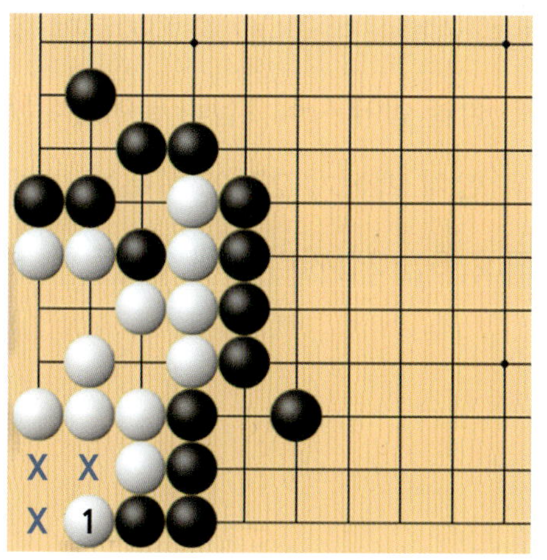

반대로 백1로 두면 X의 곳들이 모두
백집이 되어, 백집이 3집 늘어나므로
A는 3집짜리 끝내기입니다.

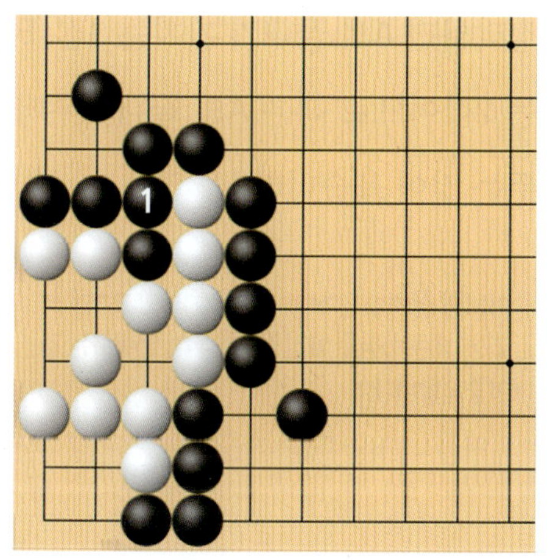

다음으로 끝내기 B를 보겠습니다.
흑1로 두면 흑집이 새로 늘어나지
는 않지만, 흑 한 점을 연결해서 잡
히지 않게 할 수 있습니다.

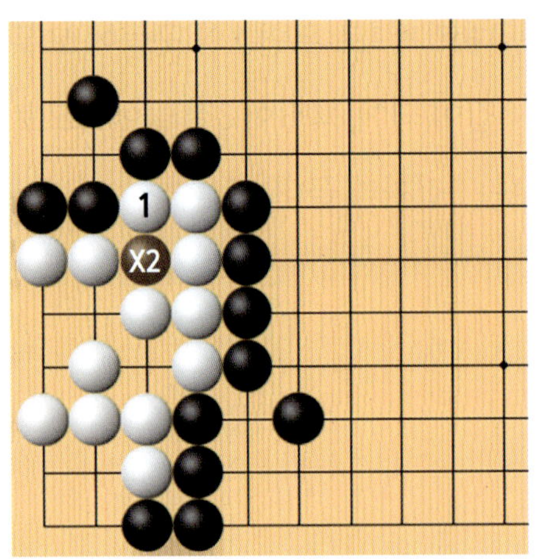

반대로 백이 이 끝내기를 차지하면 흑 한 점을 잡아 사석 1집과 늘어난 1집을 합쳐 백에게 2집의 이득이 생기므로, B는 2집짜리 끝내기가 됩니다.

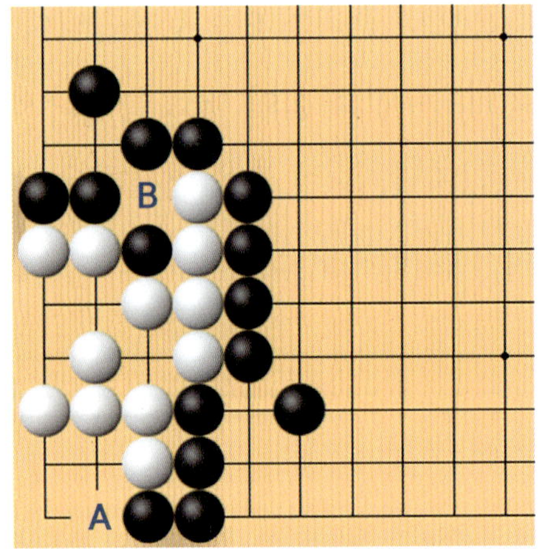

정리하면 A의 끝내기 가치는 3집, B는 2집이므로 흑은 A의 끝내기부터 두는 것이 옳습니다.

이처럼 끝내기 단계에서는 각 자리의 크기를 비교해 더 큰 가치를 가진 끝내기부터 선택하는 것이 중요합니다.

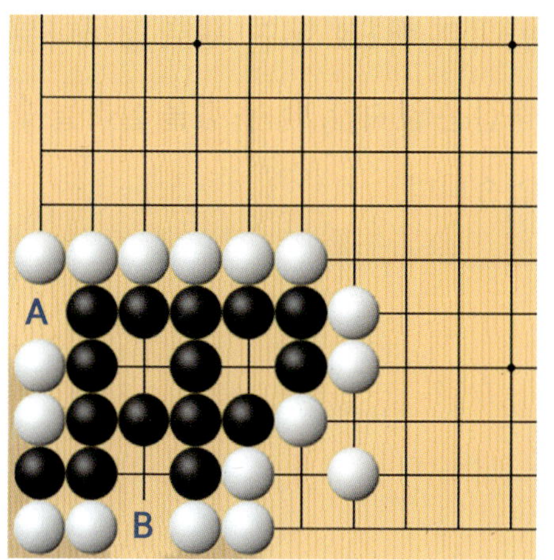

예제 06

A와 B 두 개의 끝내기가 남아 있습니다. 흑은 어느 쪽을 먼저 선택해야 할까요?

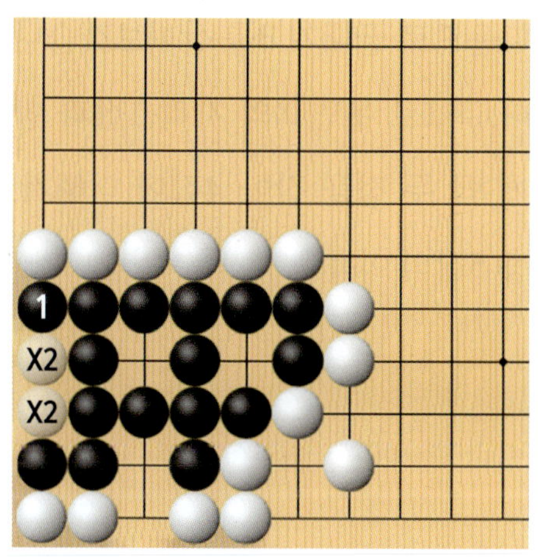

먼저 끝내기 A의 가치를 계산해 보겠습니다. 흑1로 두면 백 두 점을 따내면서 사석 2집과 늘어난 2집을 합쳐 총 4집이 생겨납니다.

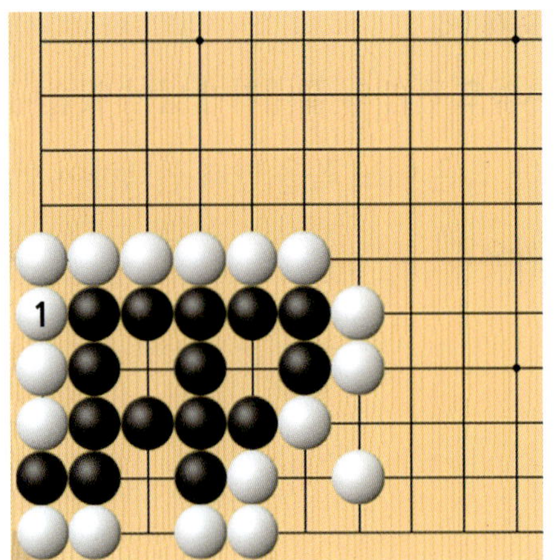

반대로 백1로 두면 새로 늘어나는 백집은 없지만, 백 두 점을 살려둘 수 있습니다.

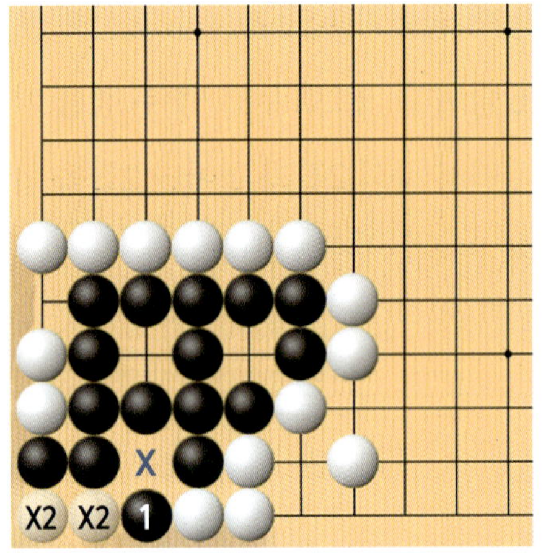

다음으로 끝내기 B를 살펴보겠습니다. 흑1로 두면 X의 자리 1집과 함께 백 두 점을 잡아 4집이 더해져, 총 5집의 이득을 얻을 수 있습니다.

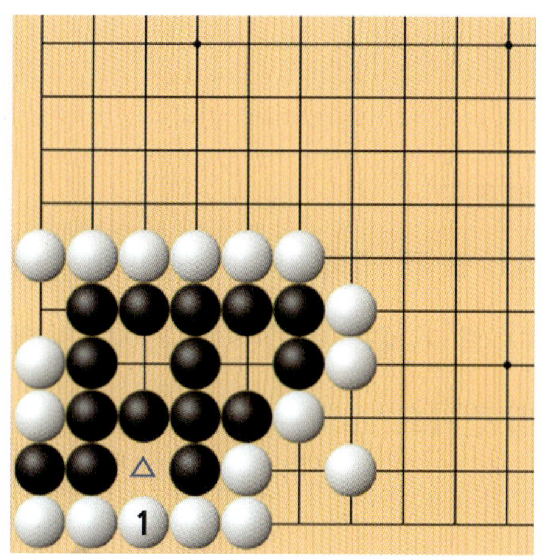

만약 백이 이 끝내기를 차지한다면, 백1로 백 두 점을 연결해 살릴 수 있 지만, △의 자리는 여전히 공배이기 때문에 늘어나는 백집은 없습니다.

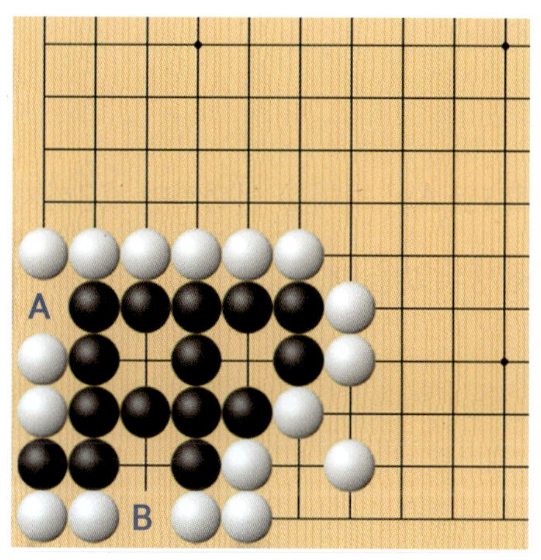

정리하면 A의 끝내기는 4집, B는 5집 이므로 흑은 B의 끝내기부터 두는 것 이 옳습니다.

이처럼 끝내기 단계에서는 각 자리의 크기를 정확히 계산해, 더 큰 가치를 가진 끝내기부터 선택하는 것이 중요합니다.

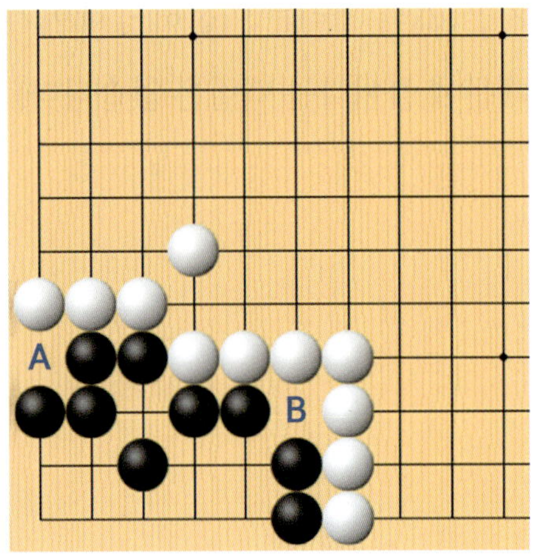

예제 07

A와 B 두 개의 자리가 남아 있습니다. 흑 차례라면 어떤 끝내기를 선택할 건가요?

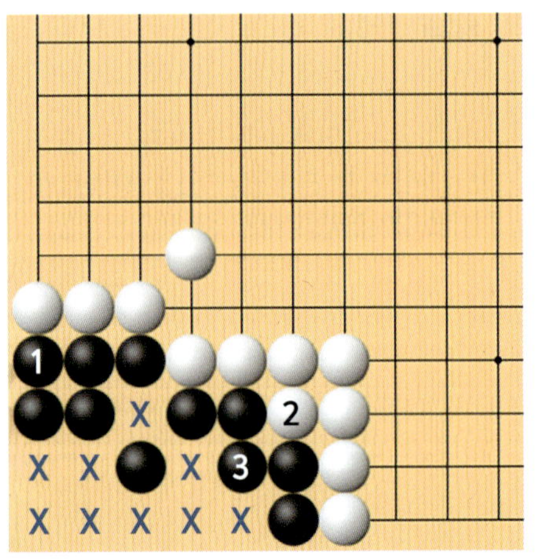

흑1로 A의 자리를 선택하면 흑3까지 진행되었을 때 흑집은 9집이 됩니다.

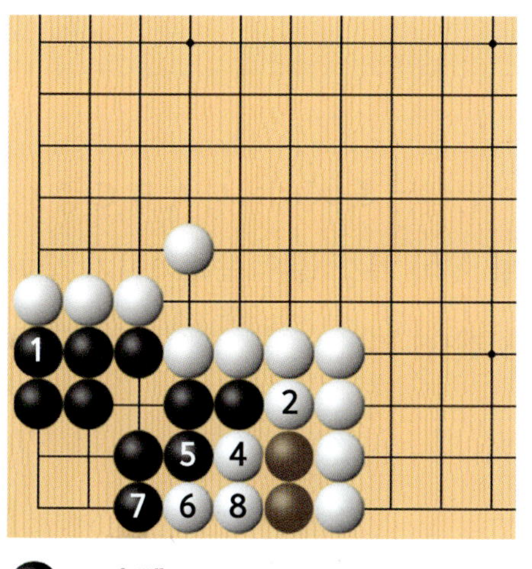

만약 백2를 두었을 때, 흑이 지키지 않으면, 백4로 끊겨 흑 두 점이 잡히므로 흑은 반드시 가일수를 해두어야 합니다.

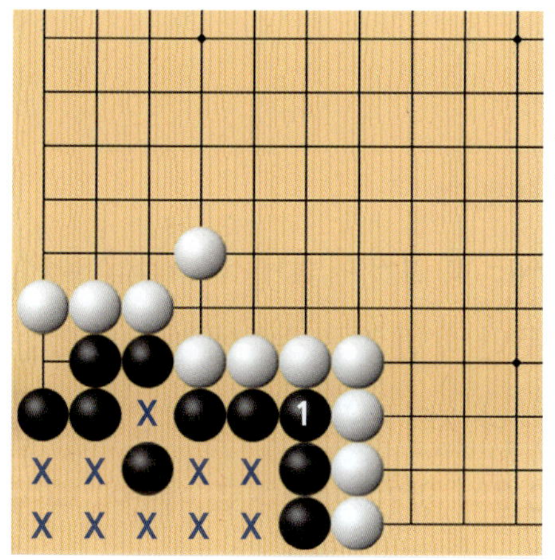

반면 흑1로 B의 끝내기를 선택하면 흑집은 10집이 됩니다. A를 선택한 것과 비교하면 1집 차이가 나기 때문에 정답은 B이고, A는 끝내기가 아닌 공배입니다.

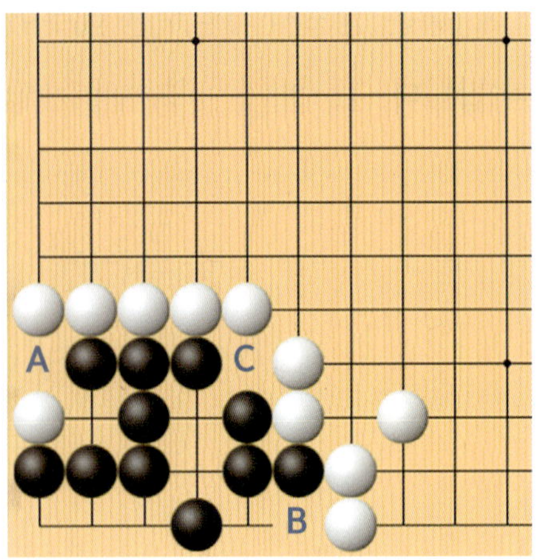

이번에는 흑 차례에서 A, B, C 중 어떤 곳이 가장 좋은 끝내기인지 살펴보겠습니다.

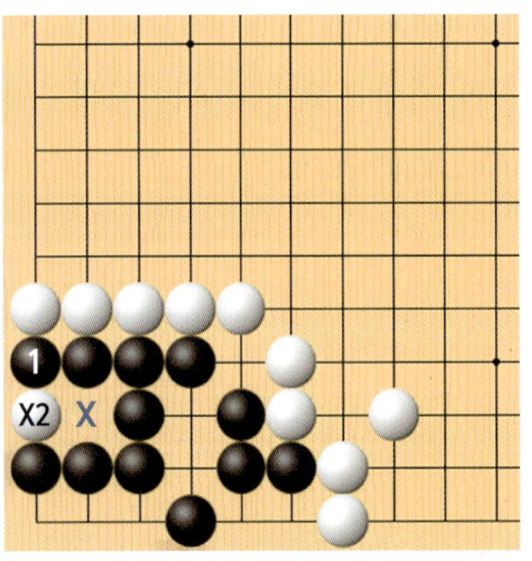

예제 08

A는 몇 집짜리 끝내기일까요? 흑1에 두면 백 한 점을 수중에 넣을 수 있습니다. X의 곳들이 모두 흑집이 되어 3집이 생기고, 반대로 이곳에 백이 둔다면 늘어나는 백집은 없으므로 A는 3집짜리 끝내기가 됩니다.

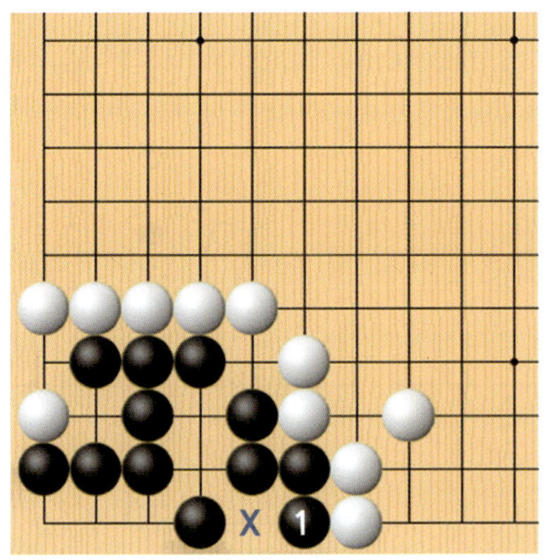

이번에는 B의 크기를 계산해 볼까요? 흑1에 두면 흑은 X의 자리 1집이 늘어나고, 반대로 백이 이곳을 차지한다면 백집은 변하지 않습니다. 따라서 B는 1집짜리 끝내기입니다.

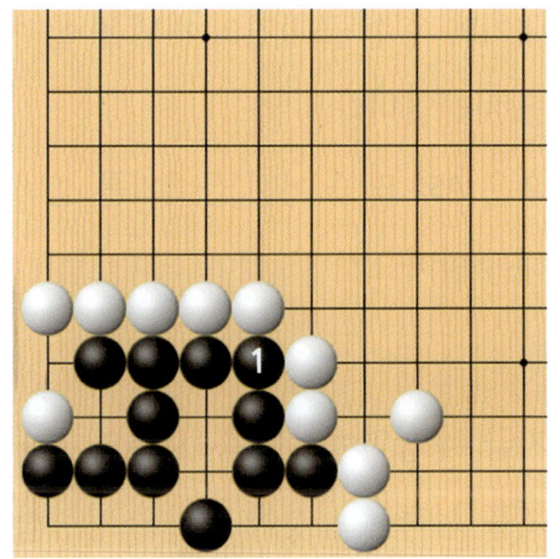

그렇다면 C는 어떨까요? 흑1에 두면 흑집이 늘어나지 않고, 백이 두어도 변하는 것이 없습니다. 따라서 C는 끝내기가 아니라, 어느 쪽이 두어도 이득이 없는 공배입니다.

공배의 자리는 끝내기를 모두 마무리하고 더는 둘 곳이 없을 때 두어야 합니다.

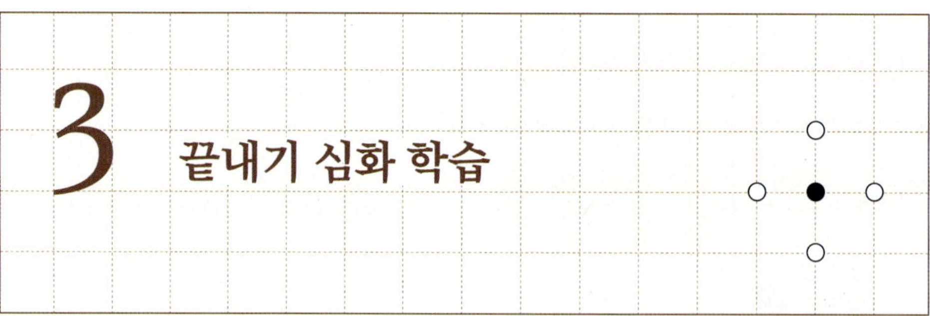

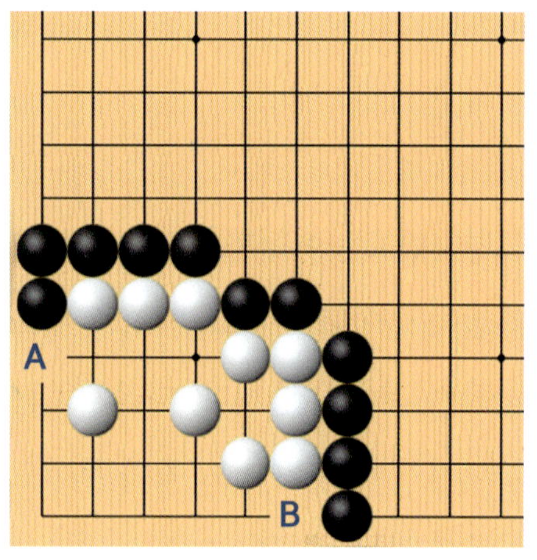

예제 09

끝내기의 가치를 계산하고 비교하는 과정을 익혔다면, 이제는 선수 끝내기와 후수 끝내기의 개념을 살펴볼 차례입니다.

흑은 A와 B 중 어떤 끝내기를 선택해야 할까요?

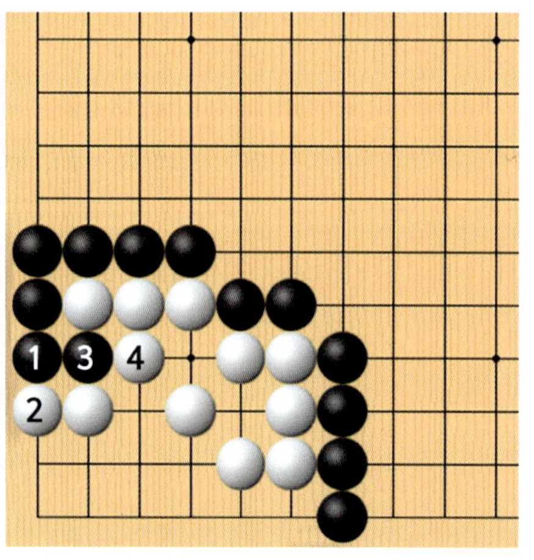

지금 이 장면에서는 흑1로 A의 끝내기를 선택하는 것이 올바른 방향입니다. 백집의 경계선을 지키기 위해서는 백이 2, 4로 반드시 받아 두어야 하므로, 백4까지 흑이 계속해서 선수를 유지한 채 끝내기를 진행할 수 있습니다.

이처럼 상대가 꼭 받아야만 하는 자리의 끝내기를 가리켜 선수 끝내기라고 부릅니다.

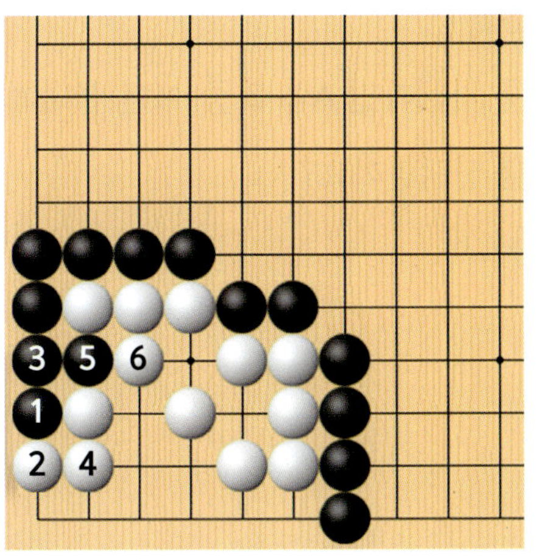

한 걸음 더 나아가자면, 방향은 A가 맞지만 흑1로 한 발짝 더 깊이 들어가는 것이 정수입니다. 흑1에 대해 백은 흑의 연결을 끊을 수 없어 뒤로 물러서야 하고, 앞의 그림과 비교하면 백집이 2집 더 줄어든 것을 확인할 수 있습니다.

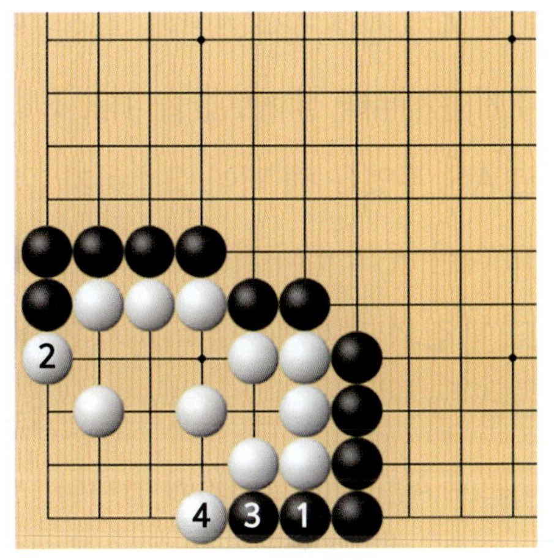

반면 흑1로 B의 끝내기를 선택하는 것은 좋지 않습니다. 백은 흑1에 응수하지 않고도 다른 곳의 끝내기를 차지할 수 있으며, 그럼에도 백집의 경계선은 무너지지 않습니다. 위의 흑의 정수와 비교하면, 백이 훨씬 많은 집을 차지한 것을 확인할 수 있습니다.

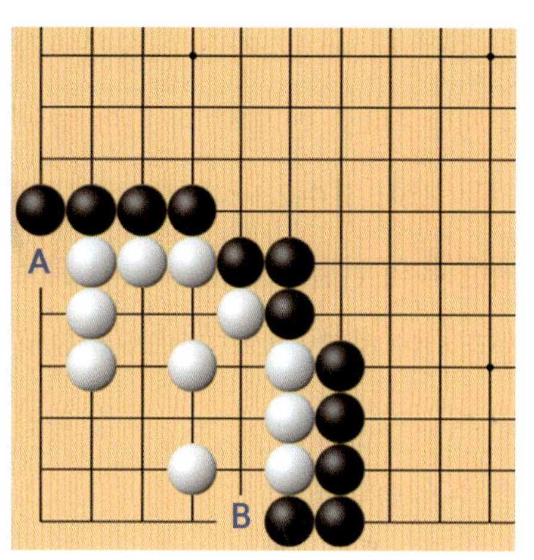

예제 10

흑 차례라면 A와 B 중 어떤 끝내기
를 선택할까요?

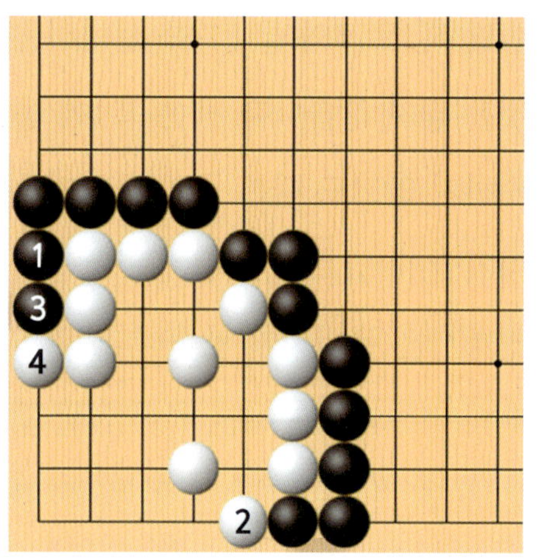

먼저 A가 선수 끝내기인지, 후수 끝
내기인지부터 살펴보겠습니다. 흑1
로 A에 두었을 때 백이 응수하지 않
고 다른 곳의 끝내기를 진행하더라
도, 백집의 경계선은 무너지지 않습
니다. 백이 손을 빼도 영향을 주지 못
하므로 A는 후수 끝내기가 됩니다.

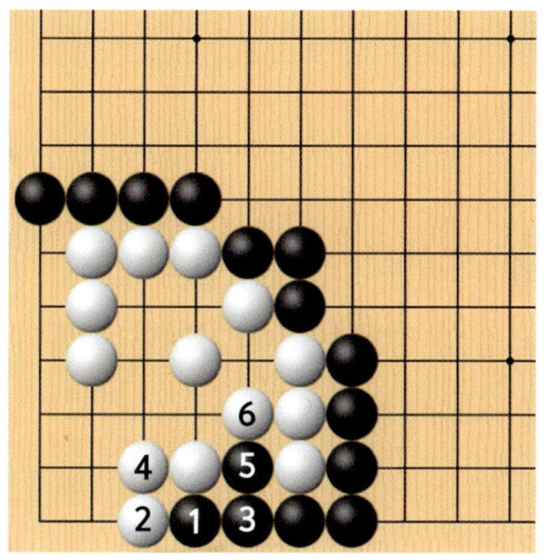

흑1로는 B의 끝내기를 선택하는 것이 정수입니다. 이 경우 백집의 경계선을 지키기 위해서는 백이 2, 4, 6으로 반드시 받아 두어야 하므로, 흑은 계속해서 선수를 유지한 채 끝내기를 이어 갈 수 있습니다. 이런 자리를 선수 끝내기라고 합니다.

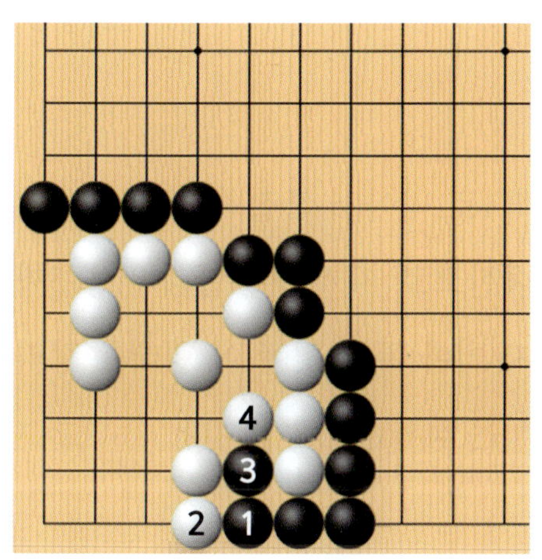

다만 흑1은 방향 자체는 맞지만, 최선의 수가 아닙니다. 위의 그림과 비교하면, 정수로 두었을 때와 백집 크기에 2집 차이가 난다는 점을 확인할 수 있습니다.

선수 끝내기와 후수 끝내기가 동시에 남아 있을 때는 말할 것도 없이 선수 끝내기를 선택해야 합니다. 선수라는 것은 상대가 응수하지 않고 다른 곳을 두었을 때 큰 손해가 발생하기 때문에 반드시 응수해야 하는 곳을 뜻합니다. 먼저 선수 끝내기를 진행한 뒤에 후수 끝내기를 두어 가는 순서가 자연스럽고 효율적인 끝내기 운영입니다.

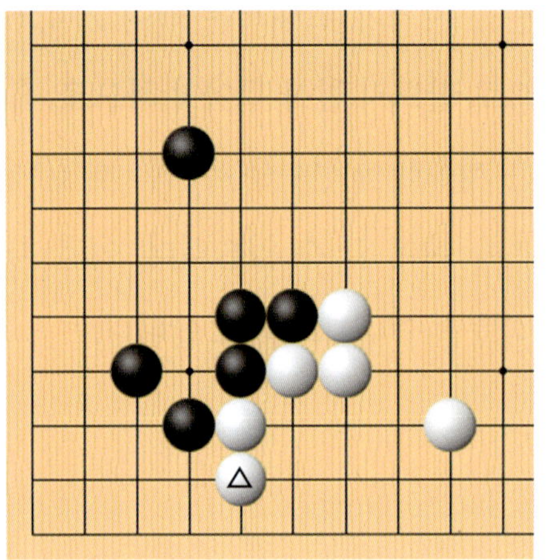

예제 11

△로 두어 간 장면입니다.
흑집의 경계선을 지키려면 어떻게
응수해야 할까요?

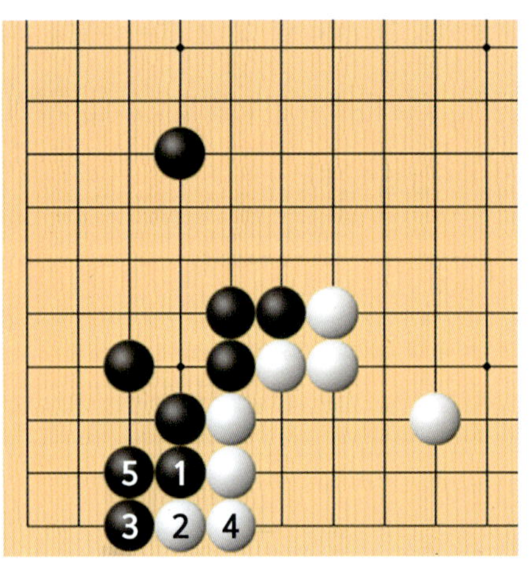

흑1로 막아서 흑집의 경계선을 최
대한으로 지켜내야 합니다. 흑5까
지 받아 두는 것이 이 형태를 정리
하는 정확한 수순입니다.

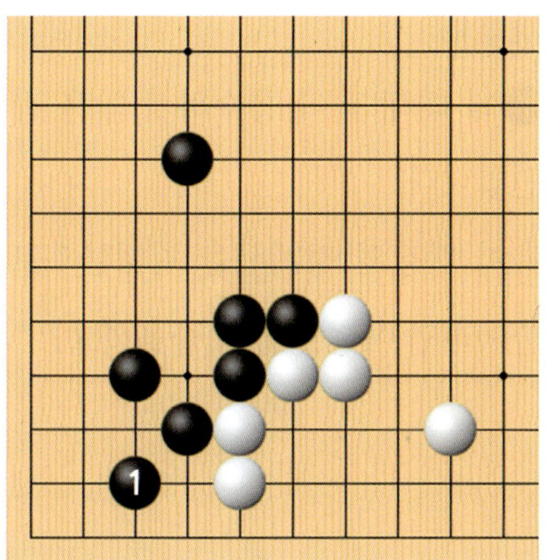

보다 안전하게 지키고 싶은 마음에 흑1로 한 칸 물러나는 수를 떠올릴 수도 있습니다. 이 수 역시 집의 경계선을 지키는 데에는 문제가 없지만, 이후 백에게 어떠한 영향도 주지 못하는 만큼 다소 아쉬운 선택입니다.

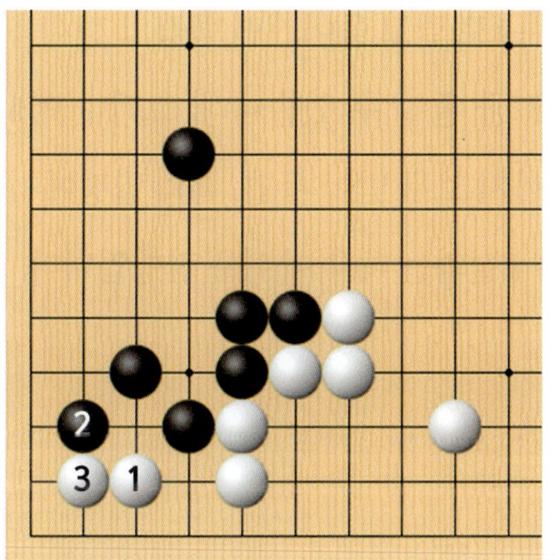

만약 흑이 이 자리를 소홀히 하면, 백1로 한 칸 뛰어 들어오는 한 수로 흑집의 경계선이 한꺼번에 무너지고 맙니다.

끝내기 단계에서 내 집의 경계선을 지켜내는 일을 소홀히 해서는 안 됩니다.

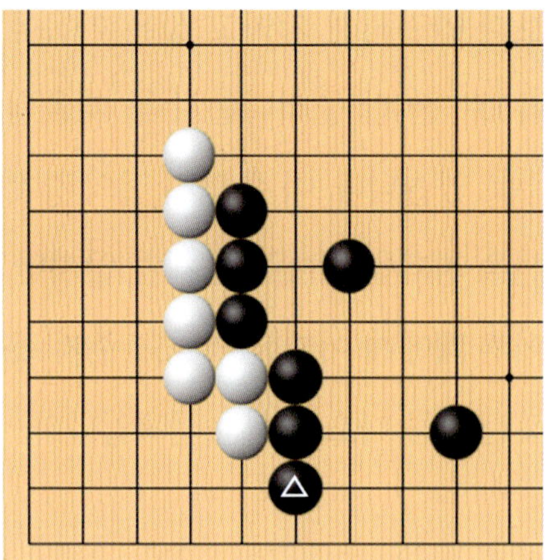

⬤에 대해 백이 응수하지 않은 장면입니다.

흑이 백집의 경계선을 최대한으로 줄이려면 어떤 방법이 좋을까요?

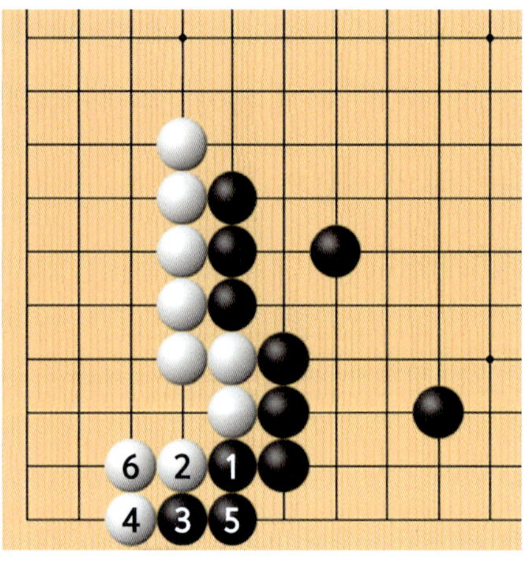

흑1로 밀고 들어가면 백집의 경계를 조금 줄일 수 있습니다. 그러나 백6 까지 모두 받아 두면, 흑의 입장에서 이 결과는 매우 아쉬운 진행입니다.

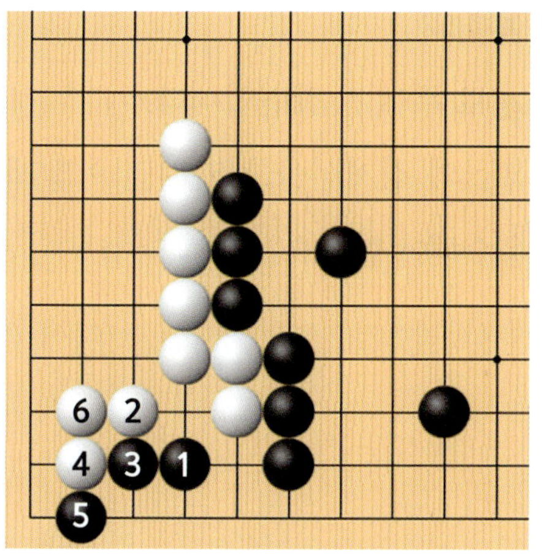

이 장면에서 더 좋은 수단은 흑1로 한 칸 뛰어드는 수입니다. 백6까지 진행된 모양을 앞의 그림과 비교해 보면, 흑1의 한 수 차이로 백집의 경계선이 크게 무너진 것을 알 수 있습니다.

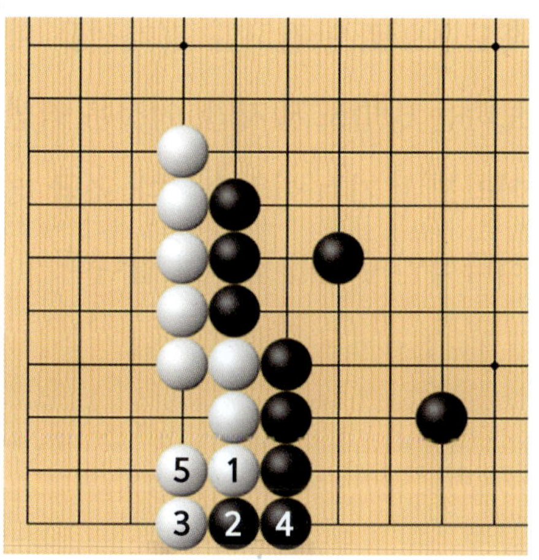

백1로 미리 이곳의 경계선을 지켜 둔 경우와, 흑1로 뛰어든 위의 그림을 나란히 놓고 비교해 보면 이 자리가 얼마나 큰 끝내기였는지 한눈에 들어올 것입니다.

이렇게 실제 모양을 대비해 보는 것이 끝내기 감각을 키우는 데 큰 도움이 됩니다.

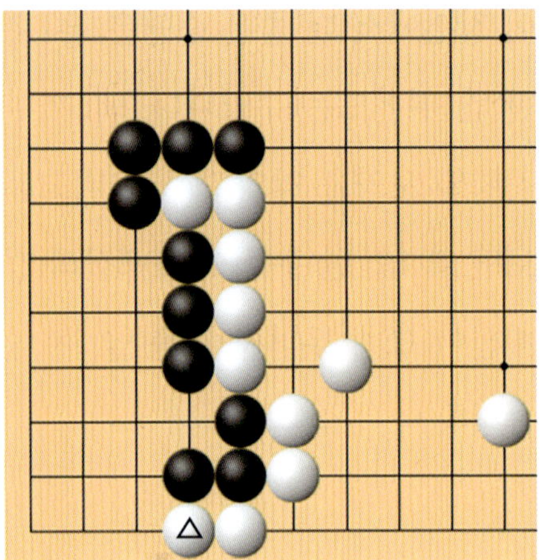

예제 13

△로 두어 간 장면입니다.
흑집의 경계선을 지키려면 어떻게
응수해야 할까요?

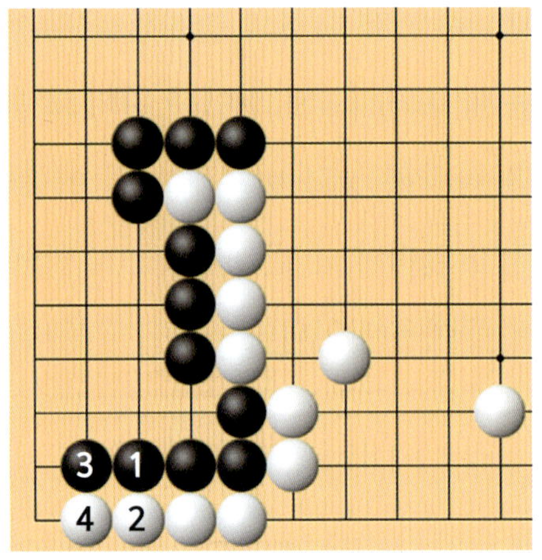

흑1, 3으로 안전하게 경계선을 확
보하는 방법도 있지만, 이것은 최선
이라고 보기는 어렵습니다. 조금 더
적극적인 수단을 찾아야 합니다.

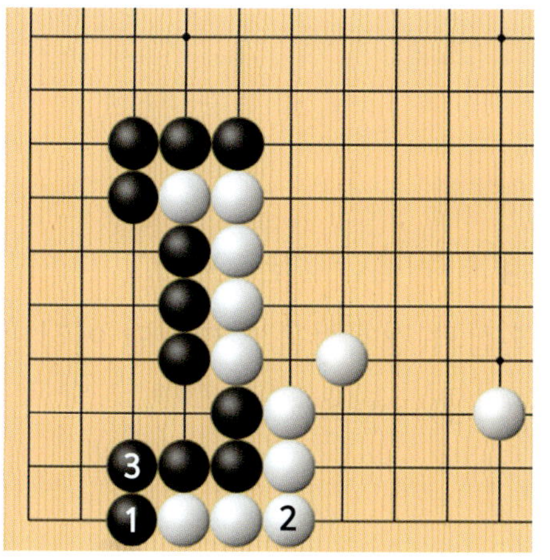

이 장면에서는 흑1로 곧바로 막아 가는 수가 가능합니다. 1선의 백 두 점이 단수가 되기 때문에 흑1을 선 수한 뒤 흑3으로 이어 두면, 흑집의 경계선을 최대한으로 확보할 수 있 습니다.

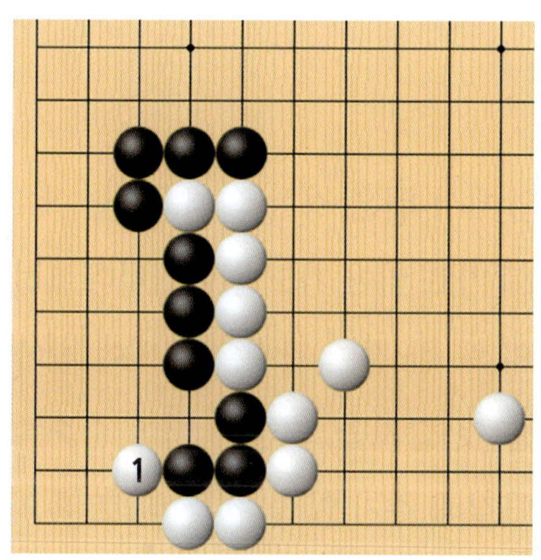

만약 흑이 이 자리를 소홀히 하면, 백1의 단수를 허용해 흑집의 경계 선이 한 번에 무너지고 맙니다.

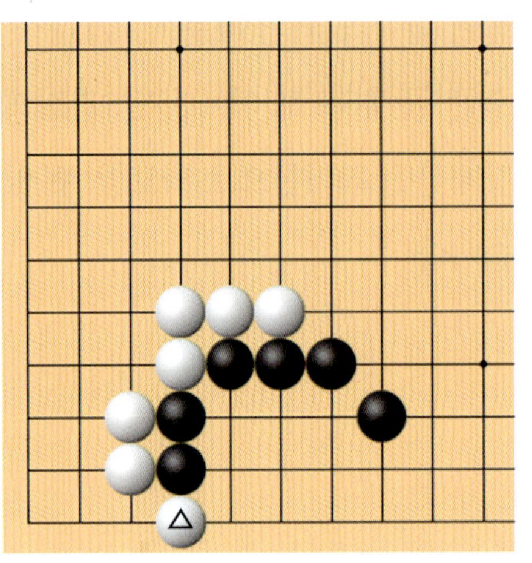

예제 14

◎로 두어 간 장면입니다.
흑집의 경계선을 지키려면 어떻게
응수해야 할까요?

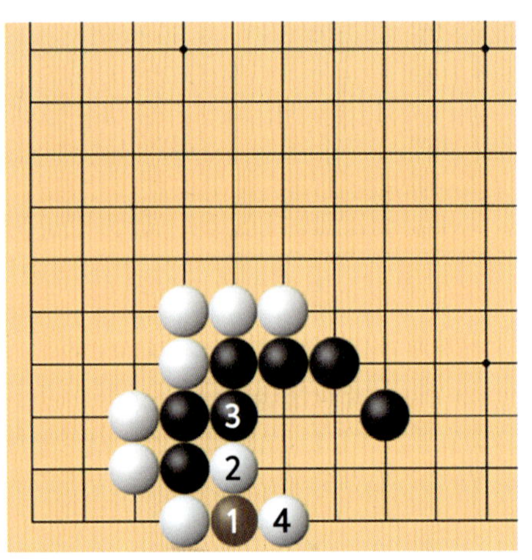

앞에서 배운 경험을 떠올리면 흑1
로 바로 막아 가고 싶어집니다. 1선
의 백 한 점이 단수여서 백이 받아
줄 것 같지만, 지금은 백이 순순히
연결해 주지 않습니다. 백2로 흑의
약점을 끊어 역공해 오면 흑집의 경
계선이 순식간에 무너지고 맙니다.

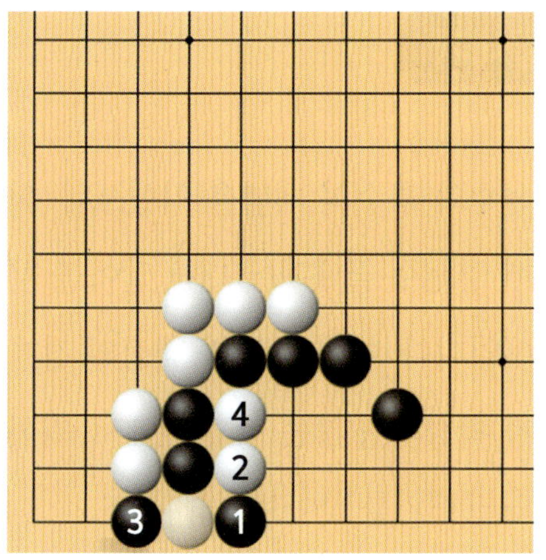

흑3으로 응수를 바꿔 백 한 점을 따내더라도, 백4로 다시 끊는 수가 남아 있어 흑의 피해가 걷잡을 수 없이 커집니다.

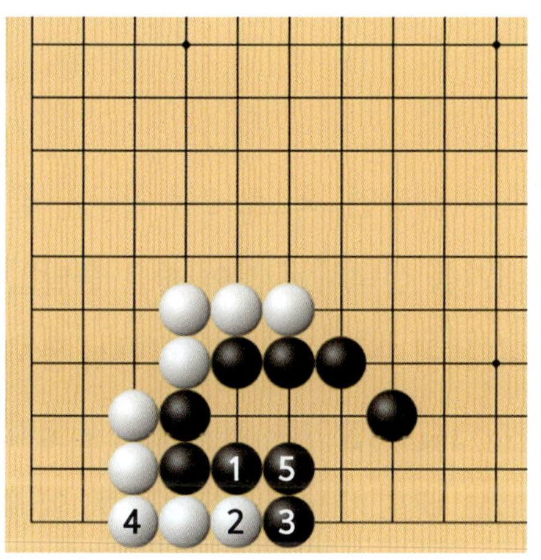

이 장면에서 흑은 곧바로 막아갈 수 없기 때문에, 한 발 늦춰서 흑1로 받아 두는 것이 최선입니다.

이처럼 상대가 1선에 젖히는 끝내기를 두었을 때에는, 곧장 막아서 받을 수 있는 모양인지, 아니면 늦춰 받아야 하는 형태인지 반드시 한 번 더 점검하는 습관이 필요합니다.

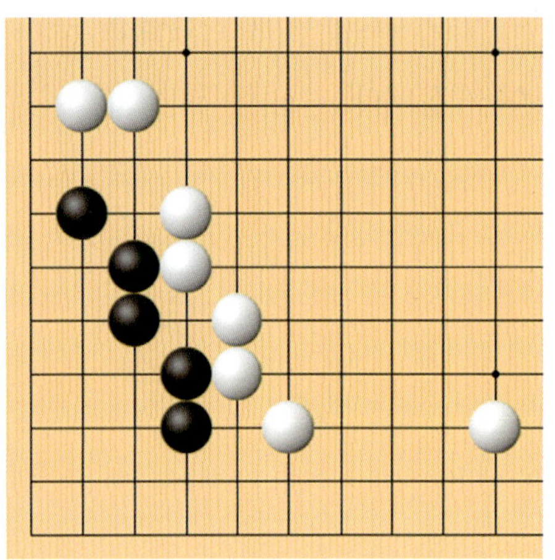

선수와 후수의 개념을 익혔으니, 이제 양선수 끝내기에 대해 알아볼 차례입니다. 아직 흑집과 백집의 경계가 확정되지 않은 이 장면에서, 최선의 끝내기를 찾아보겠습니다.

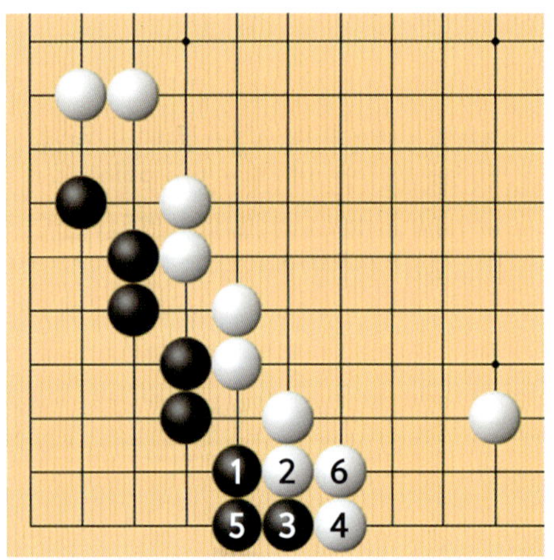

흑 차례라면, 흑1로 2선 입구자 끝내기를 선택하는 것이 좋은 출발입니다. 이 수는 흑집을 넓히면서 동시에 백집을 줄이는 효율적인 끝내기이고, 백도 자신의 집을 지키기 위해서는 백2로 받아야 하므로 흑이 선수를 유지한 채 끝내기를 진행할 수 있습니다.

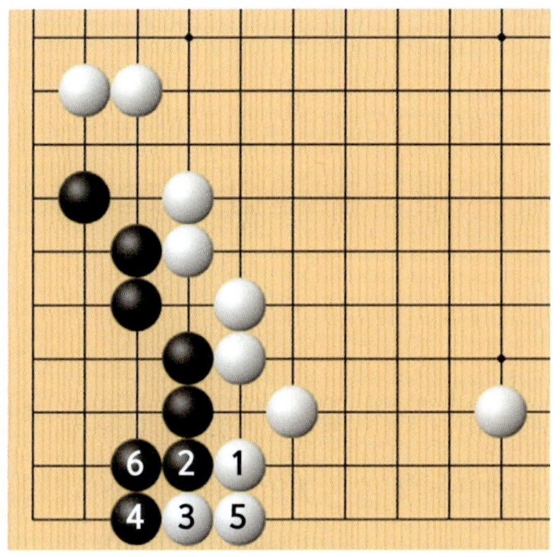

반대로 백 차례라면 어떨까요? 이 경우에도 백1의 입구자가 백집을 넓히면서 동시에 흑집을 줄이는 좋은 끝내기가 되며, 흑 역시 이 수에 응수할 수밖에 없습니다. 정리하면 이 자리는 흑이 두어도, 백이 두어도 각각 선수가 되는 자리이므로, 양쪽 모두에게 선수가 되는 양선수 끝내기에 해당합니다.

그럼 이 양선수 끝내기가 몇 집짜리인지 계산해 볼까요? 흑이 두었을 때 늘어난 흑집과, 백이 두었을 때 늘어난 백집을 각각 세어 더하면 그 가치를 알 수 있습니다.

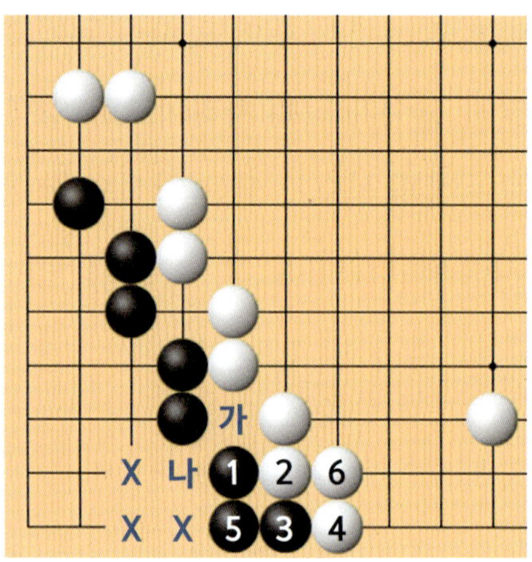

흑1에 두어 끝내기를 진행했을 때 늘어난 흑집은 X의 자리로 총 3집입니다. 이후 백이 '가'의 자리에 두는 것이 언제 두어도 선수이기 때문에, '나'의 자리는 흑집으로 계산하지 않습니다.

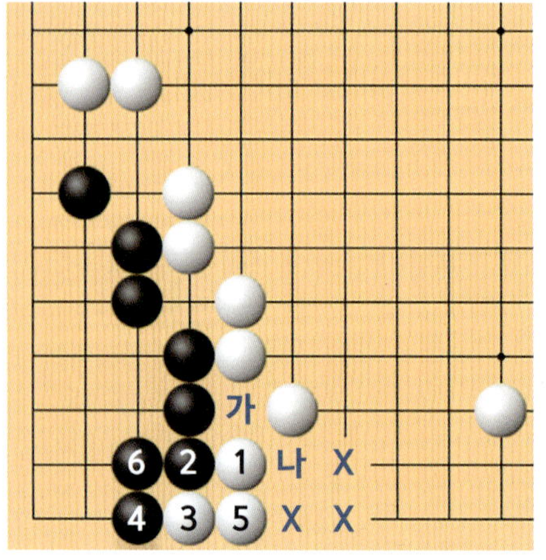

반대로 백이 먼저 두었을 때 늘어나는 백집도 3집이며, 이 경우에도 흑이 '가'에 두는 수가 언제나 선수가 되므로 '나'의 자리는 백집으로 보지 않습니다. 따라서 흑이 두면 3집, 백이 두어도 3집이 늘어나므로 이 자리는 양선수 6집 끝내기가 됩니다.

끝내기의 가치는 일반적으로 후수 < 선수 < 양선수 순으로 커집니다. 같은 크기라고 가정했을 때, 선수 끝내기는 후수 끝내기의 두 배, 양선수 끝내기는 후수 끝내기의 네 배의 가치를 가진다고 봅니다. 예를 들어 '후수 5집, 선수 5집, 양선수 5집' 끝내기가 있다면, 크기 비교는 다음과 같습니다.

후수 5집 끝내기   <   선수 5집 끝내기   <   양선수 5집 끝내기

모두 후수 기준으로 환산하면 아래와 같은 가치를 갖는 것으로 계산합니다.

후수 5집 끝내기   <   선수 5집 끝내기   <   양선수 5집 끝내기

▼

후수 5집 끝내기   <   후수 10집 끝내기   <   후수 20집 끝내기

즉, 선수 5집 끝내기는 후수 10집, 양선수 5집 끝내기는 후수 20집에 해당하는 가치로 볼 수 있어, 후수 끝내기보다 선수 끝내기가, 선수 끝내기보다 양선수 끝내기가 훨씬 크다는 것을 알 수 있습니다. 그만큼 양선수 끝내기의 가치가 압도적으로 크기 때문에, 실전에서는 반드시 양선수 → 선수 → 후수 끝내기 순으로 진행해야 한다는 점을 꼭 기억해 두세요.

신들의 제전,
맥심커피배 입신최강전 최다 우승

프로 바둑기사의 단위는 초단부터 9단까지 아홉 단계가 있습니다. 프로가 되면 처음 부여받는 초(初)단은 졸렬하나 스스로 지킬 줄 안다는 뜻의 '수졸(守拙)', 최고 단위인 9단은 신의 경지에 올랐다는 의미의 '입신(入神)'이라는 별칭을 가지고 있습니다. 국내 기전 가운데 프로 9단에게만 출전 자격이 주어지는 독특한 대회가 있는데, 맥심커피배 입신최강전이 바로 그것입니다. 이름 그대로 '입신'들만 모여 '입신 중의 입신'을 가리는 대회이기에 신들의 제전이라 할 수 있고, 그만큼 경쟁도 치열합니다.

이 대회는 저와 인연이 무척 깊습니다. 제6·7·8회 대회에서 3연패를 달성한 데 이어 제15·17회에서 다시 우승을 차지하며 통산 5회 정상에 올랐기 때문입니다. 6회 대회에서는 양재호 9단, 7회에서는 최철한 9단, 8회에서는 박정상 9단을 연달아 꺾으며 3년 연속 우승을 차지해 '맥심커피배의 사나이'라는 별명을 얻기도 했습니다. 하지만 순탄함은 여기까지였고, 이후 한동안은 맥심커피배와 인연이 닿지 않았습니다.

다시 우승 트로피를 들어 올린 것은 7년이 지난 뒤였습니다. 제15회 대회에서는 박정환 9단을 상대로 2-0 완승을, 제17회 대회에서는 원성진 9단을 종합 전적 2-0으로 제압했습니다. 이것으로 저는 통산 5회 우승, 단독 최다 우승 기록을 완성했습니다. 이 우승은 저의 프로 통산 마흔여덟 번째 타이틀이기도 했습니다.

이 당시 우승은 제게 또 다른 기쁨을 전해 주었습니다. 바둑마저도 컴퓨터가 인간을 넘어섰다는 것을 뼈아프게 확인했던 알파고와의 대국 이후, 제가 처음으로 들어 올린 타이틀이 바로 제17회 맥심커피배였으니까요. 알파고전 이후 공식전 7연승의 흐름 속에서 거둔 성과이기도 합니다. 맥심커피배 통산 5회 우승은 저의 커피 사랑과도 무관하지 않은 듯합니다. 우승 직후 인터뷰에서 "커피를 굉장히 좋아하는데 그런 점에서 이 대회에서 좋은 결과를 거둔 것 같다"고 말했던 기억이 납니다. 물론 감각에만 의존하지 않고 수읽기 정확도를 더 높이려 했던 것이 우승의 밑거름이었던 점은 분명합니다.

입신들만 모여 겨루는 맥심커피배에서의 다섯 번의 우승은 동시대 최강 9단들 사이에서 제가 오랜 기간 정점에 머물렀다는 상징적 기록이라고 평하는 분들이 많습니다. 통산 5회 우승은 여전히 맥심커피배 입신최강전 최다 우승 기록으로 남아 있습니다.

나만의 기풍 만들기

알아두면 도움되는 바둑 격언

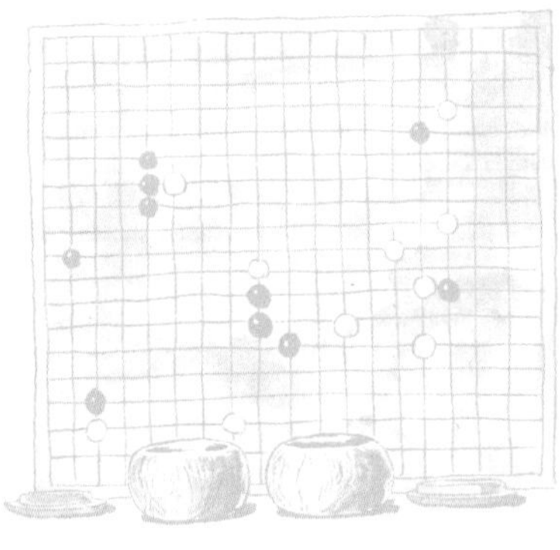

바둑에도 속담처럼 오랜 세월 검증된 말들이 있습니다.

때로는 "이럴 때는 이렇게 두는 법이다"라는 전략·전술을,

때로는 "이 모양에서는 이 수가 급소다"와 같이 판단의

원칙과 기술을 압축된 문장으로 표현해 왔습니다.

이것이 바로 바둑 격언입니다.

평소에는 추상적으로 느껴질 수 있지만, 실제 대국에서

길을 잃었을 때 바둑의 격언은 수읽기의 방향을 잡아 주는

나침반 역할을 합니다. 물론 격언이 곧 정답은 아닙니다.

시간이 흐름에 따라, 상황에 따라, 형세에 따라 달라질 뿐 아니라

AI 시대에 들어서면서 특히 예외가 많아졌습니다.

그렇지만 초반의 방향 감각, 전투에서 공격과 수비의 기준,

끝내기에서의 선택 순서를 잡아 주는 "생각의 뼈대"로서

격언은 여전히 유효합니다.

이 강에서는 앞에서 배운 내용을 비롯해 바둑을 둘 때

갖추어야 할 자세와 마음가짐에 연결되는 대표 격언들을 골라,

어떻게 활용하면 실전에서 바로 도움이 되는지 정리해 보겠습니다.

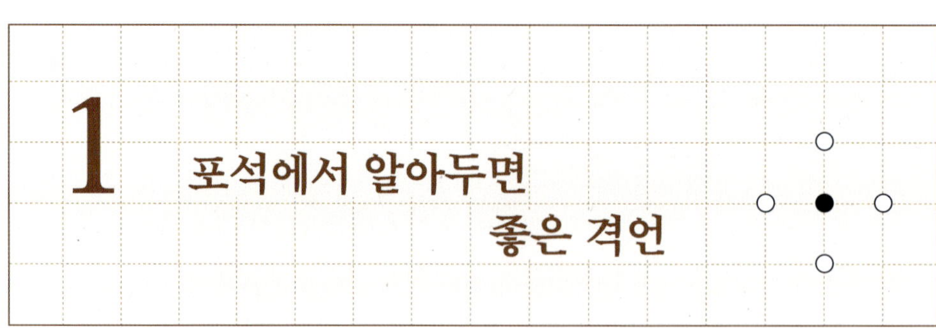

격언 1 귀, 변, 중앙 순으로 생각하라 /
귀를 차지한 뒤 변을 차지하라

바둑은 결국 집을 얼마나 효율적으로 많이 짓느냐의 싸움입니다. 그중에서도 귀는 가장 적은 수로 가장 많은 집을 만들수 있는 '최고의 입지'이기 때문에, 초반 포석에서 "귀, 변, 중앙 순으로 생각하라.", "귀를 차지한 뒤 변을 차지하라."라는 격언이 생겼습니다. 실제 프로 기보를 살펴보면 거의 예외 없이 초반 첫수들이 귀에 몰려 있고, 이후 귀가 어느 정도 정리된 뒤에야 변과 중앙으로 전장이 옮겨지는 흐름을 확인할 수 있습니다.

이 격언의 핵심은 "초반에는 효율이 높은 자리부터 차지하라"는 기준을 주는 데 있습니다. 실전에서 어디부터 두어야 할지 막막할 때, 우선 귀에서 내 돌의 거점을 마련해 두고, 그다음 변, 마지막으로 중앙을 바라보는 습관을 들이면 포석이 훨씬 안정됨을 느낄 수 있을 겁니다.

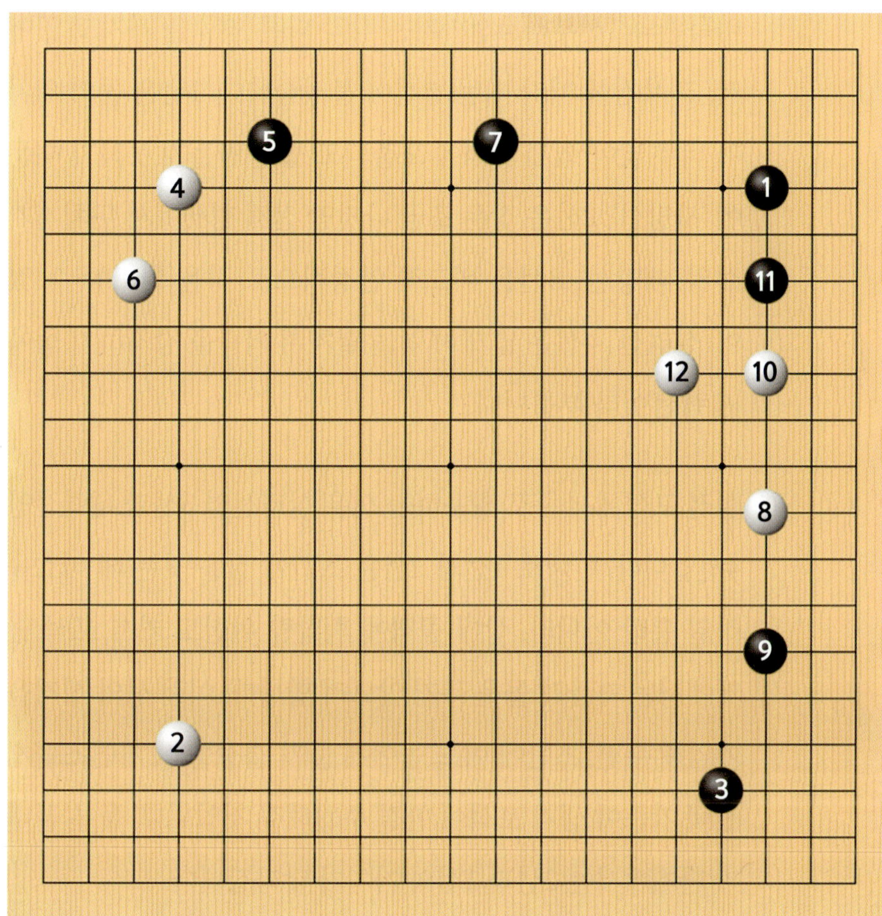

▲ 제7회 LG배 세계기왕전 결승 제4국 이창호(흑) vs. 이세돌(백)

1선은 사망선, 2선은 패망선, 3선은 실리선, 4선은 세력선

바둑판의 1선부터 4선까지는 각각 다른 역할을 가지고 있어서, 그 특징에 따라 이런 별칭이 붙었습니다. 1선은 돌의 위치가 너무 낮아 쉽게 공격에 노출되고 집을 만들지 못하기 때문에 '사망선', 2선은 집은 조금 나지만 전체 형세에서 뒤처지기 쉬워 '패망선', 3선은 비교적 안정적으로 집을 확보할 수 있어 '실리선', 4선은 넓게 세력을 펼치며 외곽을 장악하기 좋아 '세력선'이라 부릅니다.

실전 포석에서 주로 활용하는 선은 실리선인 3선과 세력선인 4선입니다. 반대로 1선과 2선은 초반에 집을 짓는 데 비효율적일 뿐만 아니라, 상대 공격에 휘말릴 위험도 커서 포석 단계에서는 가급적 돌을 두지 않으려 합니다. 이런 선의 성격을 기억해 두면, 초반에 어느 높이에 둘지 결정할 때 자연스럽게 선택 기준이 생겨 포석이 한결 수월해질 것입니다. 물론 끝내기 단계에서는 2선과 1선의 가치가 달라집니다.

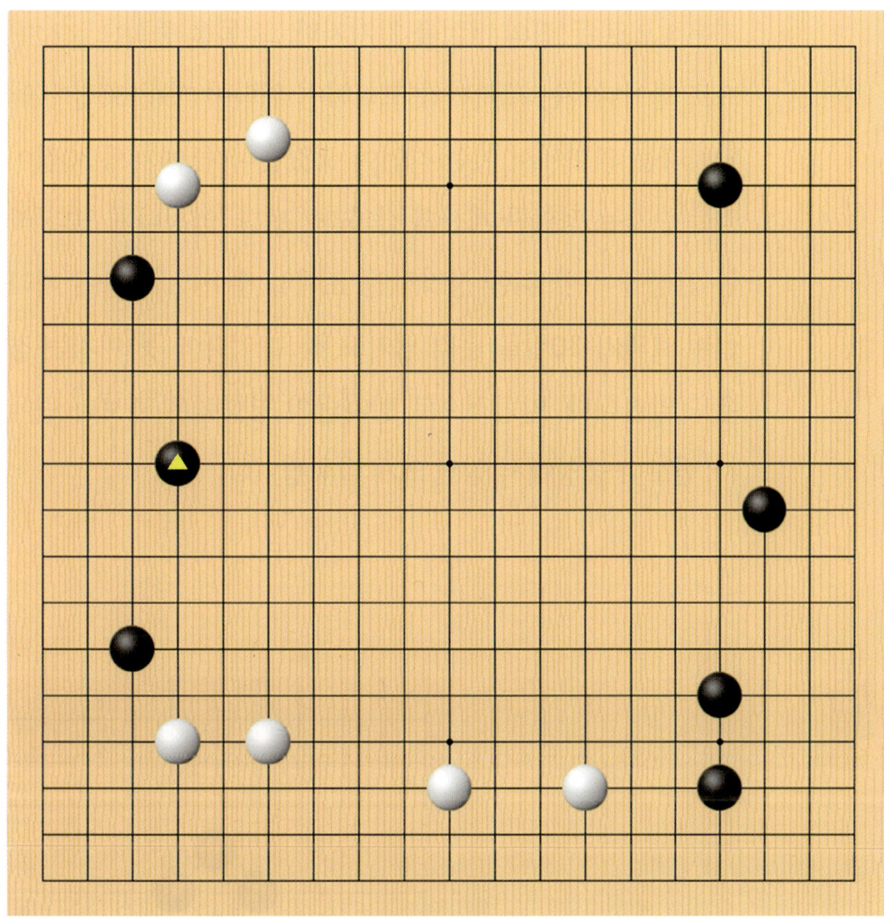
▲ 2011olleh배 결승 제4국 이세돌(흑) vs. 이창호(백)

빵때림(빵따냄)은 잡힌 돌 자체의 집 1집과 사석 1집을 합쳐 기본적으로 두 집의 가치를 가지지만, 그 돌을 중심으로 사방으로 뻗어나가는 세력까지 고려하면 위력이 가히 30집에 해당한다는 의미에서 이런 격언이 생겼습니다. 여기서 30집이라는 숫자는 정확한 계산의 결과라기보다 "엄청나게 크다"라는 인상을 주기 위한 상징적인 표현일 뿐이라, 상황에 따라 실제 효과가 30집을 훌쩍 넘기도 하고, 기대에 못 미치는 경우도 있습니다. 일반적으로 빵따냄의 영향력은 귀보다 변에서, 변보다 중앙에서 훨씬 크게 발휘됩니다.

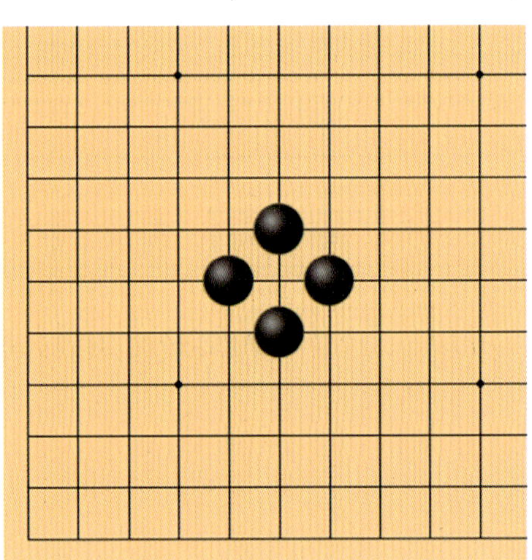

▲ 빵따냄

연이은 돌 두 개를 따낸 모양이 거북이 등을 닮았다고 하여, 거북등이라는 이름이 붙었습니다. 거북등 모양으로 따낸 자리도 빵따냄과 마찬가지로 강력한 세력의 상징입니다. 이 모양은 주변 전체를 감싸는 두터운 벽이 되어, 그 세력이 60집에 달할 수 있다는 뜻에서 "거북등 60집"이라는 말이 전해집니다. 실제 대국에서 거북등 형태가 나오면, 이후 형세 전체를 좌우하는 경우가 많기 때문에, 단순한 집 계산을 넘어 전체 판세를 다시 평가해야 하는 분기점이 되곤 합니다.

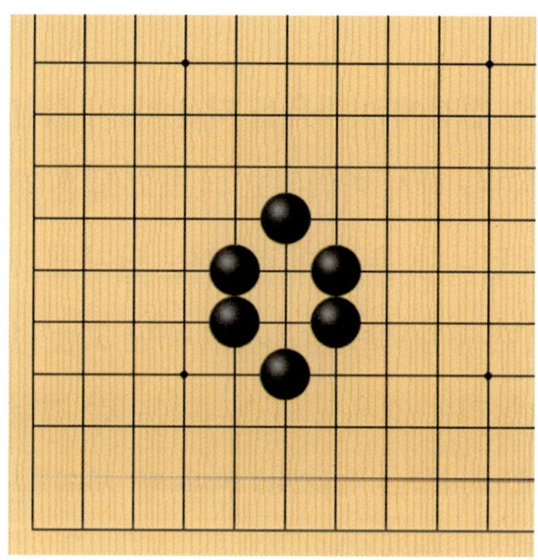

▲ 거북등

바둑에서 마땅한 착점이 떠오르지 않을 때, 특히 초반처럼 전장이 넓게 열려 있는 상황에서는 억지로 애매한 수를 두기보다, 차라리 손을 빼고 다른 큰 곳으로 향하는 것이 더 낫다는 의미의 격언입니다. 의미와 명분이 분명하지 않은 수를 어설프게 두기 시작하면, 이런 수들이 쌓여 형세 전체가 기울어질 수도 있기 때문에 "모르면 일단 큰 자리부터"라는 포석의 요령을 알려주는 말이기도 합니다.

실제로 바둑기사들은 착수 결정에 어려움을 겪을 때 이 격언을 떠올리며, 고민되는 부분을 잠시 미뤄두고 더 크고 넓은 자리를 찾는 것도 큰 도움이 됩니다. 프로 대국에서는 단지 몰라서가 아니라, 국면을 유리한 방향으로 끌고 가기 위한 고급 전략으로 의도적으로 손을 돌리는 경우도 있습니다. 이런 경험이 쌓이면, "붙들고 고민할 자리"와 "과감히 손을 뺄 자리"를 구별하는 감각이 자연스럽게 길러집니다.

이 격언은, 포석과 중반 운영에서 눈에 띄는 큰 자리보다도 당장 손길이 필요한 급한 자리가 먼저라는 뜻입니다. 눈앞의 큰 곳을 욕심내다가 약점이 남아 있는 급한 자리를 놓치면, 전투에서 대마가 위태로워지거나 집의 경계선이 한 번에 무너져 오히려 형세를 크게 그르치는 경우가 많습니다.

따라서 아무리 커 보이는 자리라도, 전투가 아직 마무리되지 않은 상황에서 함부로 손을 돌리는 우를 범해서는 안 됩니다. 앞에서 살펴본 "모르면 손 빼라"라는 격언과 함께 생각하면, 손을 빼도 괜찮은 자리와 반드시 먼저 처리해야 하는 급한 자리를 구별할 줄 아는 것이 중요합니다.

격언 6   적의 두터운 곳에 가까이 가지 말라

바둑에서 두터움이란 "부수기 어렵고 약점이 거의 없는, 안전하고 튼튼한 모양"이자, 앞으로 세력을 크게 펼칠 수 있는 잠재력을 가진 형태를 말합니다. 이런 돌은 쉽게 공격당하지 않을 뿐 아니라, 오히려 상대를 위협적으로 공격할 가능성이 높기 때문에, 기풍에 따라 실리보다 두터움을 중시하는 바둑기사들도 많습니다.

두터운 돌은 그 자체로 방패이자 창의 역할을 합니다. 두터움을 발판으로 나의 세력을 키우거나, 상대의 돌을 강하게 몰아칠 수도 있기 때문에, 상대의 두터운 곳에는 가까이 다가가지 않는 것이 좋습니다. 섣불리 접근했다가는 공격만 심하게 당하고, 얻는 것보다 잃는 것이 더 많을 수 있습니다.

그림 1의 백1은 흑의 두터운 돌에 너무 바짝 다가간 경우입니다. 흑2로 협공해 백 한 점을 공격 대상으로 삼기 좋은 모양이어서, 백이 시달리기 쉽습니다. 반면 상대가 두터운 형태를 갖추었을 때는, 그림 2의 백1처럼 멀찍이 접근하는 편이 좋습니다. 흑2로 지켜 두자니 흑이 중복 형태가 되어 불만이고, 백1을 직접 공격하자니 거리가 멀어 여의치 않기 때문입니다.

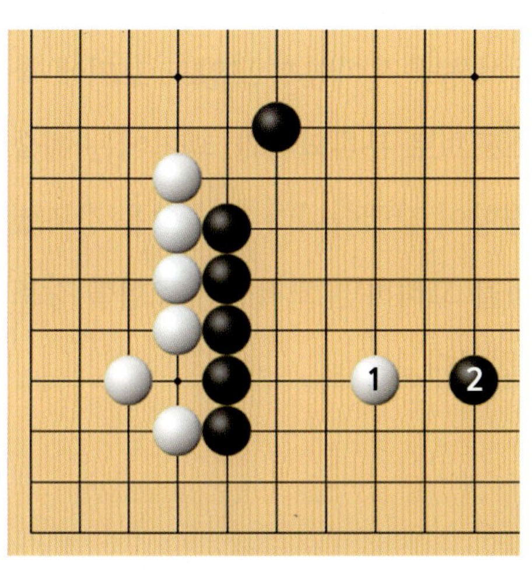

▲ 그림 1

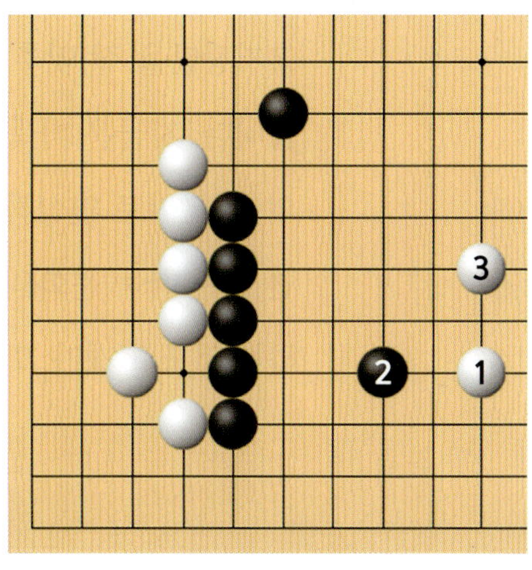

▲ 그림 2

주변 배석을 고려해 적절한 높낮이를 선택하는 것은 중요합니다. "고저장단을 맞춰 포진하라"는 격언은 초반 포석에서 돌의 높낮이와 균형을 맞추라는 뜻으로, 3선과 4선이 적절히 어우러져야 한다는 점을 강조할 때 주로 사용하는 말입니다. 포석 단계에서 3선은 실리, 4선은 세력을 만드는 데 유리합니다.

고저장단을 잘 맞추면 돌이 능률적이면서 모양도 보기에 좋습니다. 지금은 바둑이 스포츠로 분류되지만, 과거에는 예술의 한 분야로 인식하는 경향이 강했습니다. 예술성을 강조했던 오랜 바둑 문화의 전통을 고려하면 고저장단 조화를 강조하는 것도 고개가 끄덕여집니다.

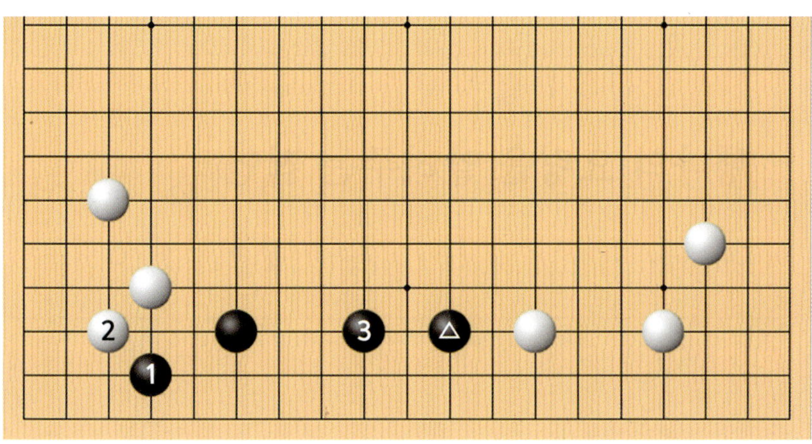

▲ 그림 1

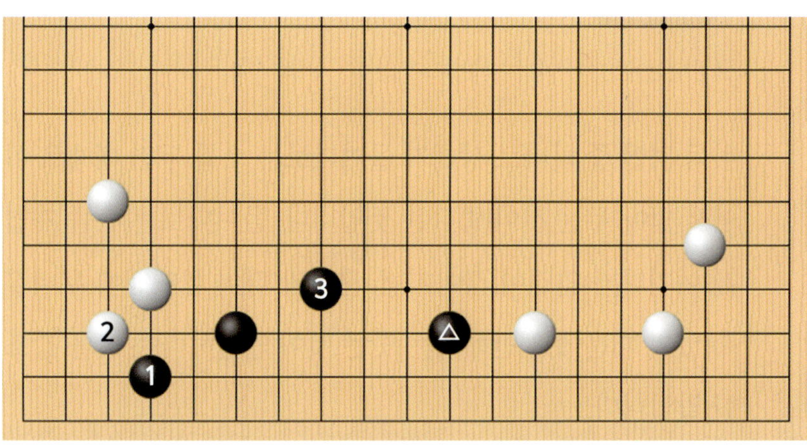

▲ 그림 2

그림 1의 흑3이 1립2전의 요령을 따른 일반적인 수이지만, 미리 위치해 있던 ▲와의 높낮이를 고려하면, 그림 2의 흑3이 훨씬 균형이 맞습니다. 이처럼 주변 배석을 고려해 고저장단을 맞추는 것이 좋습니다.

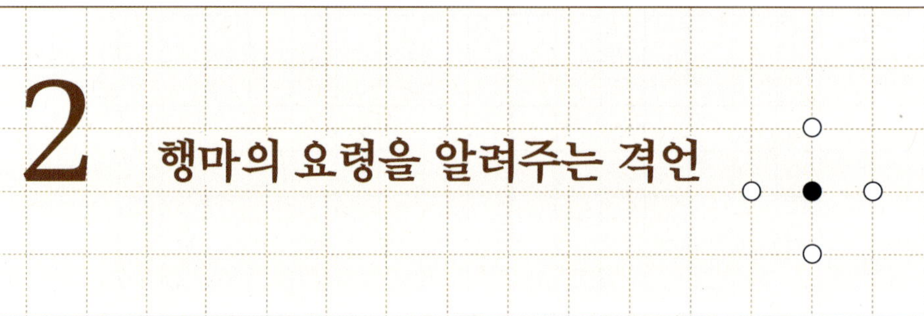

격언 8　들여다보는 데 잇지 않는 바보 없다

바둑 격언 중 하나로 상대가 들여다보는 수를 두면 대체로 이어서 받아 두는 것이 좋다는 뜻입니다. 들여다보는 수를 가볍게 여기다가 연결이 끊어지면, 모양과 집이 한꺼번에 무너질 수 있기 때문에 웬만해서는 잇는 것이 안전하다는 점을 강조한 말입니다.

물론 어디까지나 원칙적인 이야기일 뿐이라서, 형세에 따라 들여다보는 수를 무시하거나 더 좋은 방향으로 대응하는 경우도 있습니다. 초급 단계에서는 우선 '들여다보면 잇는 것이 기본'이라는 감각을 익혀 두고, 점점 실력이 늘면서 예외적인 경우도 함께 공부하면 좋습니다.

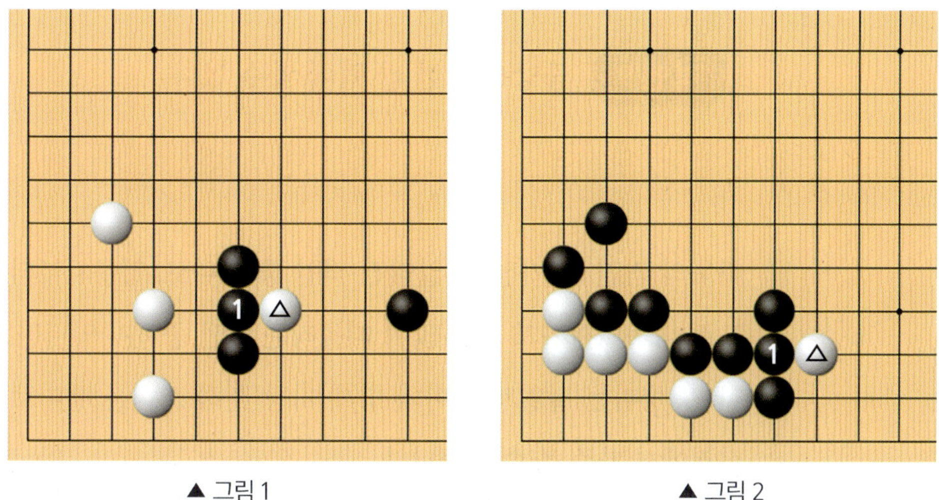

▲ 그림 1   ▲ 그림 2

그림 1과 그림 2 모두 △로 들여다본 장면입니다. 흑의 약점
을 노골적으로 끊어가겠다는 의도이기 때문에, 보통은 흑1처
럼 가만히 이어 두는 것이 가장 무난합니다. 흑1은 흑을 확실
히 연결해 줄 뿐 아니라, 백에게 추가로 활용할 여지도 주지
않습니다.

바둑의 격언 중 가장 잘 알려진 격언 중 하나로, 입문자부터 프로 바둑기사까지 가장 많이 떠올리는 격언 중 하나입니다. 한 칸 행마는 날일자 행마와 함께 가장 흔히 쓰이는 행마로 실전에서 자주 볼 수 있습니다.

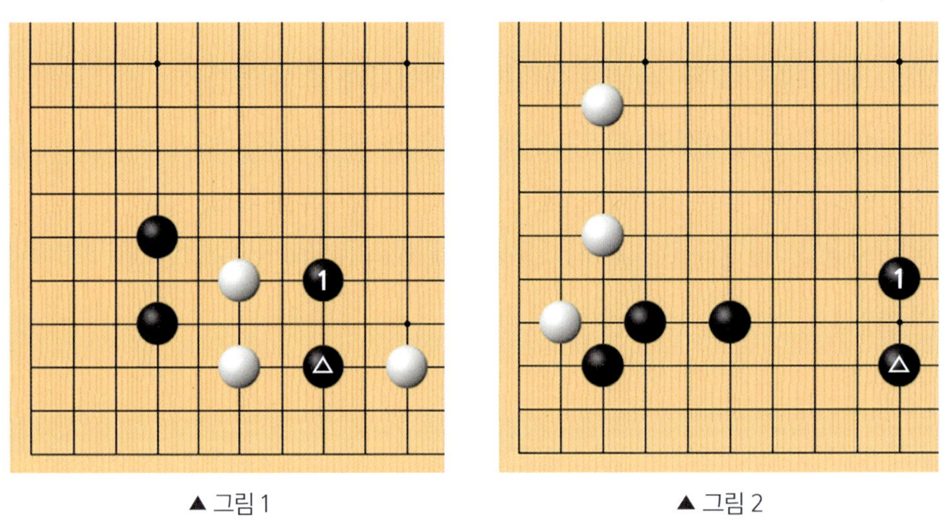

▲ 그림 1　　　　　　▲ 그림 2

그림 1과 같이 ⬤와 같은 약한 돌이 도망쳐야 하는 상황이라면, 흑1의 한 칸 뜀이 가장 먼저 떠오릅니다. 중앙으로의 한 칸 뜀은 탈출구를 확보하는 가장 쉽고 안전한 방법이기 때문이지요. 또한 그림 2처럼 나의 모양을 키울 때도 한 칸 뜀은 매력적입니다. 흑1로 한 칸 뛰어두면 내 집을 지키면서 동시에 모양도 넓힐 수 있으니까요.

"두 점 머리는 두드려라"는 행마의 핵심 요령을 알려주는 대표적인 바둑 격언입니다. 상대의 두 점으로 늘어선 돌들 바로 위를 젖혀서 두드리는 수를 두면, 상대의 형태를 무너뜨리면서 나의 모양을 넓힐 수 있어 대부분의 경우 유리한 결과를 얻습니다. 이런 수법은 단번에 형세의 우위를 가져오는 데 특히 효과적이어서 실전에서 자주 활용됩니다.

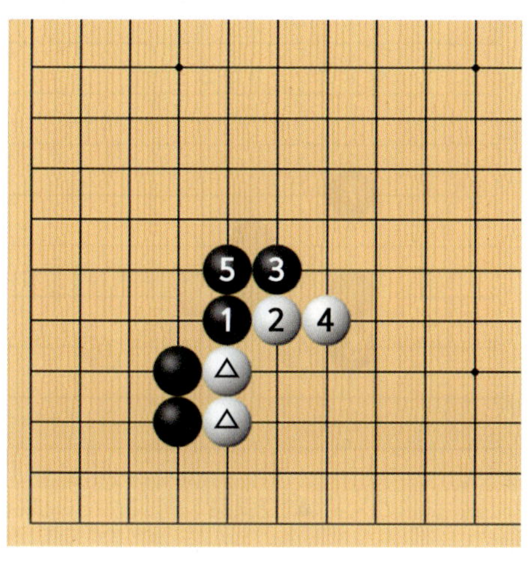

▲ 그림 1

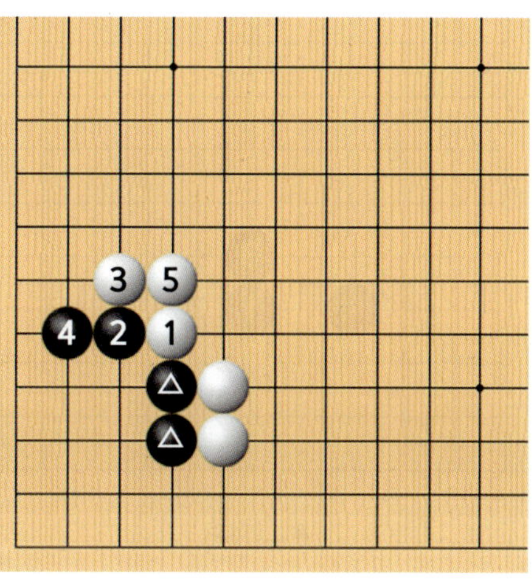

▲ 그림 2

두 점 머리란 그림 1과 그림 2의 흑1, 백1처럼 상대의 두 점 위를 젖히는 형태를 말합니다. 이렇게 두드리면 상대의 모양은 움츠러들고 방어적으로 변하지만, 나의 모양은 활짝 펼쳐지면서 세력을 확장할 수 있어 매우 기분 좋은 자리입니다. 반대의 입장이라면 상대에게 두 점 머리를 당하지 않도록 주의해야 합니다.

"붙이면 젖히고, 젖히면 뻗어라"는 초보자가 행마 선택에 막막함을 느낄 때 따라 하기만 하면 자연스럽게 좋은 모양을 만들 수 있도록 행마의 기본 리듬을 알려주는 격언입니다. 마치 춤추듯 자연스럽게 움직이는 수순을 제시해 주기 때문에, 초급 단계에서 특히 유용합니다.

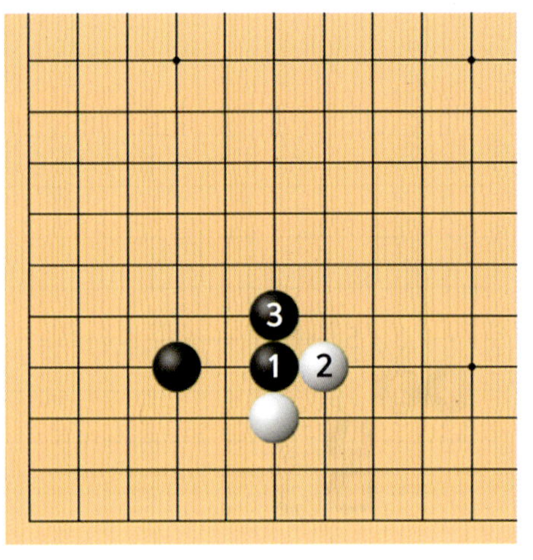

▲ 그림 1

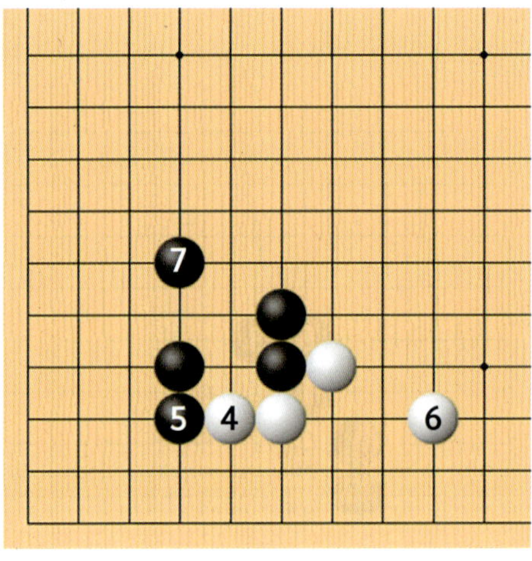

▲ 그림 2

그림 1의 흑1처럼 상대가 나의 돌에 붙어 왔을 때, "붙이면 젖혀라"라는 격언에 따라 백2처럼 젖혀가는 행마를 선택하는 것이 좋습니다. 백2로 젖히고 나면 "젖히면 뻗어라"에 맞춰 흑3으로 자연스럽게 뻗어 두세요. 이 격언을 따라가다 보면 행마 선택에 막연한 두려움이 사라지고, 그림 2와 같이 화점 정석이 완성됩니다.

 날일자는 건너 붙여라

"날일자는 건너 붙여라"는 행마법에 관한 격언의 하나로 실전에서 꼭 기억해 두어야 하는 행마의 요령입니다. 날일자 행마의 약점은 건너 붙이는 자리에 있다는 뜻으로, 상대의 날일자 행마를 공략할 때는 건너 붙여서 끊어가는 것이 좋습니다. 상대를 위축시키거나 모양을 정비할 때 특히 효과적입니다.

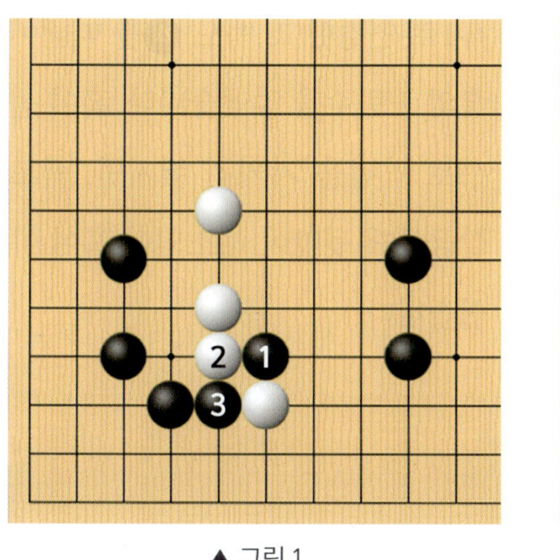

▲ 그림 1

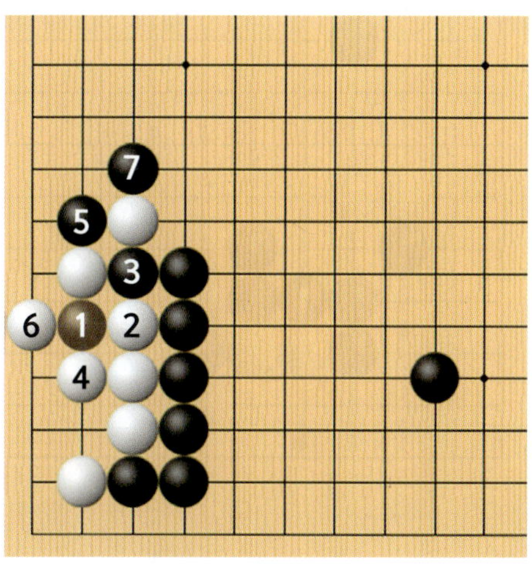

▲ 그림 2

그림 1처럼 백의 날일자 약점을 추궁할 때는 흑1로 건너 붙이고 흑3으로 끊어갈 수 있습니다. 이와 같은 목적을 가질 때에는 흑1의 한 점이 축에 걸리지 않도록 유의해야 합니다. 또한 그림 2에서는 흑1, 3으로 건너 붙여서 끊으면, 날일자 행마 자체를 끊어 놓지는 못하더라도, 이를 이용해 바깥의 백 한 점을 잡아 외세를 쌓을 수 있습니다.

"3선의 돌은 두 점으로 키워 버려라"는 행마의 요령을 알려주는 아주 유용한 격언입니다. 이미 잡혀 있다고 생각되는 3선의 돌이라도, 그냥 버리지 말고 한 점을 더 보태 두 점으로 키워 최대한 활용한 뒤에 버리라는 뜻입니다.

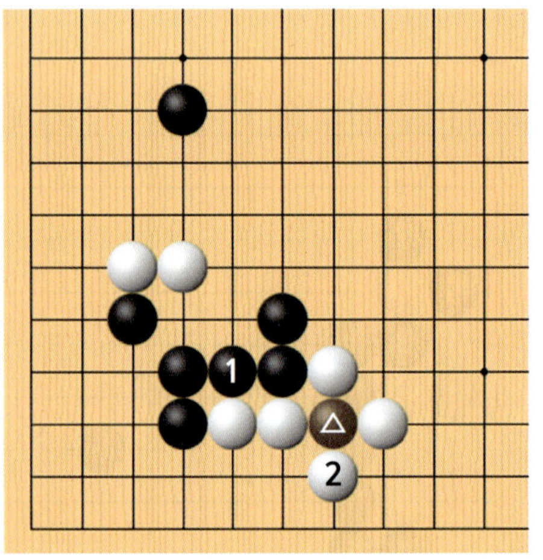

흑이 끊어지는 약점을 지키기 위해 흑1로 연결했고, 백도 △를 따내어 흑의 노림수를 없앴습니다. 흑이 선수로 약점을 지키긴 했지만, 백도 깔끔하게 뒷맛이 해소되어 흑이 아쉽습니다.

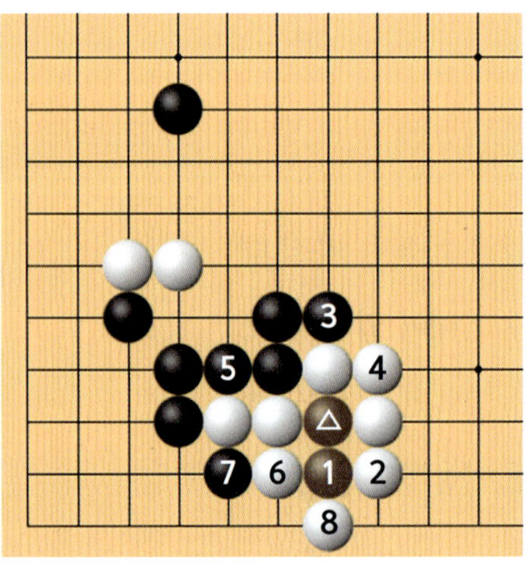

지금과 같은 상황에서는 흑1로 늘어 △를 두 점으로 키워서 버리는 편이 훨씬 효과적입니다. 이렇게 진행하면 흑3의 단수 활용뿐만 아니라, 흑5, 7까지 다방면으로 활용이 가능합니다.

두 그림을 비교해 보면 활용 범위의 차이가 확연합니다.

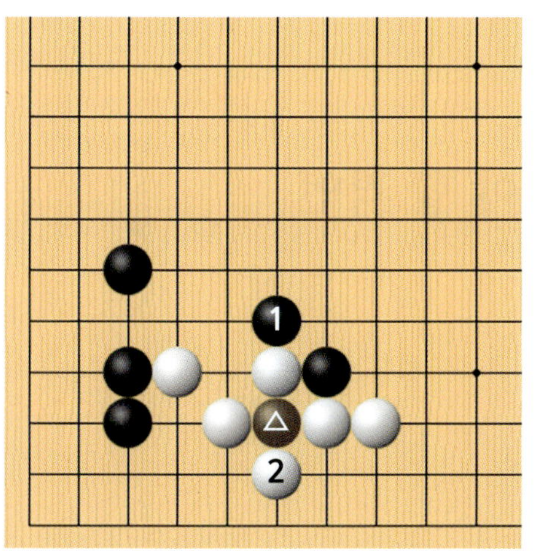

이 장면에서도 단순히 흑1로 단수 치는 정도로는 아쉬움이 남습니다.

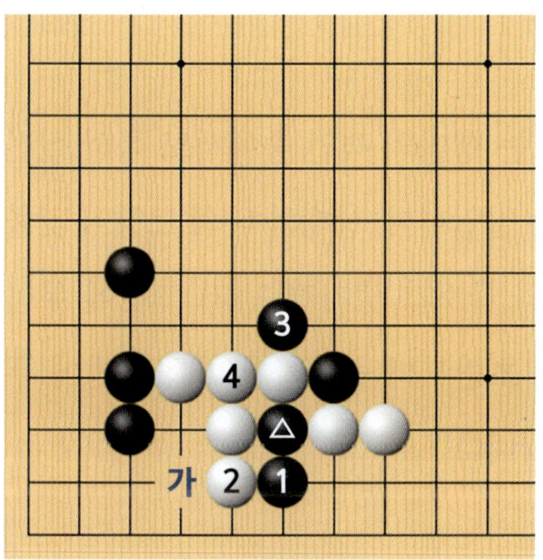

지금도 역시 흑은 3선의 ▲를 두 점으로 키워서 버리면, 나중에 '가' 등으로 다시 활용할 수 있는 여지가 남습니다.

어차피 잡힐 돌이라도, 한 번 더 활용하고 버릴 수 있으면 그것이 바로 좋은 버림돌이 됩니다.

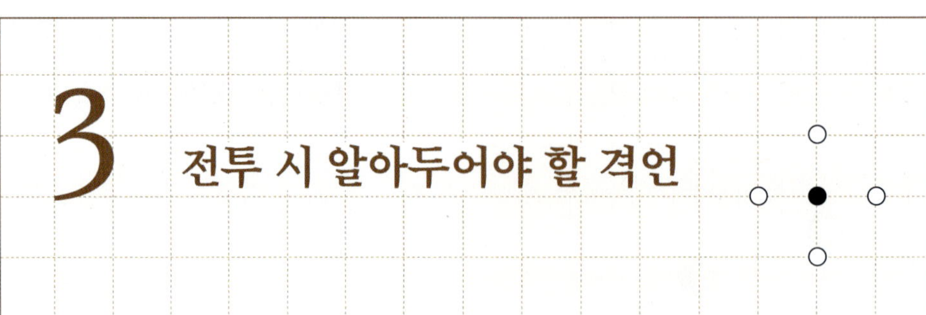

격언 14 적의 급소가 나의 급소

"적의 급소가 나의 급소"는 행마의 격언 중에서도 특히 실전에서 자주 떠올리게 되는 말입니다. 상대와 나의 모양이 맞물려 있는 자리에서 공통의 급소가 생기면, 먼저 그곳에 두는 쪽이 유리하다는 뜻으로 초반부터 종반까지 바둑 전반에 두루 적용할 수 있는 격언입니다.

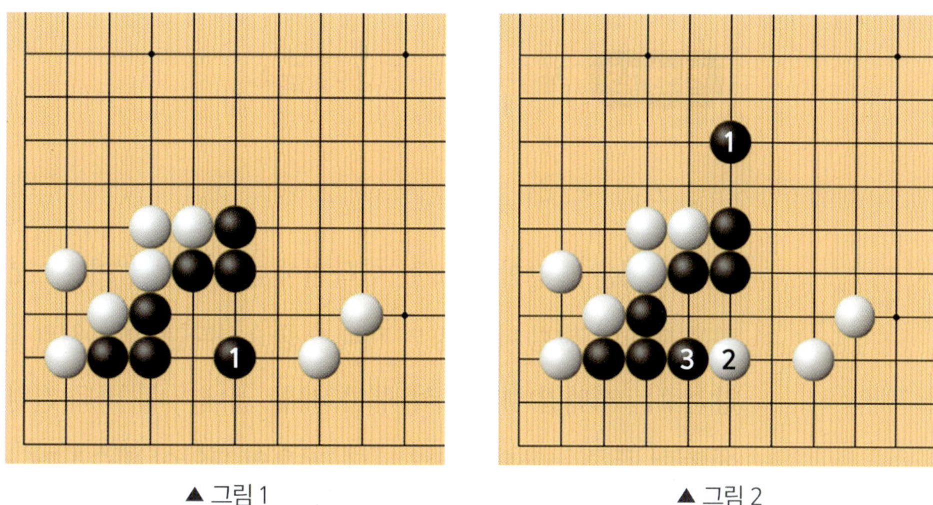

▲ 그림 1   ▲ 그림 2

이 격언은 서로 얽힌 모양 속에서 내가 두어도 좋고, 거꾸로 상대가 두어도 좋은 자리가 겹치는 경우를 가리킵니다. 그림 1처럼 흑1로 지키면 흑의 근거가 마련되고, 반대로 이곳을 그림 2의 백2처럼 급소를 상대에게 빼앗기면 거꾸로 근거가 사라지면서 공격 대상이 되고 맙니다. 내가 두어도, 반대로 상대가 두어도 좋은 공통의 급소가 있다면 절대 놓치지 않는 것이 좋습니다.

"좌우동형은 중앙이 급소"는 바둑판에서 중심선을 기준으로 좌우 대칭이 생길 때 중앙의 자리가 중요하다는 핵심 원리를 알려주는 격언입니다. 포석, 행마, 사활, 끝내기 등 바둑 전반에 걸쳐 두루 통용되는 말입니다. 좌우의 모양이 비슷하거나 동일해지면, 중앙 자리가 서로의 급소가 됩니다.

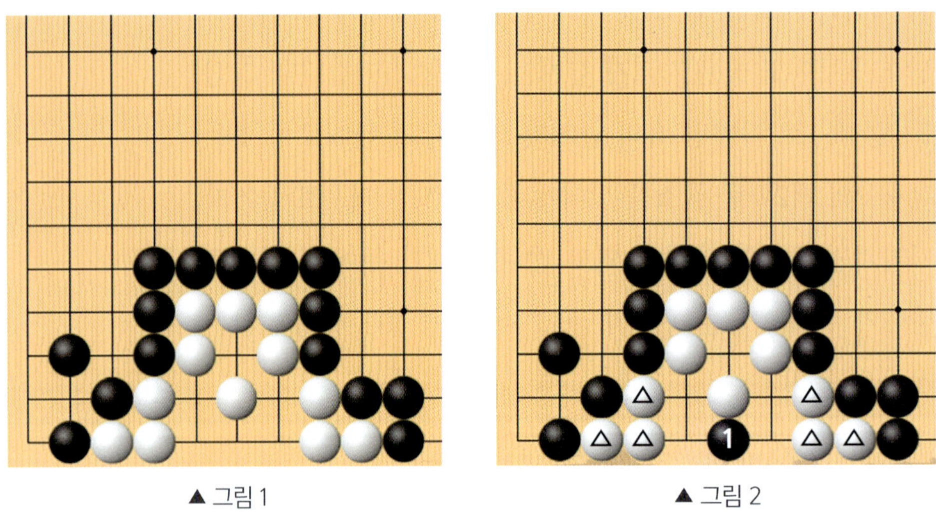

▲ 그림 1　　　　　　　　　　▲ 그림 2

그림 1의 백 형태가 완벽한 좌우 대칭을 이루고 있습니다. 이럴 때 "좌우동형은 중앙이 급소"라는 격언이 딱 들어맞게 됩니다. 그림 2의 흑1로 중앙의 급소를 공략하면 양쪽 △가 환격의 형태가 되어, 백은 양쪽 모두를 지켜낼 수는 없게 됩니다.

"공격은 날일자로"라는 격언은, 상대 돌을 압박하거나 포위할 때 날일자 행마가 좋다는 뜻입니다. 한 칸과 날일자는 가장 자주 쓰이는 기본 행마인데, 한 칸은 주로 내 돌을 안정시키거나 도망칠 때 알맞고, 날일자는 상대 쪽으로 한 발 더 다가가 강하게 압박할 수 있어서 공격에 더 잘 어울립니다. 날일자 행마는 상대의 약한 돌을 추궁하거나 세력을 넓히며 공격할 때 특히 유리한 선택입니다.

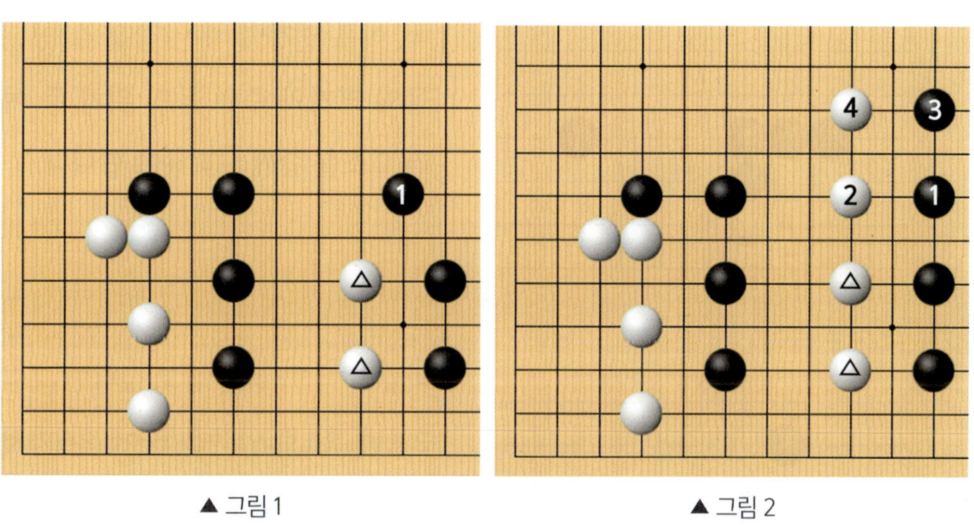

▲ 그림 1   ▲ 그림 2

그림 1처럼 ⬡를 공격할 때는 흑1의 날일자 행마로 백을 압박하면서 탈출구까지 막아버리는 것이 좋습니다. "중앙으로 한 칸 뜀에 악수 없다"라는 격언이 있지만, 그림 2의 흑1처럼 한 칸을 뛰면 백도 함께 중앙으로 진출해 공격의 힘이 약해지기 때문에 이 장면에서는 날일자가 더 낫습니다.

"잡고 싶은 반대쪽을 끊어라"는 공격 대상을 직접 노리는 것만이 능사가 아니라는 교훈을 주는 실전적인 격언입니다. 잡고 싶은 돌의 반대쪽을 공략함으로써, 결국 원하던 목표물을 얻어낼 수 있습니다.

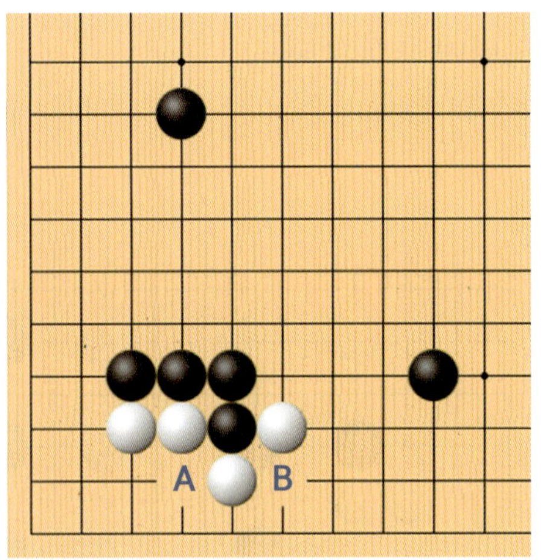

A와 B, 두 곳의 약점이 보입니다. 둘 중 어느 쪽을 끊어야 할지는 잡고 싶은 돌이 무엇인가에 따라 달라지며, 이를 결정할 때는 잡을 수 있는 돌의 크기와 주변 돌의 위치 등 여러 요소를 함께 고려해야 합니다.

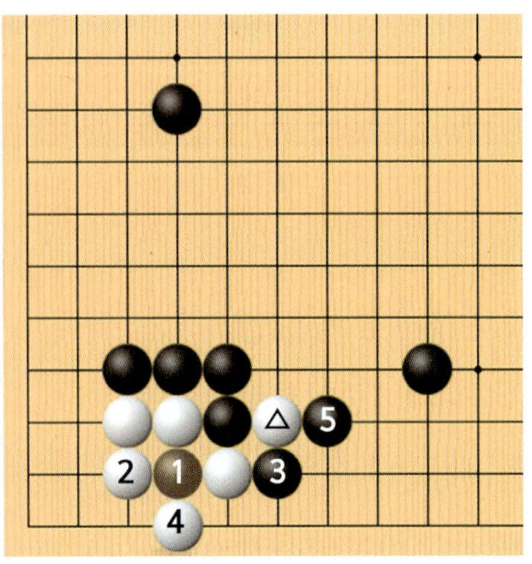

바깥의 백 한 점을 잡고 싶다면 그림 2처럼 흑1로 안쪽을 끊어 흑5까지 바깥쪽의 △를 잡을 수 있습니다.

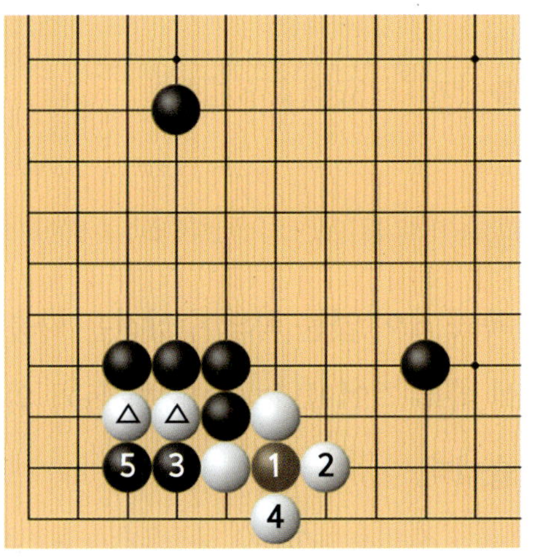

반대로 귀의 △ 두 점을 잡는 것이 목표라면, 흑1처럼 바깥쪽을 끊어 흑5까지 진행하면 됩니다.

목표물을 정할 때는 단순히 "돌의 개수가 어느 쪽이 더 많은가"만 보지 말고, 주변 배석과 현재 상황을 함께 고려해 어느 쪽을 잡는 것이 더 이득인지 종합적으로 판단해야 합니다.

유가무가, 즉 "집이 있는 쪽과 집이 없는 쪽의 수상전은 싸움이 되지 않는다."라는 뜻의 바둑 격언입니다. 이해를 돕기 위해 아래 그림을 살펴보겠습니다.

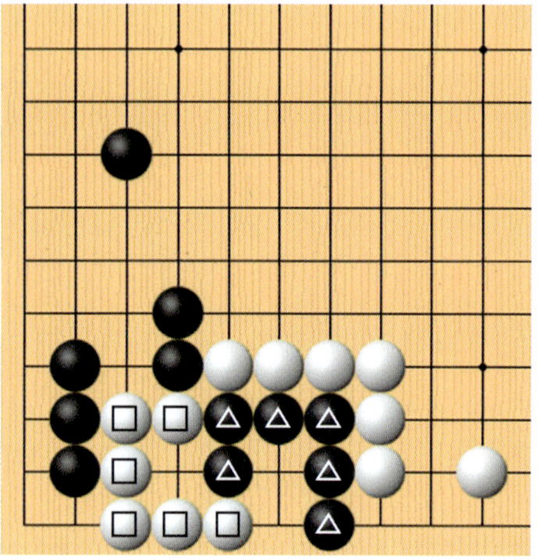

●와 □가 수상전을 벌이고 있습니다. 흑이 수상전을 승리할 수 있는 방법을 찾아볼까요?

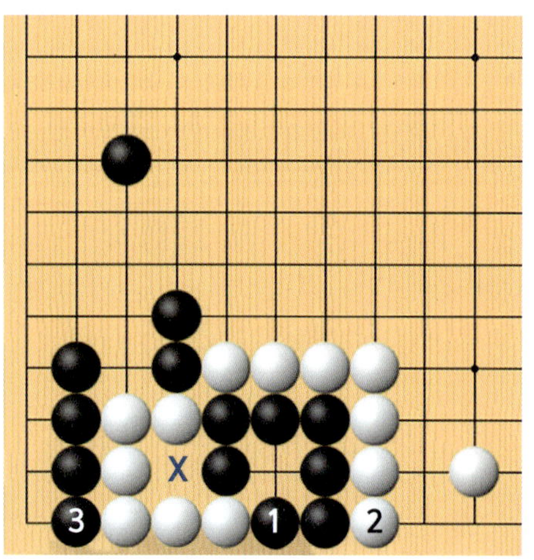

흑이 수상전에서 승리하려면 먼저 집 모양을 갖추는 것이 중요합니다. 흑1로 집을 만들어 두면, 서로 계속 수를 메워 가더라도 백은 자충 때문에 X 자리로 들어가 흑의 수를 줄일 수 없습니다.

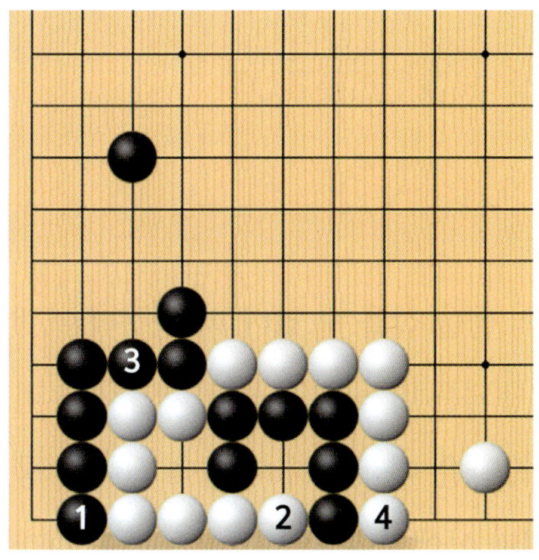

반대로 앞에서 배운 수상전의 요령만 따져 흑1로 바깥 수부터 줄이면, 오히려 돌이킬 수 없는 결과를 가져옵니다. 백2로 흑의 집 모양을 없애버리면 이 수상전의 결과는 빅이 되고 맙니다.

이처럼 모든 수상전에서 무조건 바깥 수부터 메우는 것이 정답은 아닙니다. 집 모양을 만들 수 있는 상황이라면, 우선 집을 갖는 편이 훨씬 유리합니다. 서로가 가진 수의 개수가 같을 때 한쪽은 집이 있고 다른 한쪽은 집이 없다면, 집을 가진 쪽이 수상전을 승리하게 됩니다.

"내 돌이 산 뒤에야 상대의 돌을 잡을 수 있다"라는 뜻의 아생연후살타는 가장 많이 인용되는 바둑 격언 중 하나입니다. 바둑을 둘 때 가장 즐거운 순간은 대개 상대의 돌을 신나게 공격할 때일 것입니다. 하지만 아이러니하게도, 이 공격의 순간이 가장 즐거우면서 동시에 가장 위험한 순간이기도 합니다. 공격에 취해 내 돌의 생사를 돌보지 않게 되면, 무리한 공격 끝에 오히려 역습을 당할 가능성이 커지고, 한순간에 바둑을 그르치기 쉽습니다.

아생연후살타는 바로 이런 실수를 경계하라는 말입니다. 먼저 나의 약한 돌부터 지켜 두고, 모양을 단단하게 정비한 뒤에 상대의 돌을 공격해야 합니다. 여러분도 공격의 쾌감에 사로잡혀 무리수를 두기보다, 항상 "내 돌은 안전한가?"를 먼저 점검하는 습관을 들이길 바랍니다.

기자절야란 "바둑은 무릇 끊는 데 있다"라는 뜻의 격언입니다. "끊어야 바둑이다", "끊어야 수가 난다"라고도 하는데, 결국 바둑에서 큰 싸움과 변화는 대부분 끊는 수에서 시작된다는 의미입니다. 상대의 약점을 그냥 잇게 두면 아무런 뒷맛이 남지 않지만, 한 번 끊어 두면 그 돌이 당장은 위태로워 보여도 한 수로는 쉽게 잡히지 않고, 이후 전투에서 계속해서 뒷맛으로 작용하게 됩니다.

그렇다고 해서 약점이 보이는 족족 무조건 끊으라는 뜻은 아닙니다. 기자절야가 말하고자 하는 핵심은, 끊는 자리에서부터 변화가 생기고 기회가 열리니 두려워하지 말고 적극적으로, 능동적으로 싸움을 만들라는 데 있습니다. 주변 상황을 보지 않고 무작정 끊기만 하면 오히려 역풍을 맞기 쉽다는 점도 함께 기억해야 합니다. 결국 중요한 것은 끊는 것을 피하기보다 "언제, 어디를 끊을 것인가"를 스스로 판단하고 경험해 나가는 것입니다.

 대마불사(大馬不死)

"대마불사"를 문자 그대로 해석하면 대마는 죽지 않는다는 뜻이지만 대마가 위태로워 보이더라도 웬만해서는 잘 죽지 않는다, 쉽게 죽이기 어렵다는 의미로 사용하는 말입니다. 공격형 기풍이라면 꼭 떠올려야 할, '너무 욕심내지 말라'는 경고가 담긴 격언입니다. 여기서 대마란 미생의 돌들이 크게 뭉쳐 있는 큰 무리를 가리킵니다.

겉으로 보기에는 금방 죽을 것 같은 돌도 실제로는 잘 잡히지 않는 경우가 허다합니다. 오히려 무리하게 공격한 탓에 형세가 뒤바뀌는 경우도 적지 않을 만큼, 대마를 공격하기란 쉬운 일이 아닙니다. 이 격언의 핵심은 "대마는 어지간해서는 안 죽으니, 무리해서까지 잡으려 들지 말라"는 것입니다. 공격하는 쪽은 대마를 통째로 잡겠다는 욕심보다 공격 과정에서 실리나 세력 같은 현실적인 이득을 챙기는 데 더 집중해야 하며, 쫓기는 쪽에서도 "어차피 대마불사겠지" 하고 안일하게 대처하다가는 정말로 대마가 잡힐 수도 있으니 끝까지 방심해서는 안 됩니다.

4. 바둑 전반에 적용되는 격언

격언 22 축 모르고 바둑 두지 말라

바둑에서 돌을 잡는 가장 기본적인 기술 가운데 하나가 바로 축입니다. 축은 상대의 돌을 사다리처럼 지그재그로 단수 쳐서, 결국 바둑판 끝까지 몰아가 잡는 기술입니다. 모양은 단순해 보여도 초급자에게는 실제 대국에서 축이 성립하는지 계산하는 일이 쉽지 않습니다. 그런데 축이 되느냐 안 되느냐에 따라 정석 선택이 달라지고, 싸움의 성패가 바뀌며, 돌의 삶과 죽음까지 통째로 달라질 수 있습니다. 그래서 축을 모르면 애초에 판단의 전제 자체가 흔들린다는 뜻에서 "축 모르고 바둑 두지 말라"는 격언이 나온 것입니다.

또 실전에서 축이 되는지 안 되는지를 잘못 읽어 큰 손해를 본 경우, "축도 모르고 바둑을 뒀다"라는 식으로 스스로를 꾸짖거나, 상대에게 가볍게 타이르는 말로도 쓰입니다.

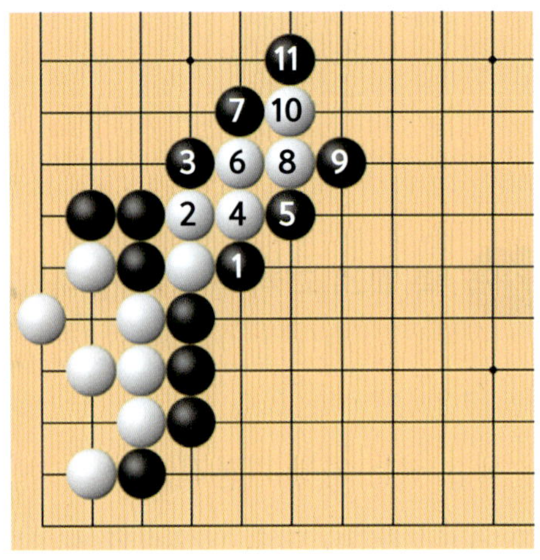

▲축

기력이 향상하기를 바란다면 반드시 새겨 두어야 할 격언입니다. 상대, 특히 상수의 수에 대해 "당연히 받아야지" 하며 별 고민 없이 그대로 따라 두면, 판 전체의 주도권을 내주고 끝까지 끌려다니다 지는 경우가 많습니다. 처음 바둑을 배우기 시작했을 때에는 이런 경우가 허다합니다.

상대가 상수라 하더라도 항상 "정말 응수가 필요한 자리인가?" 하고 한 번쯤 의문을 가져 보는 습관이 중요합니다. 스스로 판단할 때 꼭 받아 줄 이유가 없다면, 과감히 손을 빼고 더 큰 곳이나 급한 곳으로 향하는 용기가 필요합니다. 동수와의 대국에서는 더더욱 그렇습니다. 상대에게 끌려다니기보다 때로 과감한 선택을 할 줄 알아야 비로소 주도권을 되찾을 수 있습니다.

자신의 뚜렷한 주관 없이 남에게 끌려서 맹목적으로 따라 하는 행동을 뜻하는 '친구 따라 강남 간다.' '부화뇌동(附和雷同)'을 떠올려 보세요. 인생과 마찬가지로 스스로 생각하고 착점하지 않는다면 절대로 바둑을 이길 수 없습니다.

"장고 끝에 악수 난다"는 깊은 고민의 가치를 인정하면서도, 과도한 장고의 위험을 경계하는 실전 지혜가 담긴 격언입니다. 장고란 착수하기 전에 오랜 시간을 들여 앞으로의 변화를 생각하는 것을 말합니다. 좋은 수를 찾으려면 때로 깊은 생각이 필요하지만, 한 수에 지나치게 많은 시간을 쏟다 보면 판단력이 흐려지고 전체 국면의 흐름을 놓치기 쉽습니다.

특히 장고 끝에는 피로와 긴장으로 무의식적인 실수가 나오기도 하며, 바둑기사들의 실전에서도 이런 경우가 종종 등장합니다. 한 수 한 수 신중히 두되, 때로는 자신의 직관을 믿고 과감히 두는 경험도 쌓아가야 합니다.

"남의 집이 커 보이면 진다"는 욕심 때문에 형세 판단이 흐려지면 결국 패배한다는 교훈을 주는 격언입니다. 상대의 집이 커 보이면 무리한 공격이나 삭감을 시도하게 되고, 그러다 보면 결국 형세를 그르치기 쉽다는 것을 의미합니다.

실제로 그리 크지 않은데도 상대의 집이 유독 크게 느껴지는 이유는 바로 욕심 때문입니다. "남의 떡이 커 보인다"라는 속담처럼, 실제로는 내 집과 비슷한 크기인데도 상대의 집만 과대평가하게 됩니다. 그러니 냉정하게 자신의 집과 상대의 집을 비교한 뒤, 욕심을 버리고 차분히 다음 수를 정할 수 있도록 해야 합니다.

농심신라면배에 일으킨
새로운 물결

농심신라면배 세계 바둑 최강전은 바둑 팬들이 사랑하고, 프로 바둑기사들이 꿈꾸는 선망의 무대입니다. 한국·중국·일본 바둑 최강 3국의 각 5인 대표가 연승대항전 형식으로 맞붙는 국가대항전으로, 지금껏 스물일곱 번의 대회가 치러지는 동안 한국은 18회 우승을 차지하며 최강국의 면모를 보여왔습니다.

연승대항전의 특성상 각 팀의 최강자들은 보통 뒤쪽에 배치되기 마련인데, 저는 제12회 대회에서 뜻밖의 제안을 했습니다. 한국 랭킹 1위였던 제가 선봉을 자처한 것입니다. 최강자의 개막전 출전은 처음 있는 일이었고 파격적인 오더였습니다. 전통을 존중하며 다소 보수적인 바둑계의 풍토를 고려하면 더더욱 깜짝 놀랄 만한 선택이었습니다.

당시 저는 중국 왕시 9단을 꺾고 일본의 일인자 이야마 유타 9단까지 연파했으나, 3국에서 중국 셰허 9단에게 패하며 연승이 멈추었습니다. 저는 제18회 대회 때에도 다시 한 번 선봉에 나섰습니다. 당시 저는 한국 랭킹 2위였고 일본의 이치리키 료 9단에게 가로막혔습니다.

이렇게 저는 두 번의 선봉 출전으로 2승 2패를 기록했습니다. 저의 시도가 성공적이지 못했던 것이죠. 그래도 랭킹 순서에 따라 출전 오더가 어느 정도 예측되는 연승대항전에 새로운 전략적 가능성을 제시했다는 점에서 의미를 두고 싶습니다. 저의 새로운 시도와 도전은 바둑계에 변화를 불러왔습니다. 중국 대표팀의 간판 스타 커제 9단이 선봉을 자청하며 이 흐름을 이어받았습니다. 덤으로 저는 농심 신라면 광고 모델로도 활동하며 대회의 상징적 얼굴로 자리매김할 수 있었습니다.

이후 저의 뒤를 이어 일인자 계보를 잇고 있는 기사가 있습니다. 신진서 9단은 제22~27회 대회에서 한국의 6연패를 이끌고, 개인 21연승이라는 대기록을 세우며 농심신라면배의 새로운 수호신으로 등극했습니다. 농심신라면배의 원조 수호신 이창호 9단은 초대 대회부터 6회 대회까지 6연패를 이뤄냈고, 개인 14연승과 이른바 '상하이 대첩' 등 바둑 역사에 남을 굵직한 발자취를 남긴 바 있습니다.

나의 기풍 찾기

바둑을 처음 배우고 어느 정도 시간이 지나면,
자신이 공격을 좋아하는지 수비를 좋아하는지,
실리를 중시하는지 세력을 중시하는지
각자의 취향과 스타일이 서서히 드러나기 시작합니다.
바둑에서는 이런 개인의 고유한 스타일을 기풍이라고 부릅니다.

대국을 많이 하다 보면 자연스럽게 자신의 기풍을 알게 되고,
기력이 높아질수록 자신의 취향에 맞는 수를
선택해 바둑을 운영하게 됩니다.
손자병법에서 "지피지기백전불태", 적을 알고 나를 알면
백 번 싸워도 위태롭지 않다고 했듯이,
상대를 알기 전에 우선 나를 아는 것이 중요합니다.
이번 강에서는 일종의 '바둑 MBTI'처럼,
내가 어떤 유형의 바둑을 좋아하고
어떤 스타일을 추구하는지
스스로 점검해 보면서 나만의 기풍을
찾을 수 있도록 안내하려 합니다.

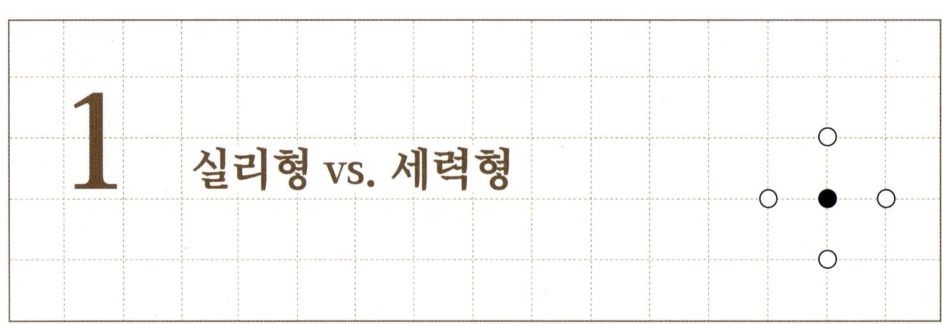

바둑에서 실리와 세력은 서로를 기준으로 생각하게 되는 상대적인 개념입니다. 실리는 범위가 작더라도 실질적으로 확보된 이익이고, 세력은 계산은 불확실하지만 풍부한 가능성을 가지는 잠재적 이익을 말합니다.

구분	실리형	세력형
정의	확실하게 확보한 집의 가치를 중시	넓은 공간에 대한 영향력과 발전성을 중시
가치의 성격	확정된 이익	잠재적 이익
지향점	가능성보다는 확실한 이익 추구	불확실하지만 큰 가능성 추구
장점	득실 계산이 명확하고 안정적인 운영 가능	주도권을 가지고 적극적인 운영 가능
단점	자칫 엷어지기 쉽고 공격당할 위험성	두터움을 활용하지 못하면 실리 부족의 위험성

이처럼 세력과 실리는 동전의 앞면과 뒷면 같아서, 동시에 둘 모두를 얻어내기는 어렵습니다. 그래서 세력이 좋으면 실리가 적고, 실리가 많으면 세력에서 뒤처지기 마련입니다. 다만 세력을 쌓다가 적절한 시점에 실리로 바꾸거나, 실리에서 세력으로 방향을 전환할 수 있다는 점이 바둑의 큰 묘미이기도 합니다.

주로 귀와 변의 작은 공간을 확실한 집으로 만드는 데 집중하는 것이 실리이고, 이런 실리형 기풍은 "눈에 보이는 현금을 챙기는 현실적인 스타일"에 비유되곤 합니다. 반면 세력형 기풍은 두터움을 활용해 미래의 가치에 투자하는 식이라 "미래에 큰돈이 될 수도 있는 수표에 투자하는 이상적인 스타일"에 비유합니다. 프로 바둑기사 중 대표적인 실리형 선수로는 인공지능 알파고와 대국한 저(이세돌 9단)을, 대표적인 세력형 선수로는 바둑으로 세계를 제패했던 이창호 9단을 들 수 있습니다.

인공지능에게 승리한 유일한 인간으로 기록된 저는 확정된 이익인 실리를 바탕으로 치열한 전투를 전개해, 그 누구도 쉽게 따라하기 어려운 독보적인 스타일의 소유자로 일컬어집니다. 일반적으로 '전투=세력'이라는 이미지를 떠올리기 때문에 저를 세력을 추구하는 전투형 기풍으로 오해하기 쉽지만, 실제로는 극단적으로 실리를 중시하는 실리형 선수라고 보는 편이 더 정확합니다.

 가장 쉬운 독학 이세돌 바둑 초보 탈출 전략

▲ 이창호 9단

바둑의 역사적 인물 이창호 9단은 대표적인 두터움 지향형 선수로, 저와 정반대의 기풍을 가진 기사입니다. 앞서 언급한 것처럼 '전투=세력'이라는 이미지를 떠올리면 이창호 9단을 세력형으로 보는 것이 다소 의아할 수 있지만, 보이지 않는 잠재적 가치를 누구보다 치밀하게 활용하는 선수로 손꼽힙니다. 바둑의 역사에서 이창호 9단은 "두터움과 끝내기 분야를 개척했다", "두터움의 힘으로 싸우지 않고 이기는 바둑을 보여줬다"고 평가받습니다. 현대 바둑에서 보이지 않는 잠재적 가치의 실전적 의미를 가장 명확하게 보여 준 인물이라고도 할 수 있겠습니다.

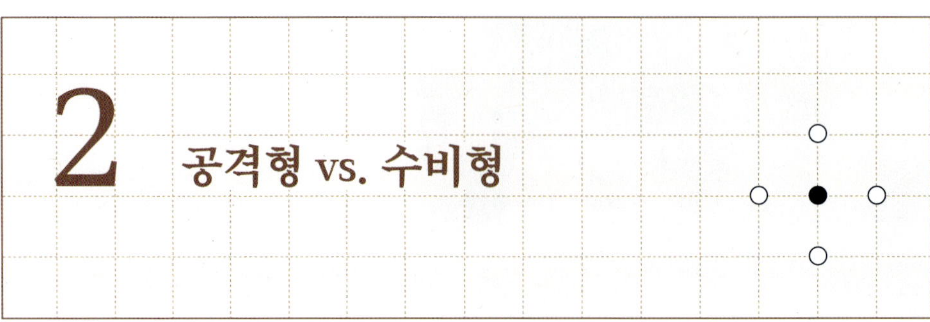

공격과 수비는 항상 함께 동반되는 상대적인 개념입니다. 바둑은 궁극적으로 집이 많아야 승리하는 게임인데, 공격형 선수는 공격을 통해 집을 벌어들이거나 돌을 잡아서 집을 만들어 가는 쪽에 초점을 둡니다. 반대로 수비형 선수는 상대의 공격을 견고하게 방어해 내면서, 이미 확보한 실리를 지켜내는 방식으로 승부를 풀어 갑니다.

결국 공격형과 수비형의 차이는 어떤 방식으로 이익을 만들어 가느냐에 있다고 할 수 있습니다. 각각의 유형은 장점과 단점이 뚜렷한 만큼, 자신에게 맞지 않는 옷을 입었을 때 괴로움을 느끼는 경우가 많습니다. 나에게 맞는 기풍을 찾는 과정은, 바둑 실력과 즐거움을 동시에 지켜 주는 중요한 작업입니다. 실전 대국을 거듭하다 보면 어느 쪽이 나에게 더 적합한지 자연히 느끼게 될 테니, 서두를 필요는 없습니다.

구분	공격형	수비형
정의	전투를 통해 이익을 얻어가는 방식	상대의 공격을 방어하면서 확보한 실리를 지켜내는 방식
목표	공격을 통한 직·간접적인 이득	공격에 대한 피해 최소화
특징적 선택	전투 유발, 대마 사냥	선 실리 후 타개, 타협
장점	주도권을 잡으면 단숨에 형세 장악 가능	안정적으로 운영하며 장기전에 강함
단점	지나치게 공격에 몰두하다가 형세를 그르칠 수 있음	상대에게 주도권을 내주면 무기력하게 패하기 쉬움

프로 바둑기사 중 대표적인 공격형 선수로는 '바둑 올림픽'으로 불리는 응씨배의 초대 우승자 조훈현 9단이 떠오릅니다. 조훈현 9단은 파괴적인 공격력과 가공할 만한 힘으로 전투의 신, '전신(戰神)'이라는 별명을 가지고 있습니다.

사제지간인 조훈현 9단과 이창호 9단은 전혀 다른 기풍을 가진 것으로도 유명합니다. 스승인 조훈현 9단은 발 빠르고 날렵하며 치열한 전투를 즐기는 공격형 선수라면, 제자인 이창호 9단은 두터움을 선호하며 묵직하고 균형을 중시하는 기풍으로 평가받습니다. 스승과 제자의 성향과 기풍이 이처럼 극과 극으로 다른 점도 바둑을 바라보는 재미를 더해 줍니다.

▲ 조훈현 9단

▲ 박정환 9단

반면 대표적인 수비형 선수로는 박정환 9단이 있습니다. 제16 회 광저우 아시안게임에서 2관왕을 차지한 박정환 9단은, 어느 한 부분 약점 없이 초반·중반·종반에 모두 강하다고 해서 '무결점'이라는 별명이 붙었습니다. 상대의 공격을 단단하게 막아 내며 바둑을 누구보다 안정적으로 운영하고, 유리한 바둑을 끝까지 지켜내는 장기전에 특히 능한 선수입니다.

3 직관형 vs. 분석형

구글 딥마인드의 바둑 인공지능 알파고(AlphaGo)가 등장하기 전까지는, 경우의 수가 사실상 무한대에 가까운 바둑만큼은 인간이 컴퓨터보다 우위에 있다고 여겨졌습니다. 그러나 2016년 '이세돌 vs. 알파고'의 세기의 대결을 기점으로 인류는 본격적인 인공지능 시대를 맞이했고, 바둑계는 인공지능과 떼려야 뗄 수 없는 상황에 놓이게 되었습니다.

프로 바둑기사들은 바둑 인공지능을 직접 활용하면서, 인공지능과 인간이 가장 큰 차이를 보이는 부분이 초반이라는 사실을 체감하게 되었습니다. 인간은 그동안의 학습과 경험에서 나오는 감각과 직관으로 초반을 창의적으로 개척해 나가는 반면, 인공지능은 방대한 데이터를 바탕으로 인간이 따라가기 어려운 규모의 계산과 철저한 분석을 통해 초반부터 최적의 해답에 가까운 선택을 쌓아 갑니다. 이 때문에 특히 포석 단계에서 인간과 인공지능의 격차가 가장 크게 드러나곤 합니다. 하지만 인간은 인공지능처럼 철저한 분석만으로 두어가는 것이 불가능하기 때문에, 바둑에서는 직관형에 더 가까운 인간과 분석형에 더 가까운 유형으로 뚜렷한 대비를 이루게 됩니다.

구분	직관형	분석형
정보 처리 방식	흐름, 느낌, 모양으로부터 답을 먼저 떠올린 뒤 수읽기로 확인하는 편	수읽기, 집 계산, 변화도 비교 등 구체적인 데이터에서 출발해 결론을 내리는 편
판단 기준	"모양이 좋다/나쁘다", "두터움이 나중에 어떻게 작용할까" 감각적·패턴 기반 판단을 중시	"이으면 몇 집, 젖히면 몇 집" 수치·논리·구체적인 변화도 비교 중시
장점	흐름을 빨리 읽고 유연하게 대응 창의적이고 감각적인 수에 강함	득과 실을 분석하여 명확하게 대응 안정적이고 기복이 적음
단점	감에 의존 시 구체적인 계산이 부족함	계산에 치중 시 대세를 놓칠 가능성

정리하면 직관형은 "지금 보이는 것 너머의 흐름이나 가능성을 먼저 보는 사람", 분석형은 "지금 당장 보이는 것에 집중하는 사람"이라고 생각하면 되겠습니다. 인공지능 시대에 가장 뛰어난 능력을 인정받고 있는 세계랭킹 1위 신진서 9단은 직관형에 가까울까요, 분석형에 가까울까요?

사실 신진서 9단은 인공지능에 가장 가까운 선수로 평가받고 있는 만큼, 직관형과 분석형 그 어느 한쪽으로도 크게 기울어 있다기보다 두 면을 모두 고르게 갖춘 선수로 보입니다. 승부처에서 상대를 흔들어 가는 능력은 형세의 흐름과 감각을 바탕으로 한 직관형에 가깝고, 철저한 계산을 바탕으로 승부를 결정짓는 장면에서는 전형적인 분석형에 가깝게 느껴집니다. 실력이 높을수록 인공지능에 대한 이해도가 높아지는 만큼, 신진서 9단은 인공지능을 본격적으로 활용하기 시작한 이후로 더욱 계산과 분석 비중이 높아져, 과거보다 한층 분석형에 가까운 면모를 보여 주고 있습니다.

▲ 신진서 9단

인공지능 시대 이전에 가장 컴퓨터 같은 계산 능력을 보였던 선수를 꼽는다면 단연 이창호 9단일 것입니다. 대표적인 분석형 인물을 이야기할 때, 이창호 9단을 빼놓고는 논의 자체가 성립하기 어렵습니다. 이창호 9단은 보이지 않는 가치인 두터움을 바탕으로 잠재적 이익을 끝내 실리로 환전해 내고, 종반 끝내기에서는 놀라운 계산력으로 '딱 이길 만큼만 남기는' 인간답지 않은 정확성을 보여 주며 세계를 제패했습니다.

세계 바둑 역사에서 가장 많은 업적을 남긴 프로 바둑기사 가운데 한 명으로 꼽히며, 한국 선수로서는 역대 가장 많은 승리를 거두는 최다승 기록을 세웠습니다. 이처럼 대다수의 주요 기록을 보유하고 있을 만큼, 바둑 역사에서 결코 빼놓을 수 없는 인물입니다.

▲ 이창호 9단

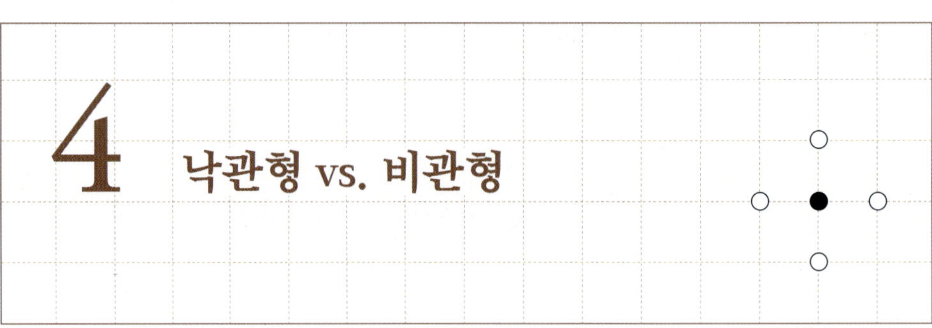

프로 바둑기사들은 한 판의 바둑을 끝내기까지 수십, 수백 번에 달하는 형세 판단을 반복합니다. 사람에 따라, 또 바둑 내용에 따라 차이는 있겠지만, "지금 누가 유리한가?"를 끊임없이 점검하면서 다음 한 수의 방향을 정하는 것이지요. 형세에 대한 판단이 이루어져야 다음 한 수를 선택할 때도, 장·단기적인 전략을 세울 때도 보다 정확한 결정을 내릴 수 있습니다. 그래서 형세 판단은 선택이 아니라, 누구에게나 요구되는 필수 기술입니다. 형세를 판단하는 일에 있어서는 당연히 객관적이고 정확한 판단이 이상적이지만, 우리는 인공지능이 아닌 사람인지라 각자의 성향에 따라 낙관형과 비관형으로 나뉘곤 합니다.

구분	낙관형	비관형
형세 인식 경향	형세를 비교적 너그럽게 보는 편, 크게 불리해도 할 만하다고 느낌	형세를 다소 엄하게 보는 편으로, 약간만 불리해도 크게 뒤졌다고 느낌
장점	지나친 비관에 빠지지 않고 끝까지 역전의 가능성을 찾음	형세를 엄격하게 평가해 조금만 불리해도 크게 비관함
단점	형세가 나쁜데도 여유를 느껴 승부수를 놓치거나 대처가 늦어질 위험성	충분히 두어볼 형세에서도 무리하거나 쉽게 포기할 위험성
심리적 특징	가능성과 기회를 중시하고, 긍정적 생각이 판단에 영향	위험 신호에 민감하고 불안이 판단에 섞이기 쉬움

결국 형세 판단은 정확함을 추구해야 하므로, 낙관형은 구체적인 집 계산과 위험 관리로 막연한 낙관을 줄이고, 비관형은 객관적인 집 계산으로 과도한 비관을 줄이는 연습이 필요합니다. 프로 바둑기사 중 대표적인 낙관형으로는 여자 바둑을 넘어 남자 정상급까지 위협해 온 최정 9단을 들 수 있습니다.

최정 9단은 여자 기사 최초로 메이저 세계대회 결승에 오른 선수로, 여성 기사로서 세계 최정상급의 커리어를 쌓아 온 주인공입니다. 전투적인 기풍의 최정 9단은 바둑계에서 잘 알려진 대표적인 낙관형 선수입니다. 실제 형세보다 다소 너그럽게 형세를 판단하는 경우가 많아, 인터뷰에서 "저는 낙관파라 형세 판단을 보완하려고 한다"고 스스로 밝힌 바 있습니다. 그의 스승이자 한때 '세계 최고의 공격수'로 불렸던 유창혁 9단 역시, 공격적인 기풍과 함께 낙관적인 형세 판단으로 유명해 스승과 제자가 닮은 구석이 많다는 이야기를 듣곤 합니다. 조훈현-이창호 사제가 극명한 대비를 보여 준다면, 유창혁-최정 사제는 닮은 성향과 기풍으로 또 다른 재미를 선사합니다.

▲ 최정 9단

그렇다면 대표적 비관형에 속하는 인물은 누가 있을까요? 다름 아닌 저, 이세돌 9단입니다. 저는 현역 시절 바둑계에서 대표적인 비관형 선수로 자주 언급되었는데, 실제 형세가 유리할 때도 스스로 좋지 않다고 판단하는 경우가 많았습니다. 저는 형세를 엄격하게 바라보는 만큼 바둑을 매우 타이트하게 운영하는 스타일로, 예민하고 세밀한 부분에 강점을 보이는 선수였습니다.

이렇게 MBTI 유형검사 스타일에 맞춰 '바둑 MBTI'로 여러 유형을 정리해 봤는데요, 여러분은 자신의 성향과 기풍을 어느 정도 찾으셨나요? 위 유형에 따르면 저는 실리형/공격형/직관형/비관형에 속하는 선수라고 정리할 수 있겠습니다. 이처럼 자신의 성향과 기풍을 알고 공부를 하면, 자신에게 잘 맞는 공부법과 지금 필요한 보완점을 선택적으로 취할 수 있고, 대국에 임할 때도 훨씬 효과적으로 바둑을 운영할 수 있을 것입니다.

알파고와의 대결과 대변화

구글 딥마인드의 인공지능 알파고(AlphaGo)와 저(이세돌 9단)의 세기의
대결은 '구글 딥마인드 챌린지 매치(Google DeepMind Challenge Match)'
라는 이름으로 2016년 3월 9일부터 15일까지, 서울 포시즌스 호텔에서
하루 한 차례의 대국으로 총 5국까지 진행됐습니다. 최고의 바둑 인공지
능 프로그램과 바둑의 최고 인간 실력자의 대결에 전 세계의 이목이 집중
됐습니다.

1997년 IBM의 인공지능 딥 블루가 세계 체스 챔피언 가리 카스파로프를
상대로 승리했고, 같은 해 로지스텔로가 오델로 세계 챔피언을 상대로 승
리했으며, 인공지능 왓슨 또한 미국의 퀴즈 프로그램에서 역대 우승자를
제치고 우승을 차지했습니다. 이후로 19년이 지난 이때까지도 바둑은 경
우의 수가 너무나 다양해, 인공지능이 오랫동안 정복하지 못한 게임이었
습니다. 이 세기의 대결 결과가 나오기 직전까지도 바둑만은 컴퓨터가 인
간을 넘어설 수 없다는 것이 바둑계 안팎의 통념이었던 것입니다.

첫 대국이 있기 전, 대다수의 전문가들은 저의 우세를 예측했고, 저 역시
승리를 자신했습니다. 알파고가 2015년 10월 유럽 바둑 챔피언 판후이 2
단을 5전 전승으로 꺾었으나, 공개된 내용만 놓고 보면 아직 세계 최정상
급 기사들과의 승부를 논할 정도의 기력은 아니라는 평가가 지배적이었
기 때문입니다.

하지만 대국이 시작되자 분위기가 달라졌습니다. 3월 9일 첫 대국에서 저는 186수만에 돌을 던져야 했고 큰 충격에 빠졌습니다. 사실 돌이켜보면 이미 전야제부터 분위기가 심상치 않았던 것 같습니다. 구글 딥마인드의 CEO 데미스 하사비스에게서 이미 압도적인 자신감과 확신을 느꼈기 때문입니다. 참고로 이 대결 이후 그는 2024년 노벨화학상을 수상하게 됩니다.

기계에게 패했다는 충격 때문이었는지, 실력 차이 때문이었는지 저는 3국까지 내리 패했습니다. 하지만 저는 3국 종료 후 인터뷰에서 "이번 대국은 이세돌이라는 개인의 패배이지 '인간'의 패배는 아닙니다."라는 취지로 말했습니다. 이때 저의 이야기가 많은 이들에게 울림을 주었다는 말씀을 많이 들었습니다. 아무튼 승리를 자신했던 대국 시작 전과 달리, 이제는 남은 두 번의 대국에서 제가 과연 1승이라도 거둘 수 있을지가 새로운 관전 포인트가 되었습니다.

그리고 저는 4국에서 78수로 전세를 뒤집고 기적 같은 첫 승리를 따냈습니다. 이른바 '신의 한 수'로 불리는 그 수는 지금까지도 자주 이야기되곤

합니다. 4국을 승리한 뒤 저는 "무엇과도 바꾸지 않을, 값어치를 매길 수 없는 1승이다"라고 표현했습니다. 그만큼 당시 저는 승리가 간절했고, 4국의 승리는 저에게 큰 의미가 있었습니다. 이후 중국의 커제 9단이 알파고와 대결을 펼치기도 했지만 승리하지 못 했고, 저는 인공지능에게 공식 대국에서 승리를 거둔 마지막 인간이자 유일한 인간으로 남게 됐습니다.

알파고가 최종 전적 4-1로 승리하면서, 바둑계는 그날 이후 이전과는 다른 시대로 접어들었습니다. 한때 인간의 감각과 직관이 절대적인 기준으로 여겨지던 포석은 인공지능의 등장 이후 철저한 데이터 분석과 검증 아래 다시 평가되기 시작했고, 프로 바둑기사들은 대국 연구와 준비에 인공지능 프로그램을 적극적으로 도입하기 시작했습니다. 특히 바둑을 감상하는 방식에서도 큰 변화가 일어났습니다. 과거에는 해설자의 설명과 감각에 전적으로 의존해 형세를 가늠했다면, 이제는 인공지능이 제시하는 추천수와 승률 그래프를 함께 보며 대국을 관전하는 형태가 보편적인 관람 문화로 자리 잡았습니다. 인공지능은 이렇게, 바둑을 두는 방식뿐 아니라 바둑을 바라보고 즐기는 방식까지도 바꾸어 놓았습니다.

| 제9강 |

복기

'복기'는 한 판의 바둑을 끝내고 나서, 다시 처음부터 돌을 놓아 보며 수순을 되짚고 형세를 다시 바라보는 작업입니다. 많은 프로 바둑기사들이 "실력 향상을 위해 가장 중요한 시간은 대국이 아니라 복기"라고 말할 정도로, 복기는 단순한 예의나 형식이 아니라 실력을 결정짓는 핵심 훈련입니다. 한 수 한 수를 다시 떠올리며 "왜 여기서 이 수를 선택했는지, 다른 선택지는 무엇이 있었는지, 결과적으로 어디에서 승부가 갈렸는지"를 추적하는 과정에서, 자신의 사고 습관과 강·약점이 적나라하게 드러나기 때문입니다. 이때의 통증과 마주할 용기가 있어야 같은 실수를 반복하지 않고, 승패의 원인을 자신만의 방식으로 정리해 다음 대국의 밑거름으로 삼을 수 있습니다.

바둑의 전설 이창호 9단은 '복기'는 훌륭한 교사라며, 승리한 대국의 복기는 '이기는 습관'을 만들어 주고, 패배한 대국의 복기는 '이기는 준비'를 쌓는 시간이라고 이야기하기도 했습니다. 이긴 판을 다시 돌아보면, 우연히 좋은 수였던 게 아니라 '왜 좋은 수였는지'를 이해하게 되어, 같은 모양이 나왔을 때 다시 재현할 수 있는 힘이 생깁니다. 반대로 진 판을 복기하면, 패인을 피상적으로 "오늘 컨디션이 나빴다"로 덮지 않고, 구체적인 패착과 그 전후의 흐름까지 짚어 보는 계기가 됩니다. 그래서 복기는 무엇보다도 자신의 바둑을 직시하는 시간이고, 감정적으로는 가장 괴로운 순간이지만 내용적으로는 가장 많은 것을 건져 올릴 수 있는 순간입니다.

저 역시 복기의 가치를 누구보다 깊이 이해하고 실천해왔습니다.

알파고와의 4국에서 값진 첫 승리를 거둔 직후에도 저는 기쁨을 드러내기보다 곧바로 돌을 다시 올려놓으며 치열하게 복기를 시작했습니다. 승리를 확인한 순간에도 "이 장면에서 다른 선택지는 없었는지, 알파고는 왜 저 수를 골랐는지"를 곱씹었습니다. 좋은 바둑을 두기 위해서는 결과보다 내용과 과정에 큰 의미를 두어야 한다고 생각합니다. 2014년 국수전에서도 초반 두 판을 내리 패한 뒤, 무려 두 시간 가까이 복기에 몰입하는 제 모습을 본 동료 선수들은 이렇게 말했다고 합니다.

"이세돌 9단은 복기를 사랑하고 복기를 즐기는 선수였고, 세계 최정상에 오를 수 있었던 가장 큰 비결 중 하나가 바로 복기였다"고 말입니다.

9강에서는 이처럼 바둑에서 복기가 왜 중요한지, 그리고 제가 어떻게 복기를 통해 자신의 바둑을 끊임없이 갈고닦았는지를 말씀드리면서, "강해지는 복기"의 구체적인 방법을 함께 살펴보려 합니다.

대국 직후에 바로

보통 대국이 종료되면 상대와 함께 복기를 나눕니다. 기억이 가장 생생할 때, 대국자들의 가장 날 것의 감상을 들을 수 있기 때문에 최소 5~10분이라도 서로의 의견을 나누는 것이 좋습니다.

첫수부터 전판 복기 vs. 핵심 장면 복기

▹ 초·중급자: 처음부터 끝까지 대략적인 흐름을 가볍게 살펴본 뒤, 핵심 장면 한 곳을 골라 한 판에서 딱 하나만 얻어 가기

▹ 중·상급자: 승부처 및 주요 장면을 몇 군데 골라 깊게 파고들기

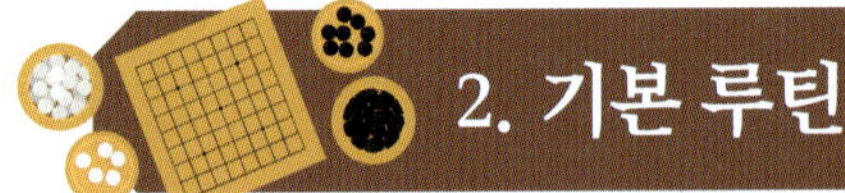

수순 재현

기억을 더듬어 한 수씩 다시 놓아 봅니다. 기보를 수기로 적거나 온라인 파일로 남겨 기록을 관리하면 더욱 좋습니다.

세 번 멈추기

"이 장면이다"라는 생각이 들었던 국면마다 멈춰서 **당시의 내 생각, 상대의 의도 추측, 지금 다시 보이는 다른 후보 수**를 차례로 떠올려 봅니다.

스스로 질문하기

"여기서 이 수를 왜 뒀지?", "다른 수를 뒀다면 어떤 흐름이 됐을까?" 등 스스로에게 계속 "왜?"라는 질문을 하다 보면, 점차 자신만의 복기 방법이 생겨납니다.

나만의 한 줄 평

"○○가 패착, 좌하귀에서 너무 욕심부림"처럼 간단한 한 줄 요약을 남기면, 이번 복기를 통해 무엇을 얻을 수 있을지 한눈에 정리할 수 있습니다.

인공지능은 나중에

먼저 나의 힘으로 복기 ··· 그다음 인공지능의 추천 수 및 승리 확률 기대치를 확인해 "감각 vs. 분석"의 차이를 비교해 보며 스스로 생각하는 힘을 기릅니다.

인공지능 활용 포인트 제한하기

포석 1곳, 중반 전투 1곳, 끝내기 1곳 정도만 인공지능의 승리 확률 기대치와 대안수를 체크해 "실전에서 느꼈던 형세 vs. 실제 수치"를 비교해 봅니다. 과도한 의존을 막으면서도 객관적 기준을 가져오는 좋은 방법입니다.

질문 중심으로

상대와 함께 복기할 때는 "여기선 뭐가 고민되셨어요?", "이 수 말고 어떤 수를 생각하셨어요?", "이 장면에서 형세를 어떻게 보셨어요?"처럼 서로의 생각을 꺼낼 수 있는 질문을 위주로 진행하면 좋습니다. 상대의 시선에서 바둑을 다시 보게 되면, 내 사고의 폭을 확장할 수 있는 계기가 됩니다.

4. 복기를 잘하는 사람의 습관

감정보다 이성

"졌으니까 보기 싫어", "기분 나빴다"에서 멈추지 않고, "어떤 장면이 문제였을까", "다음에는 같은 실수를 반복하지 말아야지"까지 찾아가는 훈련에 익숙해지면, 복기의 필요성과 즐거움을 발견할 수 있습니다.

5. 반복 패턴 찾기

여러 판을 복기하다 보면 내가 어떤 유형의 실수를 자주 하는지, 어떤 장면에서 반복해서 어려움을 느끼는지가 자연스럽게 드러납니다. 이 패턴을 알게 되는 순간, 그 지점을 집중해서 공부할 수 있기 때문에 실력 향상의 지름길이 됩니다.

6. 짧게라도 매판 하기

완벽한 복기를 준비하느라 미루지 말고, "3분 복기"라도 건너뛰는 바둑이 없게 만드는 것이 실질적인 기력 향상의 가장 중요한 밑거름입니다. 복기는 길이보다 빈도와 꾸준함이 더 중요하다는 점을 잊지 마시길 바랍니다.

프로 바둑기사 은퇴 그 이후

알파고와 세기의 대결을 마친 이후, 저는 바둑의 의미와 제가 걸어온 길에 대해 깊은 고민에 빠져들었습니다. 인간과 인간이 추상 공간에서 최선의 수를 찾아가는 예술로서의 바둑이 아니라, 인공지능이 정답을 제시하고 인간이 그 답을 따라가는 게임으로 바둑의 성격이 달라졌다고 느꼈기 때문입니다. 저는 여러 인터뷰에서 "바둑을 두 명이 함께 수를 고민하며 하나의 작품을 만들어가는 예술로 배웠는데, 인공지능이 나온 이후로는 마치 답안지를 보고 정답을 맞히는 것 같아 예술성이 퇴색된 것 같다."고 털어놓은 바 있습니다. 바둑의 본질에 대한 근본적인 회의감이 들었던 것입니다. 결국 저는 은퇴를 결심했고, 2019년 11월 19일 한국기원에 사직서를 제출하면서 1995년 입단 이후 24년 4개월간 이어온 프로 바둑기사 생활을 공식적으로 마감했습니다.

프로 바둑기사 은퇴 이후 저의 인생 행보는 달라졌습니다. '반상 밖'으로 활동 폭이 한층 더 넓어진 것입니다. 보드게임을 직접 제작하며 보드게임

작가로 데뷔했고, 각종 예능 프로그램 출연과 강연, 행사 참여 등을 통해 대중과 만나는 활동을 이어 가고 있습니다. 특히 넷플릭스에 공개된 인기 예능 「데블스 플랜 2」에 출연해 바둑판 밖에서도 승부사의 면모를 보여 준 것이 화제가 되기도 했습니다. 2025년부터는 울산과학기술원(UNIST) 공과대학 기계공학과(인공지능대학원 겸직) 특임교수로 임용되어, 인공지능과 바둑, 보드게임 제작을 결합한 강의와 연구 자문을 맡으며 새로운 방식으로 '생각하는 법'을 전하고 있습니다.

반상 위에서 시작된 저의 이야기는 이제 바둑과 AI, 게임 디자인을 잇는 또 다른 형태로 계속 이어지고 있습니다. 늘 새로운 것을 찾고 최고가 되기 위해 도전을 멈추지 않는 승부사로 살아가기 위한 노력을 계속하고 있습니다. 저는 삶의 가치는 도전과 승부에 있다고 믿는 편입니다. 겉보기에 하는 일이 달라 보여도 저는 여전히 여러분들께서 알고 계신 이세돌로 살아가고 있고, 앞으로도 그렇게 살아갈 것입니다.